Karen Kingston

Heilige Orte erschaffen mit

FENG SHUI

Ein Anleitungsbuch

Aus dem Englischen
von Daniel Grote

Lotos

Umwelthinweis:
Dieses Buch wurde auf chlor- und säurefreiem Papier gedruckt.

Lotos Verlag
Lotos ist ein Verlag der
Verlagsgruppe Random House GmbH.

Diese Ausgabe entstand durch Vermittlung von Jürgen P. Lipp und
Jürgen Mellmann.

Sonderausgabe 2005

First published in Great Britain by arrangement with Judy Piatkus (Publishers) Ltd.
Titel der englischen Originalausgabe: Creating Sacred Space with Feng Shui
Übersetzung: Daniel Grote
Redaktion: Barbara Imgrund
Umschlaggestaltung: Hauptmann und Kompanie Werbeagentur, München – Zürich
unter Verwendung eines Umschlagkonzepts von HildenDesign, München –
Stefan Hilden
Titelabbildung: Fond: Bavaria, München; Inlet: Premium, Düsseldorf
Gesetzt aus der Minion
Satz: KompetenzCenter, Mönchengladbach
Druck und Bindearbeiten: GGP Media GmbH, Pößneck
Printed in Germany
ISBN-10:3-7787-8181-2
ISBN-13:978-3-7787-8181-4

Inhalt

Danksagungen

Folgenden Menschen danke ich von ganzem Herzen:
Meinem balinesischen Verlobten Rai, der Platz in unserer Beziehung schuf, damit ich dieses Buch schreiben konnte. Danke für deine Herzensgüte und deine unglaubliche Liebe.

Meiner Mutter Jean Kingston, die mir immer die Freiheit gewährte, ich selbst zu sein, und meinem Vater Frank Kingston, der mir früh beigebracht hat, daß dort, wo ein Wille ist, auch ein Weg ist.

Meiner besten Freundin Leigh Mollett, die mich Mitgefühl und den Glauben an mich selbst lehrte, bis ich es selbst erlernte.

Keith Meehan, für deine standhafte Freundschaft und deine Großzügigkeit.

Denise Linn, die mir 1991 spontan ihr Mikrophon reichte, damit ich 200 Teilnehmern ihres Workshops von den Wundern des Space Clearing erzählen konnte! Deine Liebe, Unterstützung und Ermutigung haben sehr dazu beigetragen, daß dieses Buch entstehen konnte.

Gina Lazenby, die die Voraussicht, die Hingabe und die Ausdauer aufbrachte, die Organisation auf die Beine zu stellen, die meine Workshops nunmehr weltweit anbietet. Danke, danke, danke für all deine Arbeit und deine wertvolle Freundschaft.

Sean Milligan, Leonard Orr, William Spear und Graham Wilson. Ihr alle wißt genau, welche Rolle ihr beim Entstehen dieses Buches gespielt habt. Ich danke euch von ganzem Herzen.

Anne Lawrance, der liebenswertesten, kompetentesten, gelassensten Redakteurin, die sich eine Jungautorin nur wünschen kann, und Susan Ure Reid für die wundervollen Illustrationen, in denen so viel Liebe steckt.

Roger Coghill, dem großer Dank für seine Überprüfung und Ergänzung meines Kapitels über elektromagnetischen Streß gebührt.

Den unsichtbaren Helfern, all meinen Lehrern (besonders Peter, wo immer du jetzt auch sein magst) und meinen wundervollen Freunden auf Bali, die zu diesem Buch beitrugen, ohne es zu wissen, indem sie ihre Weisheit und ihre Lebensweise mit mir teilten.

Allen, die meine Workshops besuchten und teilnahmen, für eure Begeisterung, eure Beiträge und eure unschätzbaren Diskussionsbeiträge.

All jenen, die mich für private Beratungen in ihr Zuhause einluden. Es ist stets ein Privileg und eine erleuchtende Erfahrung, wenn man gebeten wird, auf so intimer Ebene in jemandes Privatsphäre zu arbeiten.

Zuletzt möchte ich all jenen danken, die dieses Buch lesen und seinen Inhalt zur Verbesserung ihrer Lebensqualität verwenden. Ich habe es mit einer unbändigen Freude verfaßt und hoffe, daß ihr gleiche Freude, Einsichten und Nutzen aus der Lektüre und den Anwendungen bezieht.

Vorwort

Im Frühjahr 1991 sollte ich einen Kurs über Seelenwanderung in den Royal Horticultural Halls im Londoner Stadtteil Victoria leiten. An der Veranstaltung nahmen mehr als zweihundert Personen teil, also hatten die Organisatoren es so eingerichtet, daß das Seminar gleichzeitig auf zwei Stockwerken stattfinden sollte; meine Stimme würde per Lautsprecher in die obere Etage übertragen werden. Ich traf bereits früh dort ein, um die beiden Räume vorzubereiten und die Menschen zu treffen, die mir bei diesem Workshop assistieren würden.

Wenn ich ein Seminar abhalte, versuche ich, mehrere Heiler und Therapeuten zu gewinnen, damit sie sich an den Wänden aufstellen. Dies verschafft allen Teilnehmern ein Gefühl der Liebe und der Behaglichkeit. Ich stelle immer wieder fest, daß in diesem wunderbar sicheren Raum die Menschen eine tiefere und kraftvollere Meditation erfahren. An jenem Morgen hatte ich das Glück, eine ganz besondere Frau, Karen Kingston, dabeizuhaben, die eine bekannte Londoner Therapeutin ist. Obwohl ich um Karens Fähigkeiten als Therapeutin wußte, hatte ich keine Ahnung von ihrer Gabe des Space Clearings; davon erfuhr ich später auf recht dramatische Weise.

Nachdem der untere Raum für das Eintreffen der Teilnehmer vorbereitet worden war, ging ich nach oben. Das Gefühl in dem Raum mißfiel mir: Ich empfand die Energie als zäh, schwer und stumpf. Ich wurde fortgerufen und verließ den Raum für einige Minuten. Als ich zurückkam, blieb ich erstaunt stehen.

»Was ist hier passiert?« rief ich aus. Bis auf eine kleine Gruppe von Helfern, die bei meinem Ausruf zusammenzuckten, war der Raum leer. Mich hatte die grundlegende Veränderung der Energie überrascht: Den Raum empfand ich nicht länger als schwer und niederdrückend. Obwohl kein Gegenstand darin bewegt worden war, funkelte der gesamte Raum vor Licht und Energie; es war wirklich bemerkenswert. Karen trat bescheiden aus der Gruppe heraus und erklärte, daß sie den Raum einem Space Clearing unterzogen habe.

»Die Energieveränderung ist unglaublich«, sagte ich zu ihr.

Sie machte ein überraschtes Gesicht und meinte: »Ich bin noch nie zuvor einer Person begegnet, die die Empfindsamkeit besitzt, Veränderungen in einem Raum so rasch wahrzunehmen, besonders dann, wenn ich noch nicht einmal fertig bin!« In jenem Augenblick erkannten wir, daß wir eine Person gefunden hatten, die über die gleichen ungewöhnlichen Fähigkeiten verfügte. So begann eine reiche und liebevolle Freundschaft, die bis heute anhält.

Am nächsten Morgen lud ich Karen ein, beim Seminar über Space Clearing zu sprechen. Ihr umfassendes Wissen und ihre warmherzige Persönlichkeit schlugen die Zuhörer in ihren Bann. Sie kann nur mit ihrer Stimme einen Raum voll wunderbarer, funkelnder Energie erschaffen. Seither haben wir viele Male zusammengearbeitet, und Karen hat sich mittlerweile einen Ruf als Leiterin internationaler Seminare, als erstklassige Beraterin in Sachen Feng Shui und Space Clearing und als produktive Autorin verschafft. Ihre Lehren sind auf der ganzen Welt verbreitet. Als Karen mir sagte, daß sie dieses Buch schreiben würde, war ich entzückt. Sie hat einen einzigartigen Stil, der stark von ihrem Leben auf Bali beeinflußt ist.

In Karens Buch geht es um die Anwendung der alten Kunst des Feng Shui und des Space Clearings, um im eigenen Zuhause und am Arbeitsplatz heilige Räume zu erschaffen – das ermöglicht Ihnen, in Ihrem Leben mehr Gesundheit, Reichtum und Glück zu erreichen. Feng Shui basiert auf dem natürlichen Energiefluß, der allen Dingen innewohnt. Die Worte *feng* und *shui* lassen sich wörtlich als »Wind« und »Wasser« übersetzen, welche die beiden Quellen der natürlichen Energie, des *chi*, sind, die Himmel und Erde durchfließt. Chi ist die Verbindung zu allem, was im Universum existiert. Es ist der kosmische Atem der Energie, die alle Dinge durchzieht. Schlechtes Design, umständliche Plazierung und verstockte Energie in Gebäuden können alles hemmen, was Sie in Ihrem Leben oder Ihrer Arbeit an dem jeweiligen Ort zu erreichen versuchen. Feng Shui und Space Clearing lehren uns, wie wir Chi ausgleichen und harmonisieren, um Gleichgewicht und Harmonie in unserem Leben zu schaffen.

Karen ist eine außerordentliche Lehrerin und Übende, die einen Weg gefunden hat, die östliche Weisheit des Feng Shui in die moderne westliche Gesellschaft einzubringen. Sie begreift sehr wohl den Ausdruck »sich im Fluß befinden«, der besagt, daß alles auf ganz natürliche Weise an die richtige Stelle gelangt. Wenn Sie zur rechten Zeit am rechten Ort sind, verläuft für Sie alles gut. Lange haben die Menschen geglaubt, daß dies Schicksal sei. Wenn Sie allerdings das üben, was in diesem Buch steht, können Sie lernen, Harmonie in Ihrer Umgebung zu erreichen, so daß Sie am richtigen Ort sind und Ihr Schicksal beherrschen. Aus jahrelanger persönlicher Erfahrung weiß ich, welche bemerkenswerten Ergebnisse das Erschaffen heiliger Räume im Leben der Menschen zeitigt.

Ein altes chinesisches Sprichwort sagt: »Wenn im Haus Harmonie herrscht, wird Ordnung im Land herrschen. Wenn Ordnung im Land herrscht, wird Frieden in der Welt sein.« Wir nähern uns dem Beginn des neuen Jahrtausends, und es hat noch nie zuvor in der Geschichte unseres Planeten eine so wichtige Zeit gegeben, um dieses Ziel in unserem Leben zu verankern. Karens Buch enthält lebenswichtige Informationen, die Ihnen dabei behilflich sein werden, auf der Reise Ihres Lebens Leichtigkeit und Fluß zu schaffen, und es Ihnen ermöglichen, sich daran zu erinnern, wer Sie sind, und das zu tun, was Sie hier tun müssen. Das kann wiederum unseren Planeten gesünder und harmonischer machen – so wie ein Stein in einem stillen Teich Wellen bis an die entferntesten Ufer aussendet.

Denise Linn
Autorin von *Die Magie des Wohnens*

TEIL I
SPACE CLEARING

1. *Mein Weg zu Feng Shui*

Die Anfänge

Im Jahre 1978 besuchte ich eines Abends zwei Freunde, die gerade erst in ihre neue Wohnung gezogen waren, und mir kam eine Idee, die mein Leben verändern sollte – was ich damals allerdings noch nicht ahnte.

Bereits auf der Türschwelle erklärte ich ihnen, was ich vorhatte. Statt mich durch ihr neues Zuhause führen zu lassen, bat ich sie, mir zu gestatten, die Räume mit verbundenen Augen zu erforschen.

Schon seit einigen Jahren hatte ich meine Sinne geschärft und dabei besonders meine Fähigkeit trainiert, mit den Händen Energien zu erspüren und die Kräfte zu lesen, die von lebenden Wesen und auch sogenannten »leblosen« Dingen ausgehen. Der Vorgang des Lesens von Informationen mit den Händen ist durchaus vergleichbar mit dem Lesen eines Buches mit den Augen. Ich hatte das schon häufiger bei mir zu Hause und in öffentlichen Gebäuden geübt, jedoch noch niemals in den Wohnungen anderer, vor allem nicht mit verbundenen Augen.

Meine Freunde wurden neugierig auf mein kleines Experiment, und so kramten sie einen dicken schwarzen Seidenschal hervor, mit dem sie mir die Augen verbanden. An der Tür begann dann unsere Entdeckungsreise durch das Haus, immer an den Wänden entlang.

Langsam ging ich ihnen voraus durch den Flur und betrat den ersten Raum. Meine Hände arbeiteten wie Antennen, als ich den Konturen der Wände, der Möbel und anderer Objekte folgte, die ich aber nie wirklich berührte, sondern deren Energiefelder ich ertastete.

Zuerst fiel mir auf, welche der Möbelstücke meinen Freunden und welche dem Vermieter gehörten. Die Stücke meiner Freunde fühlten sich für mich warm und vertraut an, während die des Vermieters eine dumpfere und gleichzeitig schwerere Vibration abstrahlten.

Es war aufregend für uns. »Versuche, ob du sagen kannst, was für Bilder an der Wand hängen!« forderten mich meine Freunde auf.

Es brauchte seine Zeit, aber dann fühlte ich doch, daß sich Bilder an der Wand befanden. Mit ein wenig Feinabstimmung konnte ich schon bald sagen, in welchen Farben sie gemalt waren, und manchmal sogar das Motiv bestimmen. In der Wohnung verteilt befanden sich mehrere Fotografien verschiedener Personen, und ich konnte einige beim Namen nennen.

»Los, zeig uns, was du noch kannst!« ermutigten mich meine Freunde. Sie waren fasziniert und fragten mich nach ihren Einrichtungsgegenständen. Sie waren jedoch enttäuscht, als meine Trefferquote hier erheblich sank. Zuerst erkannten wir die Ursache nicht, bis uns auffiel, daß die meisten ihrer Sammlerstücke antik waren und daher mit den Energien der Vorbesitzer belastet waren, die mich verwirrten.

Das brachte mich auf die Idee, noch einmal herumzuwandern, um etwas Neues wahrzunehmen. Diesmal versuchte ich, einiges über diesen Ort aus der Zeit zu erfahren, bevor meine Freunde eingezogen waren. Nun wagten wir uns wirklich ins Unbekannte vor, denn niemand von uns kannte die Geschichte des Hauses. Ich fühlte mich, als würde ich nur blind herumraten, doch ich versuchte, die Eindrücke so präzise wie möglich zu beschreiben. Eines der Signale konnte ich nur als »geistige Verhärtung« bezeichnen. Ich verspürte in meinen Knochen ein schmerzhaftes Reißen, ganz besonders in den Fingergelenken.

Den ganzen Abend verbrachte ich in der Wohnung mit dem Lesen der verschiedensten Energien und nahm die Augenbinde erst ab, als ich mich an der Tür verabschiedete. Eine Woche später erhielt ich einen aufgeregten Anruf meiner Freunde, die mir erzählten, daß sie mit dem Vermieter gesprochen hatten, er hatte ihnen verraten, daß der Vormieter, der dort fast zwanzig Jahre lang gelebt hatte, ein kauziger alter Mann gewesen sei, der an schwerer Arthritis gelitten hatte – vor allem in den Händen.

Weitere Entwicklungen

Die Erlebnisse dieses Abends spornten mich zur Weiterentwicklung meiner Fähigkeiten an. Ich trainierte meine Begabung, Energien durch meine Hände und meine Haut wahrzunehmen und auch auf einer energetischen Ebene zu sehen, zu hören, zu riechen und zu schmecken. Zudem schulte ich meine Intuition und studierte die wichtigsten Wahrsagetechniken wie Handlesen, Astrologie, Numerologie, Tarot und Graphologie. Ich erlernte das Heilen mit Farben, Musik, Kristallen und Tönen. Mit Hilfe einer besonderen Technik, des *Channelings*, wurde es mir möglich, bis in den Kern vieler Gegenstände vorzudringen und so die Musik, die Tänze und spirituellen Praktiken vieler Völker unseres Planeten zu erforschen. Ich wurde ziemlich erfolgreich darin, mich selbst vollkommen zurückzunehmen und so die Information klar und unverfälscht zu übermitteln.

Als meine Fähigkeit, diese Kräfte zu lesen, zunahm, erkannte ich, daß vieles, was ich spürte, unschön und daher unerwünscht war. Insbesondere meine eigene Wohnung sollte so frei wie möglich von diesen störenden Einflüssen sein. Es war also ein ganz natürlicher Schritt, Techniken zu entwickeln, die zur Reinigung und Klärung der Energien von Gebäuden dienten. Ich nannte diese Technik *space clearing*, was soviel wie »Raumsäuberung« bedeutet und den Prozeß ziemlich gut beschreibt. Es wurde zu einem meiner Grundbedürfnisse, jedes Zimmer, in dem ich leben wollte, vorher zu reinigen und anschließend dort hochgradige Atmosphären zu erschaffen und aufrechtzuerhalten.

Mit den Jahren lernte ich auch, was ich die Kunst des Arrangierens oder Plazierens nannte. Ich fand heraus, daß, wenn ich Dinge in einem bestimmten Verhältnis zueinander und zum umgebenden Raum arrangierte, sich etwas Verblüffendes mit den wirksamen Energien ereignete. Erstaunliche Dinge begannen in meinem Leben zu geschehen. Wenn etwas nicht so recht lief, ging ich nach Hause und stellte Möbel und Accessoires so lange um, bis es plötzlich »Klick« im Energiefeld machte, als ob auf einmal alles in die richtige Stellung eingerastet wäre. Als ich später diese Begabung immer weiter entwickelte, erlangte ich bei meinen Freunden den Ruf, in meinem Leben immer wieder das Unmögliche möglich machen zu können.

All dies war oft eine sehr freudige und phantastische Entdekkungsreise. Ich spielte mit Energien und probierte aus, was funktionierte und was nicht. Ich lernte, wie ich die Wirkung steigern oder dämpfen konnte. Menschen, die in mein Haus kamen, sagten Dinge wie: »Was für eine tolle Wohnung!« oder »Was für eine großartige Atmosphäre hier!«, und sie wollten oft gar nicht mehr gehen. Das geschah so häufig, daß ich mir sicher sein konnte, daß meine Erfahrungen keine Einbildung waren.

Nachdem ich das alles schon gut zehn Jahre betrieben hatte, hielt mir dann ein Freund ein illustriertes Buch unter die Nase, in dem sich auch ein Kapitel über ein Thema befand, von dem ich noch nie etwas gehört hatte: »Feng Shui«. Er sagte: »Sieh mal hier! Die Chinesen haben all das schon 3 000 Jahre vor dir herausgefunden.« Ich las es mit Interesse, doch das meiste war für mich nur fernöstliches Geplauder und ergab damals für mich keinen Sinn. Dennoch war es natürlich spannend zu erfahren, daß schon andere auf diesem Gebiet Forschungen betrieben hatten. Und nachdem ich mich hineingearbeitet hatte, war es faszinierend, ihre Erkenntnisse zu prüfen und meine selbst entwickelte Arbeit weiterführen zu können, die ich zuvor rein vom Energiestandpunkt aus aufgebaut hatte.

Mit den Jahren erwarb ich noch weitere Fähigkeiten. Ich erlernte unterschiedliche Formen der Körpertherapie und fand dabei heraus, daß ich meine Hände nur im Abstand von einigen Zentimetern über die Körper meiner Klienten gleiten lassen mußte, um Erinnerungen und Traumata, die im Gewebe gespeichert waren, zu erkennen und bei ihrer Beseitigung zu helfen. Die Atemarbeit brachte mich dann zum *Rebirthing*, so daß ich meinen Klienten nun beibringen konnte, ihren Atem zu nutzen, um eigene Antworten in ihrem Inneren zu finden. Mit der Zeit lernte ich einzuschätzen, was Personen fühlten und erlebten, indem ich ihnen nur zusah, wie sie Energie mit dem Atem aufnahmen – und ich konnte so helfen, langanhaltende innere Energieblockaden zu lösen, indem sie sich ihrer bewußt wurden. Ich kombinierte Körperharmonie, *Reiki* sowie andere Formen der Körperarbeit mit metaphysischen Therapiemethoden und meinen *Rebirthing*-Techniken und konnte so außergewöhnliche Ergebnisse erzielen.

Während all der Zeit, die ich mit den Energien meiner Klienten arbeitete, erweiterte ich auch meine Methoden der Harmonisierung von Orten, erwartete jedoch nicht im geringsten, daß jemand daran Interesse hatte, so etwas ebenfalls zu lernen. Es war also sehr aufregend, mich plötzlich an der Spitze einer neuen

Bewegung wiederzufinden und, als das Interesse auf diesem Gebiet in der westlichen Welt wuchs, festzustellen, daß meine Fähigkeiten auch für andere von Nutzen und von Wert waren.

Die Entdeckungen von Bali

1990 machten meine Forschungen einen großen Schritt vorwärts, als ich Bali für mich entdeckte, eine kleine Insel im Indonesischen Archipel. Ihre blühende spirituelle Kultur ist das beste Beispiel für Menschen, die in tiefer Harmonie mit ihrer Umgebung leben, und dort fand ich auch die am weitesten entwickelten Reinigungszeremonien der Welt. Ich verliebte mich in die Insel und verbrachte den größten Teil der folgenden drei Jahre dort. Seitdem kehre ich jedes Jahr für sechs Monate nach Bali zurück.

Ich entdeckte in mir eine natürliche Neigung zur indonesischen Sprache und lernte daraufhin auch Balinesisch: eine wundervoll bildhafte und unglaublich komplexe Sprache. Sie verfügt über drei Ausdrucksebenen, zahlreiche Dialekte, es gibt jedoch keine Wörterbücher, und sie ist nur einer Handvoll westlicher Menschen wirklich geläufig. Die Kenntnis dieser Sprache öffnete mir ungeahnte Türen, besonders in meinen Gesprächen mit den alten Priestern und Schamanen, die kaum ein Wort Indonesisch sprechen, da sie oft die Schulausbildung vor der offiziellen Einführung dieser Sprache beendet hatten.

Die Anfänge des Unterrichtens

Lange Zeit wehrte ich mich, Space Clearing jemandem, mit Ausnahme einiger Freunde, beizubringen, da ich nicht in den Ruf geraten wollte, sonderbar und verrückt zu sein. Dann begann ich,

Seminare unter dem Titel »Das Leben, das du immer wolltest« abzuhalten und entdeckte dabei etwas Aufregendes: Die Teilnehmer absolvierten das Seminar alle mit gutem Erfolg, die besten Ergebnisse wurden jedoch von persönlichen Freunden erzielt, denen ich zuvor beigebracht hatte, die Energien in ihren Häusern zu reinigen.

Es war das Erlebnis, das Denise Linn im Vorwort dieses Buches beschreibt, das mich schließlich dazu brachte, an noch mehr Menschen mein Wissen über Space Clearing weiterzugeben. Wir kannten uns zu diesem Zeitpunkt kaum, doch am nächsten Tag nahm sich Denise etwas Zeit für mich und bat mich, mein Wissen über Space Clearing mit den Teilnehmern ihres Seminars über frühere Leben zu teilen. Danach wurde ich geradezu überschwemmt von Menschen, die mir alle erzählten, wie interessant das Thema gewesen sei und ob ich vielleicht bereit wäre, persönliche Beratungen bei ihnen zu Hause zu geben. Ich war aufgeregt, erfreut und überrascht zugleich. Auch Denise ermutigte mich, Kurse zu geben, und empfahl mich sogar ihren Organisatoren für England und Australien. Inzwischen unterrichte ich Feng Shui, Space Clearing und andere verwandte Bereiche in Workshops auf der ganzen Welt.

Wie es weitergeht

Der Begriff *Feng Shui* kommt eigentlich aus dem Chinesischen – allerdings habe ich mit den Jahren herausgefunden, daß jede Kultur eine eigene Form von Feng Shui praktiziert, auch jenen Ableger, den ich als Space Clearing bezeichne. Ich habe Techniken von überallher eingeflochten, wenn ich sie für wichtig hielt: aus China, Japan, Indien, Amerika, Großbritannien, aus vielen europäischen Staaten, Ländern des Mittleren Ostens und natürlich aus Bali.

Einige der Informationen, die ich in Büchern fand, widersprechen einander, aber da ich stets von einem energetischen Standpunkt aus arbeite, war es für mich einfach zu unterscheiden, was funktioniert und was nicht, was davon in die westliche Kultur integrierbar ist und was nicht. Mein Leben ist seitdem zu einem unablässigen Forschen, Recherchieren und Überprüfen meiner Fundstücke geworden.

Wenn ich eine Feng-Shui- oder Space-Clearing-Beratung gebe, gehe ich zuerst durch den Raum und versuche, die Energien auf vielen verschiedenen Ebenen zu lesen. Danach liegt es an der Person oder den Personen, die dort leben, auf welcher Ebene wir mit der Arbeit beginnen. Ich erinnere mich an eine Dame, die, nachdem sie meine Fähigkeiten erkannt hatte, die geplante einstündige Beratung zu einer siebenstündigen Reise durch jedes einzelne Zimmer ihres viergeschossigen Herrenhauses ausweitete. Sie war eine sehr besorgte Mutter, die eine ganze Reihe von Problemen mit ihren erwachsenen Kindern hatte. Nachdem sie erfahren hatte, wie ich Energien lese und korrigiere, schickte sie mich durch jedes Zimmer, damit ich ihr genau verriet, welche Energien in den Wänden, Möbeln und sonstigen Einrichtungsgegenständen gespeichert seien. Ich konnte ihr von ihren Kindern, über deren Persönlichkeiten und geheimste Probleme berichten, von ihren hohen Erwartungen an das Leben, und somit auch herausfinden, welche Art der Hilfe für alle Beteiligten am besten war.

Die Leute fragen mich oft, ob meine Fähigkeit einzigartig sei. Ich denke, daß ich zwar ein natürliches Talent und eine angeborene Begeisterung dafür habe, mit Energien zu arbeiten, doch der Rest beruht auf jahrelangem Training und fortdauernder Verfeinerung. Seit ich begonnen habe, die Themen dieses Buches zu unterrichten, haben viele Menschen entdeckt, daß auch sie mit Feng Shui und Space Clearing die Atmosphäre ihrer Lebensräume und Arbeitsplätze verbessern können. Ich habe das Buch so aufgebaut, daß jeder es ohne vorherige Übung sofort an seinem eigenen Leben ausprobieren kann. Jeden Tag erreichen mich Briefe und Anrufe, die berichten, welche Erfolge sich durch diese Methoden erzielen lassen. Nun habe ich all das Material in schriftliche Form gebracht, so daß noch mehr Menschen davon profitieren können.

Wie ist dieses Buch aufgebaut?

Dieses Buch gliedert sich in fünf Teile:

- Teil I ist eine Einführung in Feng Shui und Space Clearing und beinhaltet einen Einundzwanzig-Stufen-Plan, der zeigt, wie Sie Ihr Zuhause einem Space Clearing unterziehen können.
- Teil II erklärt die Grundlagen von Space Clearing im Detail, geht die verschiedenen Reinigungsmethoden durch und ermöglicht Ihnen somit, Ihre eigenen Zeremonien zu entwikkeln.
- Teil III geht intensiver darauf ein, wie Orte gesegnet werden und wie Sie diesen Segen in Ihr Leben einbringen.
- Teil IV erläutert das Problem der elektromagnetischen Felder sowohl natürlicher als auch künstlicher Herkunft.
- Teil V schließlich zeigt Ihnen, wie Sie Feng Shui in Ihren Räumen selbst anwenden, und lehrt Sie, Heil- und Hilfsmittel wie zum Beispiel Spiegel und Kristalle zu nutzen.

Ich empfehle Ihnen, das Buch Kapitel für Kapitel durchzugehen. Die Techniken des Space Clearing und der Weihungen in den ersten drei Abschnitten, sowie die Informationen über Elektromagnetismus im vierten Abschnitt werden Ihnen zu besonders guten Ergebnissen verhelfen, wenn Sie darangehen, die Informationen über die Feng-Shui-Kunst der Plazierung im letzten Abschnitt anzuwenden.

In diesem Buch beziehe ich mich meistens auf Ihr Zuhause als das Haus, in dem Sie diese Techniken anwenden. Natürlich können sämtliche Techniken gleichermaßen auch auf Ihren Arbeitsplatz und alle anderen Gebäude angewendet werden.

2. *Was ist Feng Shui?*

Für viele, die sich mit Visualisieren oder anderen Techniken, durch die man Veränderungen schafft, beschäftigt haben, sind Feng Shui und Space Clearing völlig neue Ansätze. Wenn man sein Haus in Ordnung bringt, ist das, als würden Sie eine ganze Armee von Helfern gestellt bekommen, von denen Sie bisher nichts gewußt hatten.

Dieses Buch wird Sie auf eine Reise der Selbsterfahrung schikken, indem es Sie lehrt, die Symbole und Energien ihrer Umgebung zu lesen und diese zu einem Besseren zu verändern. Wenn Sie die Energien Ihres Hauses korrigieren und ausgleichen, werden Sie wichtige und starke Veränderungen in Ihrem Leben herbeiführen.

Ihr Zuhause

Denken Sie für einen Moment an Ihr Zuhause. Wenn Sie dieses Buch zu Hause lesen, halten Sie kurz inne, und schauen Sie sich um. Wie würden Sie Ihr Heim beschreiben? Ist es elegant, unaufgeräumt, einladend, zusammengestoppelt, spektakulär, modern, funktional ...?

Wie auch immer Sie es beschreiben, machen Sie sich bewußt, daß Sie die äußere Manifestation Ihres Inneren sehen. Alles um

Sie herum spiegelt das, was sich in Ihnen befindet – besonders die Wohnung. Umgekehrt hat alles um Sie herum einen Einfluß auf Sie, vom kleinsten Nippes bis hin zur Designertapete.

Viele Menschen sind sich gar nicht dieses Einflusses bewußt, den die Umgebung auf sie hat. Sie denken an Gebäude als etwas Nebensächliches und begreifen nicht, daß sie ihre Entwicklung damit nachhaltig behindern. Sie reagieren unbewußt, ohne jemals zu wissen, daß auch sie betroffen sind.

Ein guter Feng-Shui-Berater kann aus Ihrer Wohnung genausoviel herauslesen wie ein Astrologe aus Ihrem Horoskop, ein Chiropraktiker aus Ihrer Hand oder ein Graphologe aus Ihrer Schrift. Es ist alles in Ihrem Zuhause dazu bereit, gesehen und erkannt zu werden. Es kann nicht *nicht* dort sein, denn Sie haben es ja zuerst dorthin gebracht. Sie haben sich Ihre Einrichtung bewußt oder unbewußt ausgesucht und die Gegenstände so plaziert, wie es Ihnen entspricht. Es hat alles seine Bedeutung und seine Auswirkungen. Ihr Zuhause ist ein lebendiges Abbild all dessen, was in Ihnen und in Ihrem Leben geschieht.

Alles lebt

Um Feng Shui zu verstehen, müssen wir erst begreifen, daß jede kleinste Partikel der Schöpfung mit Lebenskraft, Geist und Intelligenz erfüllt ist. Unser Zuhause lebt. Der Stuhl, auf dem wir sitzen, und der Ring, den wir am Finger tragen, sind von Leben erfüllt. Ihr Bewußtsein mag anders als das unsere sein, aber wenn wir genau hinhören, können wir die Geschichten erfahren, die sie zu erzählen haben.

Mein ganzes Leben lang habe ich die Lebensenergie um mich herum gespürt. Diese Idee ist nicht neu. Animismus ist ein wichtiger Teil vieler sogenannter primitiver Kulturen, die sich ihre Verbindung zum universellen Bewußtsein bewahrt haben. Auf Bali hat sich der Animismus mit dem balinesischen Hinduismus vermischt und so die Grundlage der dortigen religiösen Praktiken geformt. Alle Familien besitzen mindestens einen heiligen Gegenstand, von dem sie glauben, er habe magische Kräfte.

Unsere wundervolle Erde, auf der wir leben, ist nicht nur einfach ein Gesteinsbrocken, der mit unbekanntem Ziel durch das All rast. Sie und alles auf ihr pulsiert vor Energie. In China nennt man es *chi*, in Japan *ki*, für die Polynesier ist es *mana* und für die Hindus in Indien *prana*; jede andere Kultur hat ihre eigenen Namen dafür. Wir nennen es »Geist«, »Lebenskraft« oder einfach »Energie«.

Dies kann zum Beispiel in der Verteilung der verschiedenen Sprachen und kulturellen Gebräuche beobachtet werden, die als Erwiderung auf die verschiedenen Energien entstehen, welche von der Erde ausgehen. An einigen Orten braucht man einen Weg nur wenige Kilometer entlangzugehen, und der örtliche Dialekt hat sich vollkommen verändert, weil die Energie des Landes vollkommen anders geworden ist.

Pure Energie ist immer um uns herum, aber wir nehmen sie nicht wahr, bis sie etwas Physisches in unserer Nähe beeinflußt. Licht wird nicht gesehen, bis es etwas erleuchtet. Elektrizität kann nicht gesehen werden, aber wir nehmen sie als selbstverständlich hin, wenn wir den Lichtschalter betätigen. Aura-Photographien liefern dem klinisch denkenden abendländischen Verstand den Beweis, daß alle Dinge von einem Energiefeld umgeben sind. Ich sah einmal solche Aufnahmen von einem Weißbrot und von einem Vollkornbrot. Um das Weißbrot herum war eine schwache Ahnung von einem Energiefeld, während das Vollkornbrot starke, lebendige Strahlen in ein weites Feld ausströmte. Der Unterschied war so deutlich, daß ich seitdem kaum mehr Weißbrot zu mir nehme! Raffiniertes Essen verliert zuviel von seiner Vitalität.

Im Grunde handelt Feng Shui vom harmonischen, bewußten Zusammenleben mit Mutter Erde und dem Erreichen der höchstmöglichen Lebensqualität für alle Menschen. Es ist die Kunst des Ausgleichs, der Harmonisierung und der Steigerung des natürlichen Energieflusses – und da alle Dinge von dieser Energie durchdrungen sind, läßt sich diese uralte Kunst auf jeden unserer Lebensbereiche anwenden.

Feng Shui im Osten

Feng Shui läßt sich also mit »Wind und Wasser« übersetzen. Ich benutze die chinesische Bezeichnung, denn sie ist die im Abendland geläufigste für diese Kunst, wobei jede Traditionskultur dafür ihren eigenen Namen in ihrer eigenen Sprache hat.

Feng Shui wurde in China zuerst vor 3 000 Jahren angewandt, um die vorteilhaftesten Orte für die Ruhestätten der Ahnen zu finden und ihnen so die Möglichkeit zu geben, ihren Nachkommen zu helfen. Dann wandte man es an, um Paläste und wichtige Verwaltungsgebäude zu errichten und den besten Platz für Monumentalbauten zu ermitteln, bis schließlich ganze Städte nach Feng-Shui-Prinzipien gebaut wurden.

Hongkong ist so eine Stadt, und ihr immenser Reichtum wird oft als der Beweis für die Effektivität von Feng Shui gesehen. Ungefähr 90 Prozent aller Gebäude Hongkongs sind nach Feng-Shui-Maßstäben gebaut. Die berühmte Bank of China wurde verklagt, weil die scharfen Winkel des siebziggeschossigen Gebäudes die Nachbargebäude beeinträchtigten. Dies ist ein Beispiel dafür, wie ernst Feng Shui dort genommen wird. Es besteht kein Zweifel, daß der Architekt genau wußte, was er tat, und der Konkurrenz absichtlich mit der Struktur des Gebäudes ein »Killer-Chi« zu senden versuchte. Es kam sofort zu einer Reaktion der Bewohner der umliegenden Gebäude, die Feng Shui-Spiegel aufstellten, um die negativen Energien wieder zurückzuschicken – und dann den Prozeß anstrengten. Sie sehen, daß Feng Shui zur Manipulation und nicht zum Wohl aller eingesetzt wurde. Letztendlich werden jedoch die Gesetze des Karmas einen längeren Atem haben, da man ja immer nur bekommt, was man auch austeilt.

Feng Shui im Westen

In den frühen neunziger Jahren wurde Feng Shui in den USA populär und breitete sich dann langsam, wie schon so oft, über den Rest der westlichen Welt aus. Heute gehört Feng Shui zu den Modeworten der zweiten Hälfte der neunziger Jahre, und London ist die Feng-Shui-Hauptstadt der westlichen Welt geworden, in der es mehr Workshops und Trainingsseminare gibt als irgendwo sonst.

Menschen, die Feng Shui zum ersten Mal für sich entdecken, sagen, daß es Dinge erklärt, die sie wußten, aber von denen sie nicht wußten, daß sie sie wußten. Viele erfolgreiche Unternehmer wandten schon immer Feng Shui-Prinzipien an, ohne sich darüber im klaren zu sein. Sir William Lyons etwa (Aufsichtsratsvorsitzender von Jaguar) sucht immer nach der *light line*, wenn er ein neues Design eines Wagens begutachtet. Die ideale *light line* ist eine sanfte Reflexion an der Seite des Wagens von der Front bis zum Heck, was gemäß dem Feng Shui einen harmonischen Energieverlauf anzeigt. Lyons sagte, daß der Jaguar E-Type, der seinerzeit beliebteste und erfolgreichste seiner Klasse, die beste *light line* von allen hat. Das Innendesign von Anita Roddicks Body Shops, wo Spiegel hinter allen Produkten symbolisch den Profit verdoppeln, ist ein anderes gutes Beispiel dafür.

Feng Shui und Space Clearing

Feng Shui umfaßt ein großes Wissensgebiet, und im Osten bedarf es ungefähr dreißig Jahre des Lernens von einem Feng-Shui-Meister, um es vollkommen zu beherrschen. Viele Menschen im Westen haben lediglich einen sehr begrenzten Blick auf diese komplizierte Kunst und halten sie für eine Art Inneneinrichtungsplan mit Regeln zum Aufstellen von Möbeln, was aber nur einen kleinen Teil des Feng Shui ausmacht. Die Kunst des Reinigens und Weihens eines jeden Ortes ist ein weiterer wichtiger Zweig, das Lesen von Erdenergien und die Auswahl eines guten Bauplatzes ein anderer. Weitere Seitentriebe beschäftigen sich mit Verstärkungen und Heilungen. Die Lehre des Feng Shui erstreckt sich auch auf das Ausrichten und Orientieren z. B. eines Gebäudes zum Kompaß bzw. zu wichtigen topographischen Merkmalen, auf Astrologie, Farbenlehre, Ernährungslehre, medizinische Diagnosen und vieles mehr.

Um auch nur eine Methode zu beherrschen, sind viele Jahres des Trainings und des Experimentierens nötig, selbst bei der heutigen Beschleunigung des Lernprozesses. Dennoch gibt es einige grundlegende Prinzipien, die leicht zu vermitteln sind, und das genau will dieses Buch bezwecken. Das Studium des Space Clearing macht es leichter, denn dadurch wird aus erster Hand Erfahrung darüber vermittelt, wie Energie fließt und uns in unserem Leben beeinflußt.

Verbessern Sie Ihre Lebensqualität

Die Grundvoraussetzung dieses Buches besteht darin, daß Sie lernen wollen, wie man ein angenehmeres, erfüllenderes und erfolgreicheres Leben führt. Wir alle sind Geister, die in einem stofflichen Körper in einer stofflichen Welt inkarniert sind, und zu unseren Grundbedürfnissen gehört der physische Schutz. Das

»Schütz-mich-Spiel« ist Bestandteil des harmonischen Lebens innerhalb des stofflichen Universums, und selbst wenn Sie sich nicht als spirituellen Menschen betrachten, tun Sie doch gut daran, diese Regeln zu lernen, wenn Sie vorhaben, längere Zeit auf diesem Planeten zu verweilen. Sie werden hier die Grundregeln für den Planeten Erde erklärt bekommen.

Früher war das Zentrum des Hauses das Feuer oder vielleicht auch der Küchentisch – ein Treffpunkt für gemeinsame Aktivitäten. Heute ist es üblicherweise der Fernseher. Wenn Sie das bezweifeln, sehen Sie doch nach, wie die Sessel in den meisten Wohnzimmern gestellt sind. Sie sind alle zur Glotze in der Ecke hin ausgerichtet. Das hat ein Absinken der Kommunikation und der gemeinschaftlichen Aktivitäten zur Folge; es steigert in vielen Menschen das Gefühl der Ausgrenzung.

Viele von uns haben vergessen, wie das Leben sein kann. Wir fühlen uns ausgeschlossen und isoliert von der Erde, isoliert von unserer Umwelt, isoliert voneinander und isoliert von vielen unserer wichtigsten Quellen der Ernährung. In unserem Leben gibt es so wenig, was noch heilig ist.

Wenn wir mit unserer Umgebung nicht im Einklang sind, werden wir physisch, mental, emotional und spirituell krank. Wir bauen Häuser, die uns krank machen, und wundern uns, warum unserem Leben der Sinn fehlt. Endlich fangen wir an zu begreifen, was östliche Kulturen schon seit Jahrhunderten wissen und praktizieren.

Feng Shui bietet Hoffnung. Es bietet Wege, uns wieder mit allem zu verbinden und den Segen zurück in unser Leben zu bringen. Auf meinen Reisen ist mir immer wieder aufgefallen, daß der Osten im Westen sucht, was er nicht hat (Materialismus), und der Westen gen Osten schaut, um zu finden, was ihm fehlt (Spiritualität). Feng Shui ist die Brücke zwischen den beiden Welten und kann von Menschen aller Nationen, Religionen und Lebenswege angewandt werden.

3. Bali: Einblicke in eine andere Welt

Ich verwende in diesem Buch viel Gedankengut aus Bali, weil es das lebende Bild dessen ist, was ich unterrichte. Die folgenden Kapitel werden Ihnen genaue Informationen liefern, wie Sie in Ihrem eigenen Haus heiligen Boden schaffen. Aber zunächst wollen wir einen Blick in eine Kultur werfen, in der Feng Shui und Space Clearing schon lange zum Lebensalltag gehören.

Das Sichtbare und das Unsichtbare

In den letzten zwanzig Jahren lebte ich ständig in zwei parallelen Existenzen. Ein Teil von mir war verwurzelt in der materiellen, sichtbaren Welt, und die andere Hälfte lebte in der metaphysischen, unsichtbaren Welt der Energien und Schwingungen.

Einer der Gründe, warum ich mich so gern auf Bali aufhalte, ist der, daß die Balinesen auch in diesen zwei Welten leben. Sie nennen sie *sekala* (die sichtbare Welt) und *niskala* (die unsichtbare Welt). Sie wissen nur zu gut, daß alles in der sichtbaren Welt seinen Ursprung und seinen Gegenpart in den unsichtbaren Reichen der Energie hat. Ich fühle mich den Balinesen zutiefst verbunden, und ihre wunderschöne Insel ist der einzige mir bekannte Ort, an dem drei Millionen Menschen ein vollkommen integriertes, lebendiges, spirituelles Leben führen. Bali ist auch der einzige Ort auf der Welt, an dem ich mich nicht zu erklären brauche. Die Menschen verstehen, was ich tue.

Ein zeremonielles Leben

Im Westen unterscheiden wir zwischen unserem materiellen und unserem spirituellen Leben. Auf Bali ist das anders: Religion pulsiert durch jeden Aspekt des Lebens. Bali kennt eine sehr theatralische Form des Hinduismus, die Animismus und Ahnenverehrung beinhaltet. Das ist jedoch keine bierernste Angelegenheit – Religion auf Bali ist ein großartiges Vergnügen, an dem jung und alt mit großem Enthusiasmus teilnehmen.

Es gibt nichts, was sich mit einer dreitägigen balinesischen Tempelzeremonie vergleichen läßt, die sowohl ein religiöses als auch soziales Ereignis ist. Die Balinesen verbringen Tage mit der Vorbereitung aufwendigster Opfergaben aus Lebensmitteln und Blumen und, da sie alle sehr praktisch veranlagt sind, noch etliche Tage mit dem Verzehr des Essens – nachdem sich natürlich die Götter zuvor an der Essenz der Dinge bedient haben! Jedes Dorf hat drei Tempel, und in jedem Tempel gibt es mindestens zwei wichtige Feste im Jahr, so daß immer irgendwo auf Bali eine Zeremonie abgehalten wird. Schätzungsweise gibt es etwa 20 000 Tempel auf Bali, was verwundert, wenn man bedenkt, daß die Insel nicht mehr als etwa achtzig Kilometer in nordsüdlicher und 140 Kilometer in ostwestlicher Richtung mißt.

Die Balinesen glauben, daß sie im Paradies auf Erden leben. Sie ehren und respektieren das Land, auf dem sie leben. Jedes Haus hat seinen Schrein, und Opfer mit Blumen, Weihrauch und Weihwasser werden den Göttern morgens, mittags und abends dargebracht. Die Balinesen leben wirklich in vollkommenem Einklang mit ihrer Umwelt.

Eine meiner Lieblingsgeschichten zeigt das sehr deutlich. Auf Bali gibt es nur wenige Tiere, die einen Menschen ernsthaft beißen können. Zu diesen gehört der dortige Tausendfüßler, der etliche Zentimeter lang werden kann; sein Biß ist zwar nicht lebensbedrohlich, aber sehr schmerzhaft. Eines Nachts wurde ich im Schlaf gebissen. Die Beißzangen hinterließen nur zwei kleine Löcher auf meinem Oberkörper, doch mehrere Stunden lang hatte ich starke Schmerzen. Am Morgen fragten uns all unsere balinesischen Nachbarn, was das denn für eine Unruhe in der Nacht gewesen sei. Wir berichteten ihnen, was passiert war, und alle wollten sofort die Bißwunden sehen. Sie sahen sich die Sache an, und dann waren sie auch schon wieder verschwunden.

»Haben die denn überhaupt kein Mitleid mit mir?« wandte ich mich empört an Rai, meinen balinesischen Verlobten. Er schüttelte den Kopf, lächelte und erklärte, daß die Balinesen der Ansicht waren, daß ich etwas getan hätte, das die Erdgeister beleidigte. Die Nachbarn würden jetzt ein paar Extraopfer für die Erdgeister bringen, damit sie nicht auch gebissen würden! Er sagte auch, daß wir es ihnen gleichtun sollten, um weitere Besuche zu vermeiden – was wir auch taten. Seitdem haben wir keine Probleme mehr.

Feng Shui auf Bali

Ein Grund, warum Bali solch ein Paradies zu sein scheint, ist der hohe Entwicklungsstand des Feng Shui. Es scheint, als wüchsen die Häuser gleichsam aus der Erde. Sie fügen sich so gut in ihre Umgebung, als seien sie ausgesät worden und hätten Wurzeln dort, wo sie stehen.

Diese Veranlagung ist nicht etwa nur wenigen vorbehalten. Jeder Balinese hat einen stark entwickelten Sinn für Harmonie zu seinen Mitmenschen, seiner unmittelbaren Umgebung und dem großen Ganzen. Ich habe noch nie einen Balinesen getroffen, der nicht einen natürlichen Hang zu Feng Shui besäße, und ich wundere mich trotzdem immer wieder, wie sie es fertigbringen, die schönsten Dinge scheinbar ohne jegliche Mühe zu erschaffen. Sie schlagen nicht alles kurz und klein und bauen dann sterile, kleine Kisten aus Beton, wie wir es tun. Sie formen die Gebäude entlang den Konturen des Bodens und akzentuieren dabei auch das kleinste Detail. Sie stellen nicht alles in eine gerade Linie und lassen nicht jedes Haus gleich aussehen. Ihre Häuser sind ein Teil ihres Selbst und ein Ausdruck ihrer spirituellen Werte und der individuellen Kreativität.

Die Balinesen leben mit dem Land. Sie lieben es, die Erde zu riechen, die Geräusche der Natur zu hören, vom Krähen der Hähne geweckt und vom Gezirpe der Grillen in den Schlaf gesungen zu werden. Selbst in den mehr urbanen Teilen des Landes nutzen sie jedes der Elemente Erde, Luft, Wasser und Feuer, um ihre Verbindung mit dem Ort, an dem sie leben, zum Ausdruck zu bringen.

Das Leben auf Bali ist ständig in Bewegung. Dies spiegelt sich auch in der Sprache wider, die keine Formen für Zukunft oder Vergangenheit kennt; die Menschen leben eben voll und ganz im Jetzt. Die Leute besitzen eine angeborene Kreativität und sträuben sich nicht gegen Veränderung in der Art, wie wir es im Westen tun. Darum hat auch ihr traditioneller Lebensstil überleben können, da sie neue Einflüsse aus dem Westen einfach in ihre Kultur aufgenommen haben. Ein schönes Beispiel dafür ist eine Zeremonie, die sich *Tumpek Landep* nennt und alle 210 Tage abgehalten wird. Traditionell opfert man an diesem Tag den metallenen Gegenständen des Krieges. Heute, da die Kriegszeiten auf Bali vorüber sind, nutzen die Balinesen den Tag, um ihre metallenen Autos, Lastwägen und Motoräder in die Tempel zum Segnen zu bringen. Am Kühlergrill und an den Außenspiegeln hängen dann Opfergaben aus Kokosnußblättern, die so lange im Fahrtwind flattern, bis sie weggeblasen werden. Auch anderen »metallischen« Gegenständen wie etwa Computern werden Opfer dargebracht.

Hausbau auf Bali

Häuser werden auf Bali traditionellerweise nach den Körpermaßen des Hausvorstandes gebaut, um so vollkommene Harmonie in der Familie sicherzustellen. Können Sie sich vorstellen, wie es ist, in einem Haus zu leben, das nach Ihren Körpermaßen entworfen wurde? Es fühlt sich so wunderbar an, als würden Sie einen Anzug anlegen, der von einem Schneider so auf Ihre Figur gearbeitet wurde, daß er perfekt sitzt.

Der Bauprozeß beginnt mit der Konsultation eines Experten, der den vorteilhaftesten Tag für den Baubeginn festlegt. Die Balinesen haben zusätzlich zum Gregorianischen Kalender noch zwei weitere: den Saka-Mondkalender und den Pawukon-210-Tage-Kalender. Ein besonderer Aspekt des Pawukon ist, daß die Jahre nicht gezählt werden; der Zyklus wiederholt sich einfach immer und immer wieder. Er zählt eine Ein-Tage-Woche, eine Zwei-Tage-Woche, eine Drei-Tage-Woche und so weiter bis hoch zur Zehn-Tage-Woche. Glückbringende Tage sind die Übergänge von einer Woche zur anderen, besonders die der Drei-, Fünf- und Sieben-Tage-Woche. In der Acht-Tage-Woche wird im allgemeinem der Bau von Häusern geplant.

Die traditionelle Bauweise Balis nennt sich *asta kosala kosali*, und die Architekten nennt man *undagi*. Obwohl doch alle Balinesen wissen, was sich richtig anfühlt, wird in den meisten Fällen (und vorausgesetzt, man kann es sich leisten) einer dieser Architekten gerufen, um die genauen mathematischen Verhältnisse auszurechnen und den Bau zu überwachen.

Beim ersten Besuch des Hausvorstandes beim *undagi* werden an seinem Körper Dutzende von Maßen genommen. Die Länge der Finger, Füße, Beine und so weiter werden miteinander addiert und multipliziert, um die Höhe und Breite der Tür, der Außenwände, der Stützpfeiler und weitere wichtige Dinge am Bau zu bemessen. Eine Maßeinheit ist zum Beispiel das *Depa*, welches sich ergibt, wenn der Abstand der Finger bei ausgestreckten Armen auf Schulterhöhe genommen wird. Dazu wird ein faszinierender Zusatz namens *urip* addiert, der im Falle eines *depa* die Breite einer Faust ausmacht. Wörtlich übersetzt bedeutet *urip* soviel wie »das Belebende«, und mit dem Dazurechnen soll das Gebäude über die Bestandteile seiner Materialien hinaus belebt werden.

Im Westen bauen wir dort, wo es uns beliebt, ohne an die Erdgeister zu denken, die diesen Ort bewohnen könnten. Auf Bali werden die Bauplatze sehr sorgfältig ausgewählt, um so die Harmonie zwischen den Menschen und den unsichtbaren Kräften, die dort leben, sicherzustellen. Wenn es einen Erdgeist gibt, der nicht zum »Umzug« überredet werden kann, so wird dort eben nicht gebaut; eine andere Stelle wird ausgewählt. Es steht außer Frage, an diesem Platz ein Haus aus materiellen Gründen zu errichten, da dort doch niemand einziehen würde. Auch würde nie jemand an einem Platz bauen, der sich als unrein erweist, weil er eine ehemalige Grabstätte ist oder weil sich dort eine Tragödie ereignet hat.

Zeremonielles Bauen

Beim Bau eines Hauses werden verschiedene Zeremonien vorgenommen, beginnend mit der Grundsteinlegung. Jedes Dorf hat seine eigenen Bräuche, so daß die Zeremonien unterschiedlich sein können. In einer Version für wichtige Gebäude und Tempel werden zum Beispiel fünf Metalle (Gold, Silber, Bronze, Kupfer und Eisen) zusammen in einer fünffarbig bemalten Kokosnuß geopfert. Für bescheidenere Häuser ist ein Stein, verpackt in weißes Leinen, ausreichend. Weihwasser, Blumen, Weihrauch, Mantras und Gebete werden bei der Zeremonie dem Gebäude dargebracht.

Für heilige Gebäude muß das Holz von einem lebenden Baum stammen, und dem Baum muß geopfert werden, bevor man ihn fällt. Für einfache Häuser ist die Regel weniger streng, aber die aufrechten Hausteile müssen in Wuchsrichtung des Baumes stehen.

Ein anderes Ritual wird ausgeführt, wenn die Baumaterialien zusammengesetzt sind und der Bau beendet wird. Dann wird wieder ein vorteilhafter Tag gewählt, um eine Zeremonie abzuhalten, die sich *Pamelaspasan* nennt. Vor dieser Zeremonie würde niemand in dem Haus schlafen, ein Feuer oder Licht dort entzünden.

Der Sinn und Zweck der Zeremonie besteht darin, die Sicherheit und Harmonie des Hauses zu garantieren und es zum Leben zu erwecken. Kein Balinese würde jemals in ein »totes« Haus einziehen. Sie glauben, daß während des Bauprozesses alle Baumaterialien getötet wurden: Die Steine wurden getötet, als man sie aus der Erde nahm, die Bäume, als man sie fällte, die Gräser, als man sie schnitt, und so weiter. Die Kosten dafür sind hoch, aber die Zeremonie ist so wichtig, daß Banken sie als Posten in die Berechnung für Baudarlehen mit einbeziehen.

Mikrokosmos und Makrokosmos

In der Bibel heißt es: Gott schuf den Menschen nach seinem Bilde. Die Balinesen machen den nächsten Schritt und bauen ihre Häuser nach ihrem Bilde. Auf vielen verschiedenen Ebenen bauen sie Mikrokosmen, die den Makrokosmos wiedergeben.

Sie haben ein Konzept, das sie *tri angga*, »drei Stücke« oder »drei Teile«, nennen. Der Körper ist zum Beispiel aus drei Teilen geformt: Kopf, Torso und Beine. Der Kopf wird als heilig angesehen, der Torso als neutral und die Beine als profan.

Im Entwurf eines Hauses wird sich der Hausaltar also im Kopfbereich befinden, der Wohnbereich im Torso, und die Tiere und der Abfall sind in den Füßen. Auch Tempel sind dreigeteilt, so daß sich der höchste Schrein am Kopfbereich, der allgemeine Altar in der Mitte und die alltäglichen Aktivitäten im Fußbereich befinden. Ganze Städte sind so gebaut: So befindet sich also der heiligste Tempel im »Kopf« der Stadt, der mittlere Tempel für die weniger wichtigen Zeremonien steht wieder in der Mitte, und im Fußbereich ist jener Tempel plaziert, in dem die Toten vor der Verbrennung aufbewahrt werden.

Ausrichtung

In einem größeren Maßstab wird dieses Prinzip auf die Insel Bali selbst angewandt. Die heiligen Berge, die sich als Kamm von Westen nach Osten erstrecken, sind im wahrsten Sinne des Wortes der Hochbereich; der Bereich dazwischen, in dem die meisten Menschen leben, ist neutral, und die Küste ist wieder der niedere Bereich.

Die balinesischen Hindus (95 Prozent der Bevölkerung) glauben, daß sich die Götter in den Bergen aufhalten, von denen der höchste und heiligste der Agung ist. Alle balinesischen Häuser sind so gebaut, daß der heiligste Bereich, der Altar, auf den Berg zeigt, und alle Betten sind so gestellt, daß die Schläfer mit dem Kopf auch auf den Agung zeigen. Ist das aus irgendeinem Grunde nicht möglich, so ist die nächste Möglichkeit entweder der nächste Berg oder der Osten.

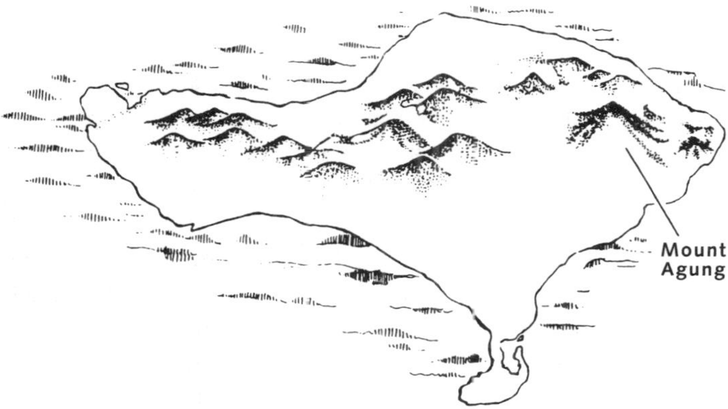

Anthropologen versuchen seit Jahrzehnten herauszufinden, warum sich Bali so gut gegen den Einfluß der Touristen behauptet, haben aber diesen Aspekt nie berücksichtigt. Jeder, der schon einmal an einer Gruppenmeditation teilgenommen hat, bei der alle mit dem Kopf zu einem Zentrum lagen, erfuhr, welche Kräfte dabei wirken können. Es ist, als ob etwas dazukäme, das die Gruppe zu mehr macht als der Summe der Individuen. Die Wirkung, wenn sich die gesamte balinesische Bevölkerung allabendlich aus religiösen Gründen in eine Richtung legt, auf ihre Lebensgemeinschaft ist enorm. Ganz egal, wie viele Touristen auch kommen mögen, dieser Brauch bleibt bestehen. Jede Nacht verbinden alle Balinesen sich im Schlaf zu einem großen Geist. Die Balinesen schaffen damit einen heiligen Ort auf nationaler Ebene.

Die Balinesen verlieren ihre Orientierung, wenn sie nicht ausgerichtet schlafen. Es ist, als würden ihre Körper von den Vulkanen magnetisiert. Wenn man einem Balinesen die Augen verbindet und ihn dreht, wird er mit Sicherheit die Lage der Berge bestimmen können. Es war sehr lustig, das selbst mit einigen Freiwilligen nachzuprüfen, und ich war über ihre Genauigkeit erstaunt.

Wenn Sie nach Bali gehen sollten, um das selbst zu erfahren, werden Sie herausfinden, daß viele Touristenunterkünfte nicht nach diesen Prinzipien gebaut sind. Die Balinesen haben gemerkt, daß Touristen im allgemeinen nicht viel Wert auf die Ausrichtung legen, und Hotels gebaut, in denen keine Rücksicht auf dieses Prinzip genommen wurde. Hin und wieder verlasse ich mein Haus auf Bali und reise über die Insel. Immer wenn ich dann auf ein Bett stoße, das erst gedreht werden muß, ernte ich Freude und Verständnis, weil ich mich um diese Dinge sorge, und man ist nur zu gern bereit, mir zu helfen.

Andere Formen der Segnung

Die Balinesen segnen nicht nur ihre Häuser, sondern auch ihre Autos, ihre Instrumente und ihre Weihegegenstände, wie Tanzmasken und die Glocken der Priester. Wenn sie geweiht sind, werden ihnen regelmäßig Opfer dargebracht, um die Energien zu erhalten. Ich scherze oft, daß mein Auto auf Bali immer drei Dinge braucht, um zu fahren: Benzin im Tank, Wasser im Kühler und Blumenopfer auf der Ablage.

Space Clearing auf Bali

Die gesamte Insel wird täglich von den Einheimischen einer Reinigung unterzogen, was bedeutet, daß die niederen Energien weggefegt werden. Das ist ein weiterer Grund, warum der Einfluß der Touristen die spirituelle Kultur auf der Insel kaum verändert hat. Vergewaltigungen sind relativ selten auf der Insel, Inzest gibt es nicht und Diebstahl nur sehr selten – außer in Touristenzentren, wo, wie man mir sagte, Verbrechen zumeist von Leuten aus der westlichen Welt geplant und von Menschen von der Nachbarinsel Java ausgeführt werden. Bali ist wahrscheinlich der einzige Ort auf der Welt, wo keine Frau als Prostituierte arbeitet. Es gibt auf der Insel Prostituierte, aber die stammen von anderen indonesischen Inseln, nicht aus Bali selbst. Man kann Bali als das Läuterungszentrum der Welt bezeichnen.

Nyepi

Keine Beschreibung der Insel wäre komplett ohne die Beschreibung der jährlichen Reinigungszeremonie *nyepi*, die jeden März stattfindet und den Beginn des neuen Jahres markiert. In den Wochen davor dürfen Kinder Knaller zünden, um böse Geister zu vertreiben. In vielen Teilen der Insel werden in den Dörfern gigantische Dämonen aus Papiermaché gefertigt, die *ogoh-ogoh*. Am Abend vor Nyepi werden dann diese Dämonen an langen Stangen durch das Dorf getragen, in Begleitung von Zimbeln und Xylophonen und unter größtmöglicher Lautstärke. Man hat die Absicht, soviel Lärm wie möglich zu machen – ein einmaliges Erlebnis für Auge und Ohr.

Um Mitternacht werden dann die ogoh-ogoh an Kreuzwegen überall auf der Insel aufgestellt und reiche Opfergaben für die von ihnen repräsentierten *bhuta kala* (niedere oder zornige Geister) beigefügt. Die Balinesen wissen, daß an Kreuzungen sowohl der Verkehr als auch die Energien sich überschneiden, und sie glauben, daß der Grund für Unfälle an Kreuzungen bei bösen Geistern zu suchen ist, die diese bewohnen. Mit den Opfern und dem Verbrennen der Puppen sollen diese Geister sowohl besänftigt als auch erschreckt werden. Viele Menschen bleiben die ganze Nacht wach und machen soviel Lärm wie möglich, bis sich das Morgengrauen über die Insel legt und Stille einkehrt.

Der Tag des Nyepi ist etwas Besonderes. Es ist der einzige Tag auf Erden, an dem an einem Ort alles zum Erliegen kommt. Niemandem ist es erlaubt, die Straße zu betreten, weder zu Fuß noch in einem Gefährt. Bis vor kurzem durften keine Flugzeuge an diesem Tage starten oder landen, was jedoch die internationalen Flugpläne so durcheinanderbrachte, daß die balinesische Regierung einwilligte, Flugzeuge landen zu lassen. Neuankömmlinge müssen jedoch sofort mit einer Polizeieskorte zum nächsten Hotel gebracht werden, wo sie für den Rest des Tages bleiben. Bis auf einige wichtige Einrichtungen ist es nicht erlaubt zu arbeiten. Keine Geräte dürfen betrieben und keine Lichter eingeschaltet werden. Keine Feuer dürfen entzündet und keine Speisen gekocht werden (die Balinesen haben sich interessante Methoden ausgedacht, wie sie Speisen auch ohne Kühlschrank über Nacht frischhalten können). Es gibt keine Musik, kein Fernsehen, kein Radio (die Landesstationen senden sowieso nicht) und keine Telefongespräche. In einigen Teilen des Landes wird sogar der Strom für diese Zeit abgeschaltet, um dem Gesetz zu entsprechen. Rauchen, Spielen und der Genuß von Alkohol sind in dieser Zeit nicht erlaubt, Unterhaltungen werden nur in einem gedämpften Ton geführt. Sogar die Hunde hören auf zu bellen, und die Hühner gackern nicht. Die sanfte tropische Stille umarmt einen wie ein warmer, süßer Traum.

Für einen ganzen Tag muß man nirgendwohin und hat nichts zu tun. Die inneren Organe kommen zur Ruhe, und man ist *vollkommen entspannt.* Ein einzigartiges Erlebnis. In dieser Zeit wird meditiert und für das folgende Jahr geplant. Nach Sonnenuntergang ist der Effekt noch stärker: Man sitzt in kompletter Dunkelheit und Stille mit seinen Lieben und berät über das alte und das neue Jahr. Es ist, als würde es für immer so weitergehen, und man wünscht sich, es wäre so.

Am nächsten Tag ist alles vorbei. Mit den ersten Sonnenstrahlen füllen sich die Straßen mit Menschen, Fahrrädern, Autos und Bussen, und Nyepi ist wie ein Traum – bis zum nächsten Jahr.

Die heiligen Lehren Balis

Die Balinesen mögen nicht über den materiellen Reichtum des Westens verfügen, aber sie haben einen Reichtum des Geistes, der sich in allem äußert. Das ist etwas, das wir von dieser Kultur lernen können und das ich versuche, in diesem Buch zu vermitteln, damit wir mit ihrer Weisheit und einigen ihrer Praktiken unser Leben hier verbessern. Besonders die Reinigungszeremonien des Space Clearing enthalten einige balinesische Elemente, die ich für den abendländischen Nutzen adaptiert habe. Das nächste Kapitel erklärt, wie das funktioniert.

4. *Was ist Space Clearing?*

Space Clearing ist die Kunst der Reinigung und Segnung eines Ortes. Um zu verstehen, warum diese Übung so wichtig ist, ist es notwendig, zuerst zu erläutern, wie wir Menschen Energie aussenden.

Das Astrallicht

Die Atmosphäre unseres Planeten besteht nicht nur aus Luft, sondern auch aus jener unsichtbaren Energie, die Astrallicht genannt wird. Es gibt sieben Stufen, von der niedrigsten, die als solche nicht »schlecht«, aber leider sehr verschmutzt ist, bis hinauf zur höchsten, spirituell reinsten. Wir haben die Möglichkeit, jede dieser Schwingungsstufen zu jeder Zeit einzuatmen, obwohl sich viele Menschen dessen nicht bewußt sind und eher auf dem niedrigsten Level verweilen. Einige Orte dieser Welt ziehen besonders viele der höheren Schwingungen an; die Alten waren sich dessen noch bewußt, weshalb sie dort Tempel und heilige Werke errichteten, die uns den Zugang zu einer höheren Sphäre erleichtern sollen. (Ist Ihnen schon einmal aufgefallen, daß Ihre Atmung sehr flach wird, wenn Sie solche Orte besuchen und diese Energien nicht gewohnt sind?)

Um ein anderes Beispiel für das Wirken des Astrallichtes zu nennen: Erinnern Sie sich daran, wie Sie plötzlich etwas verstanden,

Einsicht in eine Sache erhielten und dann, einige Stunden später, nicht mehr wußten, was es eigentlich war? Das entsteht, wenn Sie Eindrücke höherer Stufen des Verstehens haben. Die einzige Möglichkeit, dahin zurückzugelangen, besteht darin, auf das energetische Level zurückzukehren, auf dem Sie waren, als es geschah.

Warum Space Clearing notwendig ist

Jede Religion der Welt bietet ihren Gläubigen Zeremonien und Rituale an, um sie auf Stufen des astralen Lichtes zu heben, die sie sonst nicht so einfach erreichen, und um sie einen erhöhten Wesenszustand erfahren zu lassen. Um dies sicherzustellen, werden Tempel immer wieder gereinigt und geweiht; die Atmosphäre wird auf einem hohen Niveau gehalten.

Space Clearing soll den Grad des Astrallichtes in unseren persönlichen Räumen heben, so daß sich damit auch unsere Lebensqualität hebt. Abhängig von Ihrem Wissen und Ihren Fähigkeiten können Sie so jeden Ort reinigen, wo immer Sie sich auch befinden. Wenn Sie ein sinnerfüllteres und ausgefüllteres Leben führen wollen, als es heute von so vielen Menschen auf einem niederen Niveau gelebt wird, kann das Erlernen dieser Techniken von großem Nutzen für Sie sein.

Energie in Gebäuden

Energetisch gesehen, erzeugt alles, was an einem Ort geschieht, Wellen wie ein Stein, der ins Wasser fällt, und wird in den Wänden, im Boden, der Decke, den Möbeln, den Pflanzen, Tieren und Menschen gespeichert: Es wird in die Struktur der Materie geradezu eingeprägt. Wiederkehrende Muster werden tiefer eingelagert, so auch Stimmungen und Emotionen. Jedes Ereignis, das mit starken Gefühlsausbrüchen oder Traumata einhergeht, wird besonders intensiv gespeichert. Wenn Sie einmal die Erfahrung gemacht haben, in einen Raum zu gehen, in dem gerade ein Streit stattgefunden hat, wissen Sie, daß man die schlechte Stimmung in der Luft nahezu riechen kann. Man sagt, die Atmosphäre sei zum Zerreißen gespannt, und meint damit, daß man die Energie so stark wahrnehmen kann, als wäre sie physisch greifbar.

Die Reste der Energien prallen besonders an Winkeln ab und sammeln sich dann in Ecken und an Unterständen.

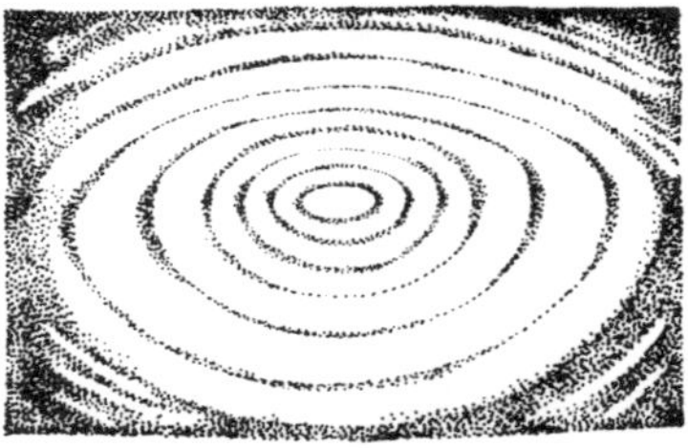

Energiewellen breiten sich aus und sammeln sich vor allem in den Ecken

Interessant ist, daß viele Naturvölker nicht in Räumen mit Ecken leben wollen. Die Zulus und die amerikanischen Ureinwohner leben zum Beispiel in runden Hütten. Sie glauben, daß das Böse in Ecken lebt, und beschreiben damit meist die niedrigeren Energien, die dort zu finden sind.

In unserer westlichen Kultur sind Kinder normalerweise sensibler als Erwachsene. Sie sagen, daß sie die dunklen Ecken und den Platz unter dem Bett nicht mögen und daß sie nicht bei geöffneter Schranktür schlafen wollen. Das ist ein vollkommen menschliches Verhalten, sogar für Erwachsene.

Wenn Sie dieses Buch in einem Haus lesen, halten Sie für einen Moment inne und schauen Sie sich um. Stellen Sie sich vor, wie dieser Ort aussähe, wenn er seit seiner Erbauung nicht mehr geputzt worden wäre. Sehen Sie die Unmengen an Staub und Spinnweben vor sich: Die schlimmsten Stellen wären natürlich die Ecken und Nischen. Selbstverständlich würde niemand an einem solchen Ort leben oder arbeiten wollen. Auf einem energetischen Niveau sieht es genauso an einem Ort aus, der nie einem Space Clearing unterzogen wurde. Heiße, klebrige, elektrische Spinnweben und zähe Klumpen statischer Energie sammeln sich in den Winkeln, Ecken und Nischen.

Jeder erzeugt täglich ein gewisses Maß an psychischem Schmutz. Genauso wie alles, was lebt, sich auch einer täglichen Reinigung unterzieht, sollten auch unsere Energien täglich gesäubert werden. Jane Alexander sagte 1994 einmal sehr treffend in einem Artikel der *Daily Mail* über Space Clearing: »Die meisten von uns leben wahrscheinlich in dem psychischen Äquivalent einer Müllkippe.«

Nur wenige Häuser im Westen sind so gebaut, daß sich keine ungewollten Energien darin ablagern können. Die meisten Gebäude sind ohne einen Gedanken an die zirkulierenden Energien gebaut worden, und unglücklich positionierte Möbel verstärken noch den Effekt. Wieviel Energie zurückbleibt, hängt vom Feng Shui des Ortes ab – ebenso, wie gut sie fließt und wie viele und welche Menschen dort verkehren.

Ich habe schon Herrenhäuser gesäubert, die Jahrhunderte alt waren und an denen sich die Energien fast einen Meter dick an der Wand wie psychischer Sirup anfühlten. Gleichzeitig habe ich aber auch Neubauten gesehen, die sich genauso dumpf anfühlten, was an den Menschen lag, die dort ein und aus gingen und in dieser Zeit emotionalem und mentalem Streß ausgesetzt waren.

Energie in Gegenständen

Auch einzelne Gegenstände können auf die gleiche Weise gereinigt werden. Alle Dinge speichern die Energien dessen, was um sie herum geschieht. Wenn Sie etwas aus zweiter Hand kaufen, trägt es die Energien der Person in sich, der es zuvor gehörte. Wenn es lange im Besitz dieser Person war und diese eine starke emotionale Bindung daran hatte, ist die Ausstrahlung natürlich stärker.

Das ist die Grundlage der Psychometrie; eine geübte Person kann zum Beispiel den Ring eines anderen Menschen in die Hand nehmen und dann die ausgestrahlten Energien in Informationen über diese Person übersetzen, ohne sie zuvor jemals getroffen zu haben. Das ist auch mit ein Grund, warum Gegenstände, die zu einem Heiligen gehörten, so begehrt sind, und deshalb wollen auch Fans immer etwas von ihrem verehrten Filmstar, Musiker oder Sportler: Sie wollen etwas haben, das den energetischen Abdruck ihres Idols trägt. Ein Autogramm kombiniert den Energiefluß der Hand mit dem Abbild der Energiematrix der berühmten Persönlichkeit und kann so auch von jedem, der sich mit Handschriften auskennt, sofort dechiffriert werden. Es ist das Äquivalent zu einem persönlichen Gegenstand.

Anwendungen des Space Clearing

Stärkung des Feng Shui

Space Clearing wirkt in Verbindung mit traditionellem Feng Shui Wunder; es macht Feng Shui-Erweiterungen einfacher, weicher und tiefer. Beide Techniken wirken auf natürliche Weise zusammen: Space Clearing erlaubt Ihnen, die Energien Ihrer Wohnung besser zu spüren, so daß sich Feng Shui-Lösungen von ganz allein anbieten.

Wenn ich gerufen werde, um kombinierte Feng Shui- und Space Clearing-Beratungen zu geben, dann reinige ich den Ort erst, bevor ich mich um das Feng Shui kümmere. Beides zusammen kann eine sehr starke und verändernde Wirkung auf einen Menschen haben und einen Wendepunkt in seinem Leben bedeuten. Darum beschäftigt sich dieses Buch mit beiden Techniken.

Stagnationen im Leben beseitigen

Manche Menschen entscheiden sich, Space Clearing zu erlernen, weil sie sich in einer Situation gefangen fühlen. Wann immer Sie sich bei einem Problem in Ihrem Leben festgefahren fühlen, gibt es auch Stauungen in Ihrem Haus, so daß es ratsam ist, die Energien in Ihrer Wohnung wieder zum Fließen zu bringen.

Eine Frau erzählte mir, daß sie versucht hatte, eine neue Wohnung zu finden, aber nach vielen Wochen fast verzweifelt aufgab. Sie war bereit, einen guten Preis für ein nettes Haus in einer guten Gegend zu zahlen, aber immer, wenn sie etwas gefunden hatte, wurde es an jemand anderen vermietet. Die Situation wurde drängender, weil der Vertrag für die alte Wohnung auslief. Sie glaubte zwar nicht, daß es viel helfen würde, aber sie wollte das Haus sowieso einem Space Clearing unterziehen. Innerhalb von 24 Stunden hatte sie einen Vertrag für ein Haus, das genau ihren Wünschen entsprach. Sie sagte: »Es ist, als hätte jemand einen Stöpsel gezogen, und ein Regen des Erfolgs ging auf mich nieder.«

Eine andere Frau erzählte: »Ich hatte eine wichtige Entscheidung zu treffen, wußte aber nicht wie. Dann erinnerte ich mich an Ihren Rat und begann, das Haus zu putzen. Dann machte ich ein Space Clearing. Währenddessen fühlte ich die Unentschlossenheit von mir abfallen. Als ich fertig war, war ich mir auch über meine Ziele im klaren und konnte es kaum erwarten, damit anzufangen.«

Ein Paar erzählte mir, daß sie versuchten, die Wohnung zu kaufen, in der sie schon seit acht Jahren lebten, aber daß ihr Vermieter sich dagegen sträubte. Nach einem Space Clearing rief sie der Vermieter an und sagte, daß er zum Verkauf bereit sei.

Was mir am meisten am Space Clearing gefällt, ist, daß sich die Grundtechniken so einfach vermitteln lassen und jeder sein Haus reinigen kann, wann immer er oder sie das Bedürfnis dazu hat.

Die Beseitigung wiederkehrender Probleme

Eine andere Situation, in der mit Space Clearing geholfen werden kann, ist, wenn Sie immer wieder die gleichen Probleme haben. Vielleicht ist es der gleiche Streit, der in der Familie immer wieder aufkommt und niemals ein Ende findet. Space Clearing wird nicht die Ursache beseitigen, aber es gibt Ihnen die Möglichkeit zu einer neuen Lösung.

Eine sehr bewegende Geschichte erlebte ich mit einer Frau, die seit Jahren die Kommunikation mit ihrer Tochter abgebrochen hatte. Während ich das Haus reinigte, rief die Tochter an, und beide vereinbarten ein Treffen. Heute haben Mutter und Tochter wieder ein enges Verhältnis zueinander.

Eine andere Frau war mit einem Mann verheiratet, der dazu neigte, das Haus zu verlassen und wochenlang zu schmollen, wenn er nicht seinen Willen bekam. Das war schon jahrelang so gegangen, und mittlerweile hatte sie die Nase gründlich voll davon. Als es wieder geschah, unterzog sie das Haus einem Space Clearing, wobei sie sich besonders auf den Beziehungsabschnitt ihres Hauses konzentrierte (in Kapitel 18 über das Bagua erfahren Sie, wo sich dieser Abschnitt in Ihrem Haus befindet). Einige Stunden später rief er bei ihr an (was zuvor noch nie geschehen war), entschuldigte sich und kam nach Hause, um das Problem mit ihr durchzusprechen. Ein Jahr später rief sie bei mir an und sagte: »Seitdem ist er nicht mehr wutentbrannt aus dem Haus gestürmt. Mittlerweile setzen wir uns zusammen und besprechen unsere Probleme wie vernünftige Menschen. Ich habe keinen Zweifel daran, daß Space Clearing meine Ehe gerettet hat.«

Das Beseitigen von Vorgängerenergien

»Vererbte« Energien führen dazu, daß sich die Vergangenheit wiederholt. Es müssen also nicht nur Ihre eigenen Schwingungen sein, die stören; sie können auch von den Menschen stammen, die den Ort zuvor bewohnt haben. Wenn zum Beispiel die Leute, die zuvor im Haus lebten, sich scheiden ließen, ist die Wahrscheinlichkeit groß, daß sich auch die Mieter davor voneinander trennten und daß auch Sie ähnliche Beziehungsprobleme bekommen könnten, nur deshalb, weil die Energie dazu noch vorhanden ist. Wenn Sie in ein neues Haus ziehen und merken, daß alle an Gewicht zulegen, prüfen Sie nach, ob die Vorbesitzer nicht auch etwas dicker waren. Wenn Sie anfangen, viel zu schlafen, kann es gut sein, daß Ihre Vorgänger auch viel schliefen. Vorgängerenergien können Sie auf so vielfältige Weise beeinflussen, wie Sie es nie für möglich gehalten hätten, bis Sie selber lernen, die Energien eines Ortes zu lesen.

Space Clearing wird diese Energien erfolgreich beseitigen, so daß Sie selbst einen neuen Anfang machen können. Es ist ratsam, jeden Ort mit einem Space Clearing zu behandeln und zu weihen (möglichst, bevor man einzieht), und ich werde Ihnen zeigen, wie man das macht.

Heilung

Die erste Anwendung, die Sie bekommen, wenn man Sie in Rußland in ein Krankenhaus einliefert, ist ein Einlauf: Die dortigen Mediziner haben begriffen, daß sich der Körper schneller selbst heilt, wenn alle abführenden Kanäle frei sind. Diese Einstellung könnte noch etwas weiter getrieben werden, wenn alle Krankenzimmer zuvor einem Space Clearing unterzogen würden, das die psychische Aufladung beseitigt, welche sich während des Heilprozesses bildet und anstaut.

Space Clearing unterstützt die körperliche wie auch die emotionale Heilung bei Depressionen, Trauer und ähnlichem. Ich habe Anrufe von vielen Menschen erhalten, die mir berichteten, wie eine Reinigung ihnen bei der Gesundung sowohl akuter als auch chronischer Leiden geholfen hatte.

Ein Paar erzählte mir: »Gegen sechs Uhr abends waren wir beide am Niesen, fühlten uns fiebrig und matt und wußten, daß uns eine schwere Grippe bevorstand. Wir machten ein Space Clearing, gingen sofort zu Bett, schliefen wie ein Stein und erwachten gesund.«

Ein anderer Mann erzählte mir: »Ich litt seit Jahren an Depressionen, und nichts schien zu helfen. Ein Freund assistierte mir beim Space Clearing meiner Wohnung, und der Energieschub, den ich erhielt, war enorm. Ich arbeite wieder und mache ein Space Clearing immer dann, wenn sich ein neuer depressiver Schub ankündigt, so daß er gar nicht erst zum Ausbruch kommt.«
Berücksichtigen Sie bitte besonders die Hinweise in Punkt 3 der Checkliste von Kapitel 7, bevor Sie die Behausung eines Kranken reinigen.

Nach einer Krankheit

Waschen Sie nach einer Krankheit immer die Bettwäsche, säubern Sie das Krankenzimmer, und unterziehen Sie das Haus einem Space Clearing, um die Energien zu reinigen und den Ort mit frischer Energie zu versorgen.

Ich hoffe sehr, daß eines Tages Teams von Space Clearern regelmäßig in Krankenhäuser gehen werden, um dort ihre Arbeit zu verrichten. Können Sie sich vorstellen, wieviel negative Energie in einem Krankenhaus freigesetzt wird, wo Menschen täglich mit teilweise tödlichen Krankheiten und Verwundungen eingeliefert werden? Wie schwer ist es wohl, an einem solchen Ort wirklich gesund zu werden? Man ist schon geschwächt und verletzt, wenn man eingeliefert wird, und fürchtet sich womöglich noch vor dem, was geschehen wird. Jede Angst öffnet eine Eingangstür für herrenlose Gedankenformen und anderen psychischen Müll, der an einem solchen Ort zu finden ist. Zur Zeit arbeite ich an Möglichkeiten der Reinigung, ohne daß man die Kranken aus dem Raum entfernen muß. Ein Hindernis besteht allerdings darin, daß man eigentlich immer auch das Krankenbett mitreinigen müßte, was natürlich schwierig ist, wenn jemand darin liegt. Wie auch immer – mehr und mehr Medizinerinnen und Mediziner, Schwestern und Pfleger nehmen an meinen Workshops teil. Viele haben damit begonnen, Space Clearing auf ihren Stationen und in Praxen anzuwenden, wenn ein Patient geht und bevor ein anderer kommt. Sie alle erzielen hervorragende Ergebnisse.

Nach einem Todesfall

Wenn Sie im amerikanischen Bundesstaat Washington ein Haus verkaufen wollen, muß in der Urkunde stehen, ob sich jemand in diesem Haus das Leben genommen hat. Nach bestimmten Überlieferungen amerikanischer Ureinwohner kann ein Haus nicht mehr bewohnt werden, wenn jemand darin gestorben ist. Viele Menschen aus unterschiedlichen Kulturen fühlen sich in einem Haus unwohl, in dem es einen Todesfall gab.

Das Problem ist im allgemeinen nicht das Sterben an sich – es sei denn, Gewalt war mit im Spiel; Sterben ist ein natürlicher Prozeß. Es ist der Übergang von der stofflichen Welt in die energetischen Reiche. Zu lernen, wie man selbst diesen Weg einmal gut gehen kann, ist eine hohe Kunst. Das Problem sind eher Trauer und Schmerz, die an einem solchen Ort zurückbleiben. Space

Clearing ist ein wirksames Mittel der Beseitigung, so daß das Leben weitergehen kann.

Wünsche erfüllen

Space Clearing schafft Raum für Erweiterung. Sie können es anwenden, um Ihre Kreativität, Ihren Wohlstand, eine besondere Fähigkeit oder was immer Ihnen sonst noch einfällt zu erweitern. Es trägt auch dazu bei, daß alles in Ihrem Leben, was Sie anstreben, sich leichter manifestiert. Nicht nur Ihr Zuhause wird reiner, sondern auch Ihre Aura wird klarer und somit auch die Signale, die Sie an das Universum aussenden. Schaffen Sie Platz für Ihre Wünsche, und das Universum, das ein Vakuum verabscheut, wird es bereitwillig mit dem füllen, was Sie wünschen.

Ein Mann, der zunächst sehr skeptisch war, erzählte mir: »Eine Woche nachdem ich ein Space Clearing in meiner Wohnung durchgeführt hatte, begann ich eine neue Beziehung, und mir wurde ein großer Auftrag in Singapur angeboten.« Viele Leute bestätigen, daß nach einem Space Clearing nahezu magische Dinge in ihrem Leben geschahen.

Förderung der spirituellen Entwicklung

Wir leben in einer Zeit großer Veränderungen. Während wir auf das Ende eines Millenniums zusteuern, entwickeln sich die Dinge schneller und schneller. Je klarer und flexibler Sie sind, um so leichter wird es Ihnen fallen, sich mit der Zeit zu bewegen. Space Clearing klärt die Vergangenheit, hilft Ihnen, ganz im Jetzt zu leben. Es hält das Energiefeld Ihres Zuhauses rein, um Ihnen so die beste Umgebung für persönliches Wachstum zu bieten. Ich persönlich nutze Space Clearing mehr für dieses Ziel und um Veränderungen in meinem Leben zu erreichen, als für irgend etwas anderes.

Größere Vitalität

Space Clearing ist ein hervoragendes Mittel gegen Antriebslosigkeit, Müdigkeit und Erschöpfung. Es hilft bei Rekonvaleszenten und Menschen mit myalgischer Enzephalomyelitis.

Es revitalisiert das Energiefeld Ihrer Behausung und hat somit auch eine positive Wirkung auf Ihr eigenes Energiefeld. Achten Sie besonders auf Räume, in denen Sie sich müder als sonst fühlen. Reinigen Sie Ihr Schlafzimmer regelmäßig, um die Qualität Ihres Schlafes zu verbessern. Prüfen Sie auch, ob nicht elektromagnetische Felder, denen Sie längere Zeit ausgesetzt sind, Sie Ihrer Energie berauben, und werfen Sie soviel Überflüssiges weg wie nur möglich.

Besseres Sexualleben

Bei Sex geht es um den Austausch von Energien zweier Personen, und es liegt auf der Hand, daß eine energetisch angenehme Umgebung sich auch positiv auf Ihre Beziehung auswirken wird. Dies ist besonders wichtig, wenn Sie eine Beziehung an einem Ort beginnen, an dem Sie schon einen anderen Partner hatten. Sie können ein Space Clearing durchführen, um sich von der alten Beziehung ganz zu trennen und die Leidenschaft für die neue zu erhalten.

Aus einem Ort etwas Besonderes machen

Wenn Sie einen Raum im Haus zu Meditation, Gebet, Heilung oder ähnlichem nutzen wollen, beginnen Sie mit einem Space Clearing, um so die Atmosphäre zu erzeugen, die Sie wünschen. Regelmäßige Reinigung macht den Raum klarer und heller und bringt die Energien zum Strahlen.

Die Stimmung verändern

Manchmal möchte man einfach nur die Stimmung eines Raumes verändern. Das kann zum Beispiel nach einem Streit sein, nachdem jemand für längere Zeit Gast war und man nun seine eigenen Schwingungen wiederherstellen möchte, nach einer Party, die den Ort nicht nur physisch in ein Schlachtfeld verwandelte, oder einfach nur, um sich selbst aufzuheitern.

Um sich das Gefühl zu geben, hierher zu gehören

Manchmal erzählen mir Klienten, daß sie sich nach einem Space Clearing mehr zu Hause fühlen und auch sicherer. Oftmals haben sie schon seit zehn Jahren oder noch länger dort gelebt und sich nie gefühlt, als hätten sie sich dort verwurzelt.

Auf Reisen

Sie können Space Clearing nutzen, um jedes Hotelzimmer, in dem Sie wohnen, zu läutern. Mit dem Wissen, wie Sie einen Ort von den Energien der vorherigen Bewohner reinigen können, werden Sie sich überall auf der Welt zu Hause fühlen und einen sehr viel besseren Schlaf haben.

Für Therapeuten

Ich habe viele Jahre als Therapeutin gearbeitet und mußte feststellen, daß ein Therapeut niemanden heilen kann. Ein Mensch kann sich nur selbst heilen. Was ein Therapeut allerdings tun kann, ist, einen sicheren Ort zu schaffen, an dem sich der Patient entspannen kann, universelle Energien zur Verfügung stellen und seine besonderen Fähigkeiten nutzen, um den Patienten auf seinem Weg zur Heilung zu unterstützen.

Mir fiel auf, daß viele meiner Kollegen von Zeit zu Zeit Anfälle von »therapeutischen Burn-outs« hatten, die mir nie passierten. Ich vermutete (richtig, wie ich heute weiß), daß Space Clearing die magische Zutat war, die mich davor bewahrte. Wenn Sie als Therapeut arbeiten, führen Sie ein Space Clearing regelmäßig in Ihren Therapieräumen durch, damit Sie so eine Atmosphäre der

Sicherheit und Heilung für Ihre Patienten und für sich schaffen. Das sorgt für bessere Ergebnisse bei Ihren Patienten und verhindert, daß Sie selbst »ausbrennen«, weil Sie deren Angelegenheiten persönlich nehmen.

Wenn Sie Ihre Sitzungen zu Hause abhalten, ist dies um so wichtiger. Am besten reservieren Sie einen separaten Raum für Ihre Heilungen und benutzen dort eigene Liegen, Handtücher und ähnliches. Schlafen Sie nie an demselben Ort, den Ihre Kunden belegen, wenn Sie mit ihnen arbeiten.

Kurkliniken und alternative Heilzentren bedürfen auch eines regelmäßigen Space Clearings, um die Energien zu reinigen, die während des Heilens verunreinigt werden. Davon werden sowohl die Patienten als auch die Heilenden profitieren.

Für Seminarleiter

Der einzige Ort, an dem ich bisher ein Seminar durchführte und der nicht gereinigt werden mußte, war in St. James's Church in Piccadilly, London. Der natürliche Fluß der Energien und die Geschichte der hochqualitativen Workshops und Veranstaltungen dort machten dies unnötig. Sonst erscheine ich jedoch immer schon eine Stunde vor Beginn meines Seminars, um den Raum zu reinigen.

Ich kenne andere Ausbilder, die mittlerweile ebenfalls darauf schwören. Nachdem sie einmal Space Clearing ausprobiert haben, wollen sie es nicht mehr missen, denn es macht alles einfacher – für sie und für die Teilnehmer. Die Atmosphäre ist leichter, die Energie fließt besser, die Teilnehmer sind aufmerksamer und aufnahmefähiger, und alle gehen beschwingt nach Hause.

Steigerung von Harmonie und Produktivität im Büro

Space Clearing verhilft zu mehr Harmonie an Arbeitsstätten, was die Produktivität der Mitarbeiter steigert. Nachdem ein Firmeninhaber regelmäßig Space Clearing betrieben hatte, berichtete er: »Die Leute kommen herein und sagen, daß die Atmosphäre viel fröhlicher ist. Ich glaube, Space Clearing hat viel verändert. Wir alle kommen viel entspannter zur Arbeit.«

Viele Firmen nutzen Space Clearing vor einem wichtigen Meeting. Die Mitarbeiter spüren, daß es ihnen hilft, das Meeting zum Wohle aller und ohne große Auseinandersetzungen über die Bühne zu bringen.

Regelmäßiges Space Clearing hilft auch, die elektromagnetischen Kontaminierungen durch Bürogeräte wie etwa Computer zu minimieren.

Den Profit steigern

Nutzen Sie Space Clearing immer, wenn die Verkaufszahlen zurückgehen: Erfrischende und belebende Räume haben eine entsprechende Wirkung auf die Geschäfte.

Nachdem ich in Sydney, Australien, einen Workshop gegeben hatte, erhielt ich einen Anruf einer Ladeninhaberin. Sie erzählte mir ganz aufgeregt: »Ich habe Space Clearing in meinem Laden angewandt. An Montagen verkaufe ich kaum etwas vor vier Uhr nachmittags. Diesmal hatte sich mein normaler Tagesumsatz um diese Zeit verdoppelt und um fünf verdreifacht!«

Natürlich sind nicht alle Veränderungen so wunderbar, aber die meisten Menschen stellen dennoch eine deutliche Verbesserung fest. In London rief mich eine Agentur an, um zu fragen, wie man nach dem Space Clearing das Telefon dazu bringen könne, aufhören zu läuten; man käme mit der Arbeit nicht mehr hinterher. Einige Firmen bestellen mich mittlerweile mehrere Male im Jahr, um ihre Räume einem Space Clearing zu unterziehen.

Glück!
Wenn alles gut läuft, fühlt sich das Leben an, als würde man auf den Wellen dahingleiten und bräuchte nicht viel zu tun. Ich glaube nicht an »Glück« oder »Pech« als solche, sondern denke vielmehr, daß wir uns unsere eigenen Realitäten schaffen. Es kann natürlich passieren, daß wir von der Bahn abkommen, von der Welle fallen, und dann geht nichts mehr, wie es soll. In diesen Zeiten verhilft Space Clearing Ihnen zu einem neuen Start, damit Sie wieder auf den Kamm Ihrer Welle kommen und mit dem universellen Fluß der Energie schwimmen können.

Die Liste der Anwendungsmöglichkeiten für Space Clearing erweitert sich ständig, so daß das natürlich nicht alles war. Ich entdecke immer wieder Neues.

Im nächsten Kapitel werden wir mit der Basis für das Space Clearing beginnen: Aufräumen. Dies ist immer eines der beliebtesten Themen, wenn ich meine Workshops gebe, und es ist absolut notwendig für ein erfolgreiches Space Clearing, für traditionelles Feng Shui und um positive Veränderungen in Ihrem Leben zu bewirken.

5. *Räumen Sie auf!*

Die ganze Kunst des Space Clearing beginnt mit dem Aufräumen und Wegwerfen all des Plunders, der sich mit der Zeit bei Ihnen angesammelt hat; Sie ordnen so Ihr Zuhause zunächst, um ihm einen gründlichen Frühjahrsputz zu verpassen. Je gründlicher Sie das machen, um so besser werden die Ergebnisse.

Plunder ist angestaute Energie

Unterschätzen Sie nie die Auswirkungen, die all der Plunder in Ihrem Leben auf Sie hat. Wenn mir jemand erzählt, er fühle sich in seinem Leben festgefahren, weiß ich, daß mit Sicherheit jede Menge Müll und Plunder in seiner Wohnung vorzufinden ist. Müll sammelt sich dort, wo sich Energien stauen.

Gesunde Energie ist fließende Energie. Denken Sie einmal darüber nach, was passiert, wenn das Wasser in einem Fluß sich staut: Es wird sehr schnell moderig und fängt an zu stinken. Ähnliches geschieht energetisch, wenn sich Menschen mit Müll umgeben. Ich kann den Plunder nahezu riechen, wenn ich ein Haus betrete, auch wenn er unter Betten und in Schränken verstaut ist, wo man ihn nicht sehen soll. Er hat einen gewissen moderigen, durchdringenden Geruch an sich.

Menschen, die viel Plunder angesammelt haben, sagen, sie

könnten nicht die Energie aufbringen, um mit dem Aufräumen anzufangen; sie fühlen sich permanent müde. Das liegt daran, daß alles, was Sie besitzen, mit Ihnen verbunden ist. Wenn Sie sich mit viel Plunder umgeben, so schleifen Sie ständig die Ketten und Gewichte Ihrer Vergangenheit hinter sich her. Kein Wunder, daß Sie sich müde fühlen.

Plunder!

Aufräumen setzt ungeahnte Energien in Ihrem Körper frei. Wenn Sie sich von all dem befreien, was keinen wirklichen Platz in Ihrem Leben hat, fühlen Sie sich buchstäblich leichter an Körper, Seele und Geist. Wenn alles, was Sie umgibt, Ihnen heilig ist, wird auch Ihr Leben heilig. Sie können endlich in der Gegenwart leben und sich mit dem Fluß bewegen. Dies erklärt auch, warum die Kulturen mit dem wenigsten materiellen Besitz spirituell die intaktesten sind und warum Kulturen, die sich mit viel Besitz umgeben, ihren spirituellen Fokus sehr bald verlieren.

Viele Menschen heben all den Plunder auf, um sich unbewußt von ihrer eigenen Lebendigkeit abzuschneiden. Sie würden sich gern verändern und verbessern, aber ihr Unbewußtes fürchtet sich vor dieser Reise ins Unbekannte. Wenn Sie viel Plunder haben, lernen Sie zu verstehen, daß Sie ihn haben, weil Sie ihn auf einer bestimmten Ebene brauchen. Dieses Verständnis hilft

Ihnen, zu beginnen, Ihren Plunder loszulassen, und bewahrt Sie davor, zukünftig Müll anzusammeln.

Zweimal in meinem bisherigen Leben habe ich mich von allem getrennt, was ich besaß, und habe von vorn angefangen. Beide Gelegenheiten waren sehr angstvolle und doch unendlich erfrischende, regenerierende Erfahrungen und wirkliche Wendepunkte in meinem Leben. Eine Frau aus meinem Workshop war davon so begeistert, daß sie eine Wohltätigkeitsorganisation anrief und ihnen sagte: »Sie werden einen Lastwagen brauchen!« Sie trennte sich von ihrer gesamten Garderobe mit Ausnahme von fünf Stücken, ihrer uralten Stereoanlage und Kartons um Kartons voll Plunder. Dadurch wurde viel Energie in Bewegung gesetzt und Platz für Neues geschaffen. Eine Woche später erhielt sie einen Scheck über 5 000 Pfund von ihrer Mutter, so daß sie sich eine wundervolle neue Garderobe, ein neues Soundsystem und andere neue Dinge leisten konnte. Sie sagte mir, daß der Scheck völlig unerwartet gekommen und daß es zehn Jahre her sei, daß ihre Mutter ihr zuletzt Geld geschickt hätte. Ich empfehle solch eine Roßkur nicht jedem, aber bei ihr hat es geholfen.

Eine andere Dame schrieb mir dies: »Sie verließen mich gegen 14.00 Uhr. Ich hatte kein Mittagessen gehabt, und doch arbeitete ich bis Mitternacht an den Vorschlägen, die Sie mir für meine Wohnung gemacht haben; ich habe nun alle Feng-Shui-Ratschläge berücksichtigt. Ich war so voller Elan, daß ich all den Plunder loswerden konnte, der sich bisher meinen besten Bemühungen widersetzt hatte. Das Rote Kreuz und andere Organisationen haben sich die besten Stücke ausgesucht.«

Denise Linn erzählte einmal auf einem ihrer Seminare eine fabelhafte Geschichte aus der Zeit, als sie noch als Gesprächstherapeutin arbeitete. Ein junger Mann rief sie an und sagte ihr, daß er kurz davor stehe, sich das Leben zu nehmen. Nun war sie gerade in diesem Augenblick an einem sehr kritischen Punkt mit einem anderen Patienten angelangt, so daß sie dem jungen Mann freundlich, aber bestimmt sagte: »Hören Sie zu, ich kann mich gerade nicht mit Ihnen unterhalten. Gehen Sie, räumen Sie zwei Schränke auf, und rufen Sie mich in einer Stunde zurück!« Stellen Sie sich seine Reaktion vor! Er glaubte sicherlich, Denise hätte ihm nicht richtig zugehört oder den Ernst der Situation nicht richtig verstanden. Aber Denise hatte nur zu gut verstanden, und als er eine Stunde später, nach dem Aufräumen, wieder anrief, war die Krise vorbei, und er war gerade dabei, eine Lösung für das Problem zu finden, das ihn plagte.

Eine Aufräumaktion hat schon etwas außerordentlich Therapeutisches an sich. Das liegt daran, daß, während Sie Dinge in Ihrer Umgebung in Ordnung bringen, Sie auch in Ihnen selbst etwas verändern. Was außen ist, ist auch innen, und umgekehrt. Frei von all dem Müll zu sein ist eine der größten Hilfen auf dem Weg zu dem Leben, das Sie sich wünschen. Es ist unbedingt notwendig für eine freudvolle und erfüllte Existenz. Wenn Sie Freude erfahren, so erhöht sich das Energieniveau in Ihnen, aber das kann nicht geschehen, wenn alle Kanäle verstopft sind.

Ein Zeitpunkt, an dem besonders viel Plunder zutage tritt, ist ein Umzug, und dies ist ein Grund, warum Umzüge so anstrengend sind. Man muß sich durch all diese Berge wühlen und entscheiden, was man mitnimmt und was nicht. Sie müssen sich mit all den mentalen und emotionalen Verbindungen zu Ihrem Besitz auseinandersetzen, und das strengt an. Meine Faustregel lautet: Wenn ich morgen umzöge und mehr als zwei Müllsacke wegzuwerfen hätte, wäre es jetzt an der Zeit, mit dem Aufräumen anzufangen.

Wenn jemand mich für eine Feng-Shui-Beratung bucht, erwartet man, daß ich komme und Vorschläge mache, wie der Fluß positiver Energien in dem Haus zu erhöhen ist. Es stellt sich oft heraus, daß der wertvollste Rat, den ich geben kann, »Werfen Sie etwas weg« ist. Bevor nicht aufgeräumt wird, würden die Feng-Shui-Korrekturen nur minimale Auswirkungen haben und Sie würden nicht den vollen Nutzen aus meiner Beratung ziehen. Noch schlimmer wäre es, würden Sie losziehen und Feng-Shui-Hilfen wie Spiegel und Kristalle einbauen – dann würden sich Ihre Probleme verdoppeln, wenn Sie vorher nicht aufgeräumt hätten.

Eine Frau kam zu mir und fragte mich, ob ich ein Space Clearing in ihrer Wohnung machen könne. Sie setzte den Termin von sich aus erst ein paar Wochen später fest, damit sie Zeit hatte, ihr Zuhause zunächst aufzuräumen. Sie tat dies so gründlich, daß, als ich ankam, kaum noch ein Space Clearing nötig war. Gewissenhaftes Aufräumen hatte mir einen Großteil meiner Arbeit abgenommen, und das Haus strahlte vor Freude, Harmonie und Sauberkeit.

Andere Menschen sind so von ihrem Müll eingeengt, daß sie ewig warten würden, bevor sie mich zu einer Feng Shui-Konsultation holen könnten. Solchen Leuten tut es gut, wenn ihnen von professioneller Seite gezeigt wird, welche Auswirkungen all der Plunder auf ihr Leben hat, um sie zu Taten anzuregen.

Für den Fall der Fälle

Manchmal fragen sich die Leute, was eigentlich Plunder ist und was nicht. Meine Definition von Plunder betrifft Dinge, an denen Sie festhalten, die aber keinen wirklichen Platz mehr in Ihrem Leben haben. Manchmal werden Dinge für den Fall der Fälle aufbewahrt, was meistens heißt, für den Fall, daß Sie sie sich nicht mehr leisten können.

All diese Dinge, die Sie »für den Fall der Fälle« aufbewahren, bereiten Ihr Unbewußtes auf eine Zeit der »Not« vor. Es eilt Ihnen dann voraus und schafft diesen Umstand, damit Sie sagen können: »Wußte ich doch, daß ich's noch brauche!« Wenn Sie viele

Dinge nur aus diesem Grunde aufbewahren, senden Sie Botschaften an das Universum aus, daß Sie ihm nicht vertrauen, Sie auch in der Zukunft zu versorgen, und Sie werden sich immer verletzlich und unsicher fühlen.

Sauberkeit

Einige Menschen denken, weil ich so eine vehemente Verfechterin des Aufräumens und Putzens bin, daß ich eine ungemein saubere Person sei, die ein minimalistisches, zenorientiertes Dasein fristet. Alle, die einmal mit mir zusammen gelebt haben, würden sich bei dieser Vorstellung vor Lachen auf dem Boden wälzen! Mein Sternzeichen ist Krebs, und ich bin die geborene Sammlerin, wenn es eine gibt. Ich habe nur gemerkt, daß, wenn ich mich von meinem Müll befreie, ich ein besseres Leben führe, und so lernte ich, wie ich das anzustellen habe.

Unordentlichkeit ist zu unterscheiden von Unsauberkeit. Wenn ich an einem Projekt arbeite, fülle ich den ganzen Raum damit aus – überall Papiere, Bücher und Materialien. Dann räume ich auf und fange am nächsten Tag neu an. Finden Sie heraus, was für Sie am angenehmsten ist. Für mich hat es etwas sehr Steriles, wenn immer alles zu aufgeräumt ist. Es regt meine Kreativität nicht im geringsten an. Andererseits: Vollkommenes Chaos um mich herum blockt meinen Einfallsreichtum auch ab. Sobald ich mit einer Arbeit fertig bin, stelle ich die Dinge wieder an ihren Ort. Das schafft Platz für das nächste Ereignis.

Frühjahrsputz

Kennen Sie noch das alte Sprichwort: »Sauberkeit kommt gleich nach Gottesfurcht?« Dieses Buch handelt von Arbeit auf einer energetischen Ebene. Der einfache Fakt, daß Ihr Zuhause nicht ordentlich ist, zeigt auch, daß das Energiefeld um Sie herum nicht in Ordnung ist. Wenn Sie Ihre Wohnung putzen, sich aber nie um die verborgenen Bereiche wie unter dem Bett, hinter Schränken und in Abstellkammern kümmern, werden sich auch immer dunkle, unbewegliche Zonen in Ihrem Energiefeld befinden. Verdorbene Lebensmittel im Kühlschrank und der Schmutz auf dem Herd sind zwei weitere Bereiche, auf die Sie achten sollten.

Als eine tägliche Übung sollten Sie einmal etwas gründlich putzen, über das Sie sonst nur flüchtig wischen. Ein gutes Beispiel ist der Fernseher, der Computer oder die Musikanlage. All diese Dinge haben Rillen, in denen sich im allgemeinen Staub und Dreck sammeln. Nehmen Sie sich also eine alte Zahnbürste und einen geeigneten Reiniger, und fangen Sie an. Tun Sie es als Meditation. Tun Sie es mit Liebe. Tun Sie es nicht aus Pflicht, sondern weil es ein Teil Ihres Lebens ist und Sie sich damit eine Ehre erweisen. Sie werden überrascht sein, wie gut sich das anfühlt.

Vor einer Geburt haben viele Frauen das Bedürfnis aufzuräumen, zu reparieren und den Platz für das neue Kind zu reinigen. Das ist eine natürliche, instinktive Reaktion. Traditionellerweise geben sich die Menschen im Westen einen Energieschub einmal im Jahr mit ihrem Frühjahrsputz. Stellen Sie sich vor, wie Sie empfänden, wenn Ihr Zuhause immer so wäre. Wenn Sie selbst nicht die Zeit oder die Muße haben, Ihre Wohnung so in Ordnung zu halten, müssen Sie das nicht tun; finden Sie jemanden, der es für Sie tut. Es gibt Menschen, die gern putzen! Tauschen Sie Ihre Fähigkeiten mit einem Freund aus, oder bezahlen Sie jemanden für den Job. Sie werden unglaubliche Ergebnisse erzielen, wenn Sie Ihr Haus gründlichst vor dem ersten Space Clearing reinigen, und dann halten Sie es in diesem Zustand.

Was man mit ungewollten Geschenken anfängt

Werden Sie sie los. Allerdings ist schon der Gedanke daran für viele Leute unangenehm. »Was, wenn Tante Jane kommt und nicht die teure Figur auf dem Fensterbrett sieht, die sie uns geschenkt hat?« Wessen Fensterbrett ist es denn? Wessen Leben ist es? Wenn Sie die Figur mögen, fein, doch wenn Sie sie aus einer Verpflichtung heraus behalten, geben Sie damit etwas von Ihrer Kraft weg. Immer wenn Sie in den Raum gehen und dieses Stück sehen, sinkt Ihr Energielevel. Umgeben Sie sich nur mit Dingen, die Sie lieben, die Sie inspirieren und erfreuen. Und glauben Sie nicht, die »Aus den Augen, aus dem Sinn«-Taktik würde funktionieren. Sie können den Gegenstand nicht im Schrank verstecken und hervorholen, wenn sich Tante Jane zum Besuch angekündigt hat. Ihr Unbewußtes weiß, daß er noch irgendwo herumliegt. Wenn Sie genügend von diesen ungewollten Geschenken um sich herum versammelt haben, sieht Ihr Energiekörper wie ein Sieb aus, mit Löchern an allen Ecken und Enden.

Versuchen Sie es mit einer neuen Einstellung gegenüber Geschenken. Wenn Sie etwas geben, geben Sie es mit Liebe, und lassen Sie es los. Erlauben Sie dem Beschenkten die Freiheit, damit zu tun, was immer er will. Wenn das Nützlichste, das Sie damit tun können, ist, daß Sie es sofort entsorgen, prima. Wenn Sie es jemand anderem geben, auch gut. Sie wollen doch nicht, daß sich sein Zuhause mit Plunder füllt, oder? Geben Sie anderen diese Freiheit, und Sie werden die gleiche Freiheit auch in Ihr Leben bringen.

Müllecken in Ihrem Zuhause

Wo sammelt sich bei Ihnen alles? Ein unaufgeräumter Keller steht für ein unordentliches Unterbewußtes und Dinge, die Sie zu vergessen hoffen. Müll auf dem Dachboden behindert Ihre höheren Eingebungen und Möglichkeiten. Es gibt keinen Ort im Haus, wo Sie den Plunder lassen können, ohne daß er Einfluß auf sie hätte.

Selbst wenn Sie ihn herausschaffen und im Gartenhäuschen aufbewahren, ist er doch noch da und hat Auswirkungen auf Ihr Leben. Das einzige, was Sie tun können, ist, Verantwortung zu übernehmen und den Müll wegzuwerfen.

Abfallzimmer

In einem späteren Kapitel werden Sie das Bagua, den sogenannten Feng-Shui-Kompaß, kennenlernen. Es zeigt Ihnen, welcher Teil Ihres Zuhauses mit welchem Lebensbereich korrespondiert. Es gibt zum Beispiel einen Bereich für Beziehungen, einen für den Beruf und einen anderen für Wohlstand. Wenn Sie einen Raum haben, in dem Sie den Müll und Plunder stapeln, und er befindet sich in einem dieser Bereiche, so ist auch Ihr Leben davon betroffen.

Eine meiner Klientinnen hatte ein Gewächshaus, in dem sich der Müll stapelte, das mit den Koordinaten des Bereiches der Glückbringenden Segnungen zusammenfiel. Sie war eine gute Therapeutin, verdiente jedoch nicht genug. Nachdem sie ausgemistet und das Gewächshaus mit gesunden Pflanzen gefüllt hatte, wuchs auch ihr Einkommen deutlich.

Eine andere Klientin hatte Ramsch in ihrem Beziehungsbereich angesammelt, und alle Männer, mit denen sie sich einließ, brachten nur Probleme. Sie räumte auf und fand einen Mann, mit dem sie eine feste Bindung eingehen konnte.

Wenn ein Bereich Ihres Lebens nicht funktioniert, schauen Sie nach, ob nicht irgendwo etwas unnütz herumliegt.

Der Eingangsbereich

Halten Sie diesen Raum möglichst frei. Der Vordereingang zu Ihrem Zuhause symbolisiert Ihr Bild von der Welt, wenn Sie hinausschauen, und Ihr Bild von sich selbst, wenn Sie zurückblicken.

Wenn das erste, was Sie sehen, sobald Sie nach Hause kommen, Dreck und Müll ist, sinkt Ihr Energieneveau noch bevor Sie die Schwelle übertreten haben. Einige mögen es, wenn sie all ihre Mäntel und Schuhe in einem winzigen Bereich gleich bei der Tür abstellen – definitiv keine gute Idee. Andere bewahren die Dinge, die sie mitnehmen wollen, dort auf und müssen dann darübersteigen, wenn sie hinauswollen. Wer keine Probleme hat, macht sich welche.

Eine überraschend große Zahl an umweltbewußten Menschen bewahrt ihre alten Flaschen, Zeitungen und anderen Recyclingmüll im Eingangsbereich auf. Indem sie dies an einer so offensichtlichen Stelle deponieren, geben sie das Statement ab (ob nun bewußt oder unbewußt), daß sie immer wieder die Vergangenheit recyclen. Dies schließt Ideen, Probleme, Krankheiten, Beziehungen und ähnliches ein. Recycling ist gut und wichtig, aber es sollte nicht das erste sein, was Sie sehen, wenn Sie nach Hause kommen.

Hinter den Türen

Türen, die sich nicht ganz öffnen lassen, blockieren den Energiefluß zu Ihrem Leben. Ich war schon in Häusern, in denen so viel Müll hinter der Tür lag, daß nur noch ein kleiner Spalt blieb, durch den man sich quetschen konnte. Räumen Sie alles aus dem Weg, was die Öffnung einer Tür behindert. Das gilt auch für Mäntel und Jacken an Haken an der Tür.

Durchgänge

Sie sind die »Arterien« Ihres Zuhauses. Plunder in Fluren und Korridoren behindert den Fluß von lebenspendenden Energien und ist ein Hindernis in Ihrem Weg, so daß Sie ständig ausweichen müssen und nicht geradeaus gehen können. Halten Sie die Durchgänge frei von Müll.

Der Fußboden

Wenn Sie schon Müll haben, heben Sie ihn wenigstens vom Boden auf. Viele Menschen, die ihren Müll auf dem Boden verteilen, leiden an Depressionen, weil der herumliegende Plunder sie mit hinunter zieht.

Unter den Betten

Ein Müllhaufen unter Ihrem Bett wird Ihren Schlaf beeinflussen. Wenn Sie eines dieser Betten haben, das über Schubläden verfügt, dann ist das Beste, was Sie darin aufbewahren können, saubere Bettwäsche. Für den besten Schlaf sollte sich nichts anderes in Ihrem Schlafzimmer befinden als Ihr Bett selbst.

Auf Schränken

Plunder, der sich auf den Schränken ansammelt, ist wie ein Problem, das über Ihnen schwebt und darauf wartet, gelöst zu werden. Es schwächt Ihre Fähigkeit, klar und frisch zu denken. Wenn Sie Dinge auf Ihre Schränke in Ihrem Schlafzimmer legen, wird dies die Qualität Ihres Schlafes beeinflussen, und wenn es das erste ist, was Sie morgens sehen, werden Sie dazu neigen, widerstrebend aufzuwachen. Wenn Sie viel Müll oberhalb der Augenhöhe gestapelt haben, hat das einen sehr bedrückenden Effekt, und Sie könnten Kopfschmerzen bekommen.

Misten Sie Ihren Kleiderschrank aus

Haben Sie Kleidung in Ihrem Schrank, die Sie nicht mehr tragen und nur »für den Fall« aufbewahren? Eine Frau erzählte in einem Workshop, daß, als ihr Mann eine Abfindung für eine Kündigung erhielt, sie loszogen und zwei sehr gute Anzüge kauften – »nur für den Fall«, daß Sie es sich später vielleicht nicht mehr leisten konnten. Das war vor zwei Jahren gewesen, und sie stellte fest, daß diese Kleidungsstücke seitdem nicht getragen worden waren und sie ihr Geld verschwendet hatten.

Einige Leute heben Dinge auf, die sie seit zwanzig Jahren nicht mehr getragen haben. Sie sagen sich, wenn sie lange genug warten, kommt es wieder in Mode. Mein Rat ist: Wenn Sie es im letzten Jahr nicht mehr getragen haben und vor allem, wenn Sie es in den letzten drei Jahren nicht mehr getragen haben, dann werden Sie es los. Verkaufen Sie es, tauschen Sie es, verschenken Sie es, verbrennen Sie es, aber werden Sie es los. Wenn zwei oder drei Saisons vergangen sind, ohne daß Sie es getragen haben, ist es Zeit, sich davon zu trennen.

Es kann sehr nützlich sein zu verstehen, warum solche Kleidungsstücke nie wieder etwas für uns sein werden. In der gleichen Art und Weise, wie wir die Wände unseres Zuhauses streichen, suchen wir uns auch Farben, Materialien und Muster aus, die unsere Energie an uns widerspiegeln. Wir gehen zum Beispiel durch verschiedene Farbphasen: Vor ein paar Jahren war meine gesamte Garderobe lila mit etwas Grün, Blau und Türkis. Aber Lila war mein absoluter Favorit. Wenn jemand mich auf Bali finden wollte, mußte man nur Ausschau halten nach einer Wäscheleine mit lila Wäsche darauf. Zu dieser Zeit bewegte sich viel lila Energie in meiner Aura, was damit zu tun hatte, daß ich meinen eigenen Wert und meine Macht zurückholte. Heute habe ich diese Eigenschaften in mich aufgenommen und trage diese Farbe kaum noch.

Viele Leute haben Dinge in ihren Schränken, die sie kauften, einmal trugen und dann nie wieder anzogen. Sie waren in einer bestimmten Stimmung einkaufen gegangen, und ihr Auge fiel auf etwas, das, sagen wir einmal, orange mit rosa Punkten war. Sie probierten es an, und es sah fabelhaft aus (für sie), so daß sie es kauften. Nun, so etwas geschieht, wenn Sie emotional etwas aus der Bahn geworfen sind und Ihre Aura sich dem kurzfristig angepaßt hat, so daß diese Farben plötzlich unwiderstehlich für Sie sind. Aber am nächsten Tag, wenn alles wieder im Lot ist, hat sich auch Ihre Aura wieder in ihre normalen Farben gefügt. Dann sieht dieses Kleidungsstück nicht mehr so gut an Ihnen aus (was es sowieso nie tat). Sie warten eine Zeitlang, aber für gewöhnlich (seien Sie dankbar!) war es eine einmalige Aktion. Der Trick besteht nun darin, niemals einkaufen zu gehen, wenn Sie emotional etwas neben sich stehen. Frustkaufen ist die sicherste Methode, mit untragbaren Sachen einen Schrank zu füllen.

Andere Menschen halten an Kleidungsstücken fest, die ihnen zu klein sind, weil sie abnehmen möchten, um dann wieder in sie hineinzupassen. So wird es nie funktionieren. Tun Sie sich einen Gefallen, und nehmen Sie einen Rat von Denise Linn an, der schon bei vielen anderen für hervorragende Ergebnisse gesorgt hat. Werfen Sie all diese Sachen weg, und kaufen Sie sich eine Garderobe, die paßt und in der Sie sich gut fühlen, gut aussehen in genau der Weise, wie Sie sind. Raten Sie mal, was passiert! Sie verlieren Gewicht. Nennen Sie es unfair, aber so funktioniert es nun mal, wenn Sie aufgeben, sich dagegen zu wehren, übergewichtig zu sein. Sie haben begonnen, sich so zu lieben, wie Sie sind, anstatt damit zu warten, bis Sie abnehmen. Das, wogegen Sie sich wehren, wehrt sich zurück; hören Sie auf zu kämpfen, und Sie haben Ihre Ruhe!

Alte Schuhe

Wir haben uns eben die Bekleidung angesehen, aber Schuhe bedürfen einer besonderen Erwähnung. Schuhe bilden das Fundament dessen, was wir tragen, und ein Paar Schuhe kann ein Outfit retten oder auch ruinieren. Stapel alter Schuhe sind kein schöner Anblick und rauben Ihnen definitiv Ihre Kraft, anstatt sie zu verstärken. Halten Sie die Schuhe, die Sie tragen, in gutem Zustand, und werfen Sie den Rest weg.

Handtaschen

Wie soll die Lebenskraft frei fließen, wenn Sie permanent eine Handtasche mit sich herumtragen, die gefüllt ist mit alten Taschentüchern, Rezepten, Bonbonpapier usw.? Wenn Sie sich schämen würden, sollte jemand Ihre Handtasche auf den Kopf stellen, um den Inhalt der Allgemeinheit zu zeigen, dann leeren Sie sie jetzt selbst aus, und werfen Sie das alte Zeug weg.

Der gleiche Rat gilt für Hosentaschen!

Andere »Müllkippen«

Müll im Auto

Wenn Sie den Müll in Ihrem Haus beseitigt haben, aber im Auto noch knietief darin sitzen, ist immer noch Arbeit zu erledigen. Ihr Auto ist eine kleine Welt für sich. Entschuldigen Sie sich für seinen Zustand, wann immer Sie jemanden darin mitnehmen? Wie oft in der Woche denken Sie, daß dieser Wagen dringend gewaschen werden müßte? Jedesmal, wenn Sie daran denken, kostet es Sie mehr Energie, bis es für Sie anstrengender wird, es nicht zu tun, als endlich Ihre Ärmel hochzukrempeln und anzufangen. Sie wissen doch, wie gut sich ein gesäuberter und aufgeräumter Wagen anfühlt. Belohnen Sie sich damit!

Müll im Büro

Ist Ihr Schreibtisch kaum sichtbar unter all den Bergen von Papierkram? Wenn dem so ist, fühlen Sie sich wahrscheinlich schon geschlaucht, bevor Sie eigentlich anfangen. Studien melden, daß der durchschnittliche Büroarbeiter in Großbritannien einen Rückstand von etwa 40 Stunden Papierarbeit auf seinem Tisch hat und täglich ungefähr 22 Minuten damit verbringt, nach verlorenen Dokumenten zu suchen. Diese 22 Minuten rechnen sich hoch auf ganze 400 Tage in einem Arbeitsleben. Ein altes Sprichwort hat die Lösung: »Ein Platz für alles und alles an seinem Platz«, denn nur so können Sie finden, was Sie suchen. Dadurch wird Ihr Schreibtisch übersichtlicher, und Sie arbeiten produktiver.

Viele Leute enden mit einem winzigen freien Flecken in der Größe einer Seite und Bergen von Papier und Bürobedarf um sie herum. Das ist so einengend! Arbeit an einem aufgeräumten Schreibtisch erhöht Ihre Kreativität, Produktivität und Ihre Arbeitsfreude. Gewöhnen Sie sich einfach an, Ihren Schreibtisch nur aufgeräumt zu verlassen. Es ist psychologisch sehr viel aufbauender, Ihre Arbeit am Morgen an einem aufgeräumten Platz zu beginnen, als sich erst den Weg durch die Ablageberge zu erkämpfen.

Weltweit verbrauchen Büros über 26 Millionen Kilometer Papier jeden Tag. Das ist viel! Die Herausforderung besteht nun darin, all diesen Papierkram unter Kontrolle zu bringen. Das glückt Ihnen am besten, indem Sie soviel wie möglich wegwerfen. Als Marks and Spencer während ihrer »Operation Vereinfachung« in den fünfziger Jahren ihre sämtlichen Akten durchstöberten, sonderten sie 26 Millionen überflüssige Seiten aus und verkauften über 1 000 Aktenschränke, die nun nicht mehr gebraucht wurden.

Es gibt so etwas wie einen internationalen »Putzaktion am Schreibtisch«-Tag, der immer am letzten Freitag im April stattfindet. Selbst wenn Sie nicht in einer großen Firma arbeiten, die daran teilnimmt, so können Sie doch selbst für sich mit der Arbeit beginnen. Die kollektive Energie von Millionen, die weltweit ihren Schreibtisch aufräumen, wird Ihnen einen Extraschub geben. Wenn Sie am Computer arbeiten, gehen Sie durch die Festplatte, und löschen Sie alle Dateien, die Sie nicht mehr brauchen, oder kopieren Sie sie auf eine Diskette. Elektronischer Plunder ist ein ebenso großes Problem wie die materielle Variante.

Viele Leute benutzen Zettel oder, noch schlimmer, Haftzettel, die sie überall hinkleben, um sich an Dinge zu erinnern. Sehr schnell ist ihr Arbeitsbereich überfüllt von Dutzenden von Erinnerungshilfen, bis sich ihr Gehirn überfordert fühlt. Entfernen Sie die überflüssigen Zettel aus Ihrem Arbeitsbereich. Verwenden Sie sie nur für die aktuellen Dinge. Wenn Sie sich an etwas erinnern wollen, schreiben Sie es sich in den Kalender oder in ein Notizbuch. Zu viele Memos verstopfen Ihnen den Verstand und lassen Sie noch leichter vergessen! Zu viele Erinnerungshilfen zerstreuen Ihre Energien.

Zentralisieren Sie Ihre Informationen. Ich habe einen Laptop, der mich überallhin begleitet, und ein Heft für meine täglichen Notizen. Meine Nachrichten vom Anrufbeantworter schreibe ich dort hinein, Stichworte zu Telefongesprächen und Meetings, Ideen für Workshops und andere Informationen, die mir so über den Weg laufen. Ich benutze verschiedenfarbige Stifte, und von Zeit zu Zeit gehe ich mit einem Textmarker durch, um wichtige Stichpunkte zu markieren, so daß ich sie einfacher wiederfinden kann. Wichtige Telefonnummern werden in meinen Laptop übertragen.

Richard Branson, der Chef von Virgin, hat auch ein Buch, das er ständig mit sich herumträgt, und seine Sammlung umfaßt mittlerweile mehrere Regale! Er ist dafür bekannt, daß er ständig in Kontakt mit seinen wichtigsten Managern steht (und das sind weltweit immerhin um die 80) und so den Finger ständig am Puls seines Unternehmens hat. Außerdem bewahrt das ihn davor, sich ständig durch Berge von Berichten zu arbeiten.

Den eigenen Schreibtisch frei von Plunder zu halten beginnt mit der eigenen Einstellung zur Arbeit; hier nun ein todsicheres Rezept: Charles Schwab, der in den dreißiger Jahren der Präsident der amerikanischen Bethlehem Steel Company war, beauftragte einen Time-Management-Berater namens Ivy Lee damit, ihn zwei

Wochen lang zu begleiten und ihn dann zwecks Verbesserung seiner Geschäfte zu beraten. Als der Bericht eintraf, bestand er aus lediglich drei Empfehlungen:

1. Stellen Sie jeden Tag eine Liste der anstehenden Tätigkeiten auf.
2. Ordnen Sie diese Dinge in der Reihenfolge ihrer Wichtigkeit.
3. Nehmen Sie die Dinge in absteigender Reihenfolge des zu erwartenden Gewinns in Angriff.

»Bezahlen Sie mich noch nicht sofort«, sagte Ivy Lee, der wohl wußte, daß dieser knappe Rat sich doch stark von den üblichen hundertseitigen Berichten unterschied, die Schwab üblicherweise auf seinen Schreibtisch bekam. »Setzen Sie meinen Rat einen Monat lang in die Tat um, und zahlen Sie mir dann, was er Ihnen wert ist.« Schwab schickte einen Monat später an Ivy Lee einen Scheck über 25 000 Dollar – für die damalige Zeit eine unglaubliche Summe. Seine Firma wurde zum größten unabhängigen Stahlproduzenten weltweit, und später erklärte er, daß dies der wertvollste geschäftliche Rat gewesen war, den er jemals erhalten hatte.

Ob Sie nun ein Geschäftsführer mit Millionengehalt sind oder sich um ein kleines Haus in der Vorstadt zu kümmern haben – der Ratschlag gilt gleichermaßen für beides. Versuchen Sie es einen Monat lang, und sehen Sie dann selbst!

Ich höre oft von den Leuten, daß sich ihre Geschäfte verbesserten, nachdem sie ihr Büro von allem Müll befreit hatten. Sie mögen ein paar Arbeitstage verloren haben, aber das zahlt sich bald aus. Ein schönes Beispiel ist ein Manager, der zu meinem Workshop kam, am nächsten Tag zur Arbeit ging und seinen gesamten Schreibtisch ausmistete. Ein paar Tage später zog er endlich einen Vertrag mit einer Firma an Land, an dem er schon seit Ewigkeiten arbeitete, während die Firma sich immer abschlußunwillig gezeigt hatte. Ein anderer Mann erzählte, daß er, nachdem er seinen Schreibtisch geordnet hatte, es endlich schaffte, sein Ziel zu erreichen, nämlich die Arbeitswoche von fünf auf drei Tage zu reduzieren und trotzdem noch die Einnahmen zu erreichen, die er brauchte.

Verschiedene Arten von Plunder

Bücher

Vielen Menschen fällt es sehr schwer, sich von Büchern zu trennen. An alten Büchern festzuhalten beraubt sie der Möglichkeit, neuen Platz für neue Ideen zu schaffen. Sie werden eingefahren in den Wegen, in denen sie denken, und so verstaubt wie die Bücher um sie herum. Lernen Sie loszulassen. Wenn es für Sie zu endgültig ist, Ihre Bücher aufzugeben, schenken Sie sie einer Leihbücherei, so daß Sie die Bücher zurückleihen können, wenn Sie sie brauchen.

Fotos

Haben Sie Schränke und Alben voller Fotos? Haben Sie Freude an Ihren Fotos, solange Sie noch etwas damit verbinden! Machen Sie bunte Montagen, hängen Sie sie auf, stecken Sie welche in Ihre Brieftasche, und verschicken Sie sie an Ihre Freunde. Machen Sie das Beste aus Ihren Fotos, solange die Energie noch frisch in ihnen ist. Manche Leute jedoch heben Fotos von all ihren »Verflossenen« auf und wundern sich dann, warum es in ihren Beziehungen nicht klappt; oder sie heben Fotos von Unglücksfällen auf. Behalten Sie die schönen Fotos, die Sie aufbauen, und trennen Sie sich von dem Rest. Schaffen Sie Platz für etwas Besseres in Ihrem Leben.

Sammlungen

Ich werde oft gefragt, ob Sammlungen bestimmter Dinge als Plunder gelten. Das kommt darauf an: Wenn Sie etwas sammeln, horten Sie so die Essenz von etwas, von dem Sie der Meinung sind, es zu brauchen. Ich kannte eine alte Dame, die Hunde sammelte. Wenn man in ihr Haus kam, wurde man zunächst von zwei großen Porzellanhunden begrüßt. Es gab Miniaturhunde auf den Kommoden und Tischen und Bilder von Hunden in ihrem ganzen Zuhause und an ihrem Arbeitsplatz. Das einzige, was fehlte, war ein lebendiger Hund. Sie hatte einen Hund gehabt, als sie ein Kind war, der jedoch auf tragische Weise gestorben war, und sie hatte es nie verwunden. Die Hundesammlung war ein Signal aus ihrem Unterbewußten, das ihr sagen wollte: »Schau her, das ist wichtig!«

Viele Menschen sammeln etwas: das ist etwas ganz Natürliches. Ich glaube, es ist wichtig zu erkennen, warum wir etwas sammeln, um uns dann weiterzuentwickeln. Wenn Sie Frösche sammeln, lernen Sie, das Leben hinter den Fröschen zu sehen. Beschränken Sie sich nicht selbst. Es kommt der Moment, da wissen Sie in Ihrem Herzen, daß die Froschtage vorüber sind. Wenn Sie es nicht über sich bringen können, sich von allen Fröschen zu trennen, dann behalten Sie den schönsten und schicken den Rest in die Freiheit. Machen Sie Platz, und etwas Neues kommt in Ihr Leben.

Reparaturbedürftiges

Wenn Sie etwas aufbewahren, das repariert werden muß, dann zehrt auch das an Ihrer Energie. Ihr Bewußtsein hat schon lange aufgehört, das wackelnde Bein am Tisch oder den ständig überhitzten Eierkocher wahrzunehmen, aber Ihr Unbewußtes erinnert sich nur zu gut daran, immer wenn Sie in den Raum kommen.

Ich kenne eine Frau, die in einem Haus lebt, wo so ziemlich alles repariert werden müßte. Sie lebt zwar von einem minimalen Einkommen und muß auch noch ein Kind versorgen, aber sie ist eine geschickte Frau und könnte sich selbst ums Reparieren kümmern. Wenn Sie sich um Ihr Haus kümmern, kümmern Sie sich um sich selbst.

Denken Sie bei Reparaturen daran, daß Sie buchstäblich in sich selbst investieren. Wenn Sie etwas haben, das sich nicht reparieren läßt, dann werden Sie es los oder wechseln Sie das Haus, damit sich jemand findet, der sich darum kümmert und es liebt.

Der Plunder anderer Leute

Manchmal belasten sich Menschen nicht mit eigenem Plunder, erklären sich aber bereit, auf die Dinge von anderen ein Auge zu haben. »Bitte paß auf mein altes abgewetztes Sofa auf, solange ich in Neuseeland bin.« Zwei Jahre später warten sie noch immer auf die Rückkehr des Freundes, und das Sofa hat Wurzeln geschlagen.

Seien Sie vorsichtig, bevor Sie sich selbst mit Plunder beladen, und wenn sie es tun, setzen Sie ein Zeitlimit. »Okay, ich passe auf, aber wenn du nicht in soundsoviel Monaten zurück bist, wird dein Sofa zu Feuerholz!« Machen Sie klar, was mit den Dingen geschehen wird, so daß sich Ihre Freunde später nicht beschweren können.

Der Plunder des Partners

Manchmal kann dieser Punkt tiefsitzende Probleme in einer Beziehung heraufbeschwören, die bisher unter dem Müll begraben waren. Viele Leute kommen zu meinen Workshops und erscheinen zwei Monate später mit ihrem Partner im Schlepptau, weil sie möchten, daß er oder sie die Informationen über den Plunder hört.

Andere Ebenen des Aufräumens

Klären Sie Ihre Kommunikation

Wenn Sie physischen Müll in Ihrem Zuhause haben, werden Sie auch mentalen Abfall in Ihren Gedanken sammeln. Mit wem haben Sie noch ein Problem offen? Stellen Sie sich vor, Sie seien auf einer Party: Gibt es jemanden, der sofort Ihre Laune verändern würde, wenn er oder sie durch die Tür käme? Wer würde dafür sorgen, daß der Raum zu klein für Sie beide wäre, weil eine große Spannung zwischen Ihnen besteht? Sie mögen sich nicht bewußt an solche Menschen erinnern, Sie werden sogar versuchen, sie zu vergessen, aber Ihr gutes altes Unterbewußtsein kümmert sich schon darum. Ungelöste Kommunikationen in Ihrem Leben drücken auf Ihr Energieniveau.

Wenn Sie mit jemandem in einem Bett schlafen, stellen Sie sicher, das die Kommunikation zwischen Ihnen funktioniert, sonst fechten Sie des Nachts psychische Kämpfe aus und erwachen, als ob Sie keinen Schlaf gehabt hätten.

Trennen Sie sich von falschen Freunden

Wenn Sie schon dabei sind, lenken Sie doch einmal etwas Aufmerksamkeit auf das Aussortieren unangenehmer Beziehungen in Ihrem Leben. Haben Sie Freunde, bei denen es Sie immer anstrengt, sich mit ihnen zu unterhalten? Sind Sie genervt, wenn Sie von Soundso angerufen werden? Ich spreche hier nicht von guten Freunden, mit denen Sie zur Zeit eine schwierige Phase haben oder eine schlechte Woche. Ich meine wirklich negative Menschen, die definitiv ihr Haltbarkeitsdatum überschritten haben, die Sie schon immer loswerden wollten, aber nicht den Mumm hatten, dem nachzuhelfen. Es gibt Milliarden Menschen in der Welt, und Sie können sich aussuchen, mit wem Sie verkehren und mit wem nicht. Wählen Sie verwandte Seelen, die Sie inspirieren.

Das wundervollste daran ist, daß Sie, wenn Sie den Mut haben, sich von schlechten Freunden zu trennen, Platz schaffen, der andere wundervolle Menschen anzieht, Ihnen neue Beziehungen anbietet – vorausgesetzt, Sie sind bereit dazu. Sie könnten auch feststellen, daß sich keine negativen Menschen und Energievampire in Ihrer Gegenwart befinden, weil Ihr Energiefeld zu dem ihren nicht kompatibel ist und diese Zeitgenossen Ihnen nichts abzapfen können.

Schreiben Sie Briefe

Haben Sie Briefe, die Sie schreiben wollten, aber nie geschrieben haben? Je länger Sie warten, desto schwieriger wird es, diese Briefe zu schreiben. Wenn Sie sich hinsetzen und sich die Zeit nehmen, wird dies große Energien bei Ihnen freisetzen.

Verknüpfen Sie die losen Enden

Machen Sie es sich zur Angewohnheit, niemals lose Enden zu hinterlassen. Stellen Sie sich vor, Sie reden mit einem Freund, und er will ihnen einen wichtige Telefonnummer geben. Er hat sie dabei, und doch will er Sie morgen wegen der Nummer noch einmal anrufen. Es ist erstaunlich, wie oft Menschen etwas auf morgen verschieben, was sie heute erledigen könnten, und wieviel Energie in solchen losen Enden verlorengeht. Fordern Sie die Telefonnummer hier und jetzt, dann ist es eine Sache weniger, an die Sie zu denken haben.

Bleiben Sie auf dem laufenden

Wenn Sie alles auf den neuesten Stand bringen, dann befindet sich auch Ihr Leben in der Gegenwart, und Sie schwimmen auf der Welle des Lebens. Machen Sie heute Ihre Steuererklärung und alles andere sonst, was sich noch in Ihrem Hinterkopf bewegt.

Fördern Sie Ihre Verdauung

Eine natürliche Fortsetzung des Reinigungsprozesses in Ihrem Zuhause sollten Sie auch im Tempel Ihres Körpers durchführen. Sehen Sie sich nach Darmsanierungsprogrammen um. Selbst wenn Sie seit vielen Jahre Vegetarier sind, werden Sie trotzdem davon profitieren. Wenn Sie wissen wollen, ob Sie eine Darmsanierung nötig haben, versuchen Sie den Sonnenblumenkerntest: Nehmen Sie eine Handvoll Sonnenblumenkerne in Ihren Mund, und schlucken Sie sie, ohne viel zu kauen. Nun warten Sie, bis sie wieder auftauchen. Wenn es ca. zehn bis zwölf Stunden dauert, sind Sie in guter Form. Wenn es länger dauert, brauchen Sie eine Darmsanierung, um die Verkrustungen zu lösen. Manche müssen Tage warten, bis die Kerne wiederauftauchen!

Eine pflanzliche Darmsanierung dauert in der Regel sechs bis neun Wochen und sollte von einem regenerativen Ernährungsprogramm begleitet werden. Es ist immer besser, mit einem qualifizierten Heilpraktiker zusammenzuarbeiten, denn eine Darmsanierung bringt auch immer Emotionen an die Oberfläche, bei denen Sie Unterstützung brauchen werden. Benutzen Sie jedoch keine Abführmittel: sie bringen die Verdauung durcheinander und schwächen Sie.

Praktische Tips zum Aufräumen

Wenn Sie all das nun gelesen haben und sich so inspiriert fühlen, daß Sie am liebsten sofort durch Ihre Wohnung wirbeln und allen Müll in die ewigen Jagdgründe schicken würden, ist das großartig! Wenn Sie so viel Plunder haben, daß Sie nicht wissen, wo Sie anfangen sollen, gebe ich Ihnen hier ein paar Tips, die Ihnen helfen können:

- Wenn Sie zu Hause sind, legen Sie das Buch nach diesem Kapitel beiseite, und gehen Sie von Raum zu Raum. Machen Sie sich in Gedanken eine Liste der Dinge, die Sie loswerden wollen, und überlegen Sie, was Sie damit machen werden. Wenn Sie nicht zu Hause (oder einfach faul) sind, visualisieren Sie, wie Sie von Zimmer zu Zimmer gehen. Sie werden feststellen, daß Sie genau wissen, wo der Müll liegt. Erinnern Sie sich: Wenn Sie es in den letzten ein bis zwei Jahren nicht gebraucht haben und es nicht absolut lieben, ist es an der Zeit, sich davon zu trennen. Verkaufen Sie es, tauschen Sie es ein, werfen Sie es weg, oder verbrennen Sie es, was immer Ihnen angemessen erscheint.
- Entscheiden Sie sich, immer nur einen Schrank auf einmal auszuräumen. Übernehmen Sie sich nicht, indem Sie sich vornehmen, das ganze Haus oder selbst einen Raum auf einmal aufzuräumen. Räumen Sie einen Schrank auf, und wenn Sie dann wollen, machen Sie weiter und säubern Sie einen weiteren. Viele Leute stellen fest, daß sie sich ziemlich gut fühlen, wenn sie einen Teil aufgeräumt haben und entschließen sich dann, noch etwas aufzuräumen und noch etwas und immer weiter. Sie können Ihr gesamtes Haus in kleinen Abschnitten putzen. Gewöhnen Sie sich an, sich mit einer Putzaktion zu belohnen! Wenn Sie dann den Nutzen erkannt haben, werden Sie sich öfters belohnen wollen. Wie eine Frau einmal zu mir sagte: »Ich habe festgestellt, daß es fast noch mehr Spaß macht, sich von den Sachen zu trennen, als es machte, sie zu sammeln.«
- Wenn Sie die Dinge durchgehen, die Sie aussortieren wollen, fragen Sie sich nicht dabei, ob sie noch einmal nützlich werden könnten. Die Antwort wird immer ein klares »Vielleicht« sein, was zu gar nichts führt. Es ist produktiver, wenn Sie sich fragen: »Erfüllt das noch einen Zweck? Heitert es mich auf, oder belastet es mich?« Benutzen Sie das als Maßstab, ob etwas bleiben darf oder nicht. Wenn Sie Ihr Zuhause mit Dingen füllen, die

Sie lieben und die eine Verbindung zu Ihnen haben, wird es ein ungeahnter Hort der Kraft für Sie. Dinge, die Sie lieben, haben ein starkes Energiefeld um sich herum, während Dinge, die Ihnen nichts bedeuten, wie ungewollte Präsente, unschöne, verwirrende Energien an sich tragen, die Sie eher auslaugen als aufbauen.

- Wenn Sie wissen, daß Sie zum Sammeln neigen, machen Sie sich folgendes zur Regel: Für alles, was neu hinzukommt, muß auch wieder etwas verschwinden. Auf diese Weise wird der Plunder zwar nicht weniger, aber er wechselt sich ab.
- Wenn Sie viel Ramsch angesammelt haben, wird es sehr lange dauern, bis Sie sich endlich davon trennen können. Manchmal muß ein Jahr vergehen, bis Sie endlich eingesehen haben, daß er doch nicht noch einmal nützlich wurde.
- Leeren Sie Ihre Papierkörbe und Mülleimer täglich, entweder morgens oder abends. Stellen Sie sicher, daß genügend davon im Haus sind, so daß Sie, ohne zu zögern, etwas wegwerfen können.
- Bestätigen Sie sich: »Es ist gut, loszulassen!« Aufräumen hat mit Loslassen zu tun und dem Vertrauen zum Prozeß des Lebens – daß es Ihnen bringt, was Sie brauchen.
- Begreifen Sie, daß alles, was Sie besitzen, Ihrer Aufmerksamkeit bedarf. Je mehr Müll Sie um sich haben, desto stärker wird Ihre Energie auf einer weltlichen Ebene gehalten. Räumen Sie auf, und befreien Sie sich, um wirklich etwas in der Welt zu verändern.

Ein letztes Wort zum Thema

Ich saß in einem Taxi auf dem Weg zu einem meiner Workshops. Der Fahrer und ich kamen ins Gespräch, und er fragte mich, was ich unterrichte. Um ihn nicht zu überfordern mit einer Aussage wie »Ich schaffe mit Feng Shui gesegnete Räume«, sagte ich einfach, ich würde den Leuten beibringen, wie man aufräumt. »Das ist toll«, sagte er. »Ich war seit Jahren ein krankhafter Sammler, aber ich habe mich dazu aufgerafft, alles durchzusehen, was ich besaß, und habe die Hälfte davon weggeworfen. Mein Haus sieht besser aus, und ich fühle mich besser, ich kann sogar besser denken. Meine Gesundheit hat sich verbessert, und ich bin nicht mehr so oft erkältet. Im Winter bin ich immer depressiv gewesen, aber seitdem ich mein Haus aufgeräumt habe, geht es mir besser!«

Ich war vollkommen erstaunt über diese unerwarteten Perlen der Weisheit, die man mir gerade zugeworfen hatte.

»Es ist wie eine Krankheit, nicht wahr?« sprach er weiter, ohne eine Antwort abzuwarten, »Sie müssen hart mit sich sein beim Kaufen und beim Wegwerfen, sonst liegt es auf ewig in Ihren Schränken. Wenn Sie es nicht selbst tun – kein anderer räumt für Sie auf, oder?«

Er sollte diesen Workshop geben, nicht ich, dachte ich mittlerweile. Er hatte so eine Art, die Sache genau auf den Punkt zu bringen.

»Ja«, schloß er dann, »ich glaube, ich werde dieses Wochenende die andere Hälfte ausmisten. Das ist schon lange überfällig.«

6. *Vorbereitung auf das Space Clearing*

Anmerkungen:

- Lesen Sie alle Kapitel des ersten Teils, bevor Sie zum ersten Mal ein Space Clearing durchführen.
- Die Techniken in diesem Buch sind nur für den persönlichen Gebrauch in Ihrem Zuhause und Arbeitsplatz gedacht. Wenn Sie an Workshops oder einer Ausbildung zum professionellen Space Clearer interessiert sind, entnehmen Sie die Adressen bitte dem Anhang.

Vorbereitung ist wichtig

Je besser Ihre Vorbereitungen sind, um so besser werden auch Ihre Endergebnisse sein. Ich sage im allgemeinen, daß ungefähr 50 Prozent der Arbeit in der Vorbereitung steckt. Wenn sie geschickt durchgeführt wird, liebevoll und mit guten Intentionen, dann werden die Auswirkungen des Space Clearings tief, stark und lang anhaltend sein.

Dieses Kapitel beinhaltet eine Checkliste der wichtigsten Dinge, die Sie brauchen werden, um die bestmöglichen Ergebnisse zu erzielen. Die Kapitel des zweiten Teils gehen dann mehr auf die einzelnen Methoden des Reinigens ein.

1. *Versuchen Sie kein Space Clearing, wenn Sie Ängste oder Besorgnis fühlen.*

Diese Techniken sind absolut sicher, aber sie wurden für den Zweck des täglichen, persönlichen Gebrauchs ersonnen und nicht zum Exorzismus – lassen Sie bitte die Finger davon!

Selbstschutz

Eine der ersten Fragen, die bei vielen auftaucht, ist die nach dem Selbstschutz. Es war auch mein erstes Anliegen, als ich vor mehr als zwanzig Jahren das erste Mal mit diesen Praktiken begann. Zu dieser Zeit benutzte ich immer Energieschilde, um mich zu schützen. Sie werden Informationen darüber im nächsten Kapitel finden, wenn Sie meinen, diese zu brauchen. Ich selber benutze sie heute nicht mehr, und ich empfehle auch Ihnen, sie nicht zu verwenden: Sie brauchen diesen Schutz nicht wirklich. Vor langer Zeit habe ich festgestellt, daß sich nichts an einen Menschen heften kann, wenn er nicht etwas an sich hat, das sich damit verbindet und diese Energie einlädt. Ob bewußt oder unbewußt, spielt dabei keine Rolle.

Um es bildlich zu sagen: Angenommen, jemand bezeichnet Sie als »dumm«. Wenn Sie wirklich glauben, Sie seien dumm, werden Sie seine Äußerung kritiklos akzeptieren. Wenn Sie glauben, Sie seien dumm, es aber nicht zugeben wollen, dann werden Sie sich natürlich wehren. Sind Sie allerdings gar nicht dumm und wissen das auch, dann wird diese Bemerkung an Ihnen abfließen wie Wasser an einer Ente. Es gibt nichts, was Sie mit diesen Worten verbinden könnte.

Furcht oder negative Glaubenssätze sind die Tore, durch die etwas in Sie eindringen kann. Dinge, die wir fürchten, sind die Dinge, die wir anziehen. Unbewußt laden Sie diese Dinge zu sich ein. Das erklärt auch, warum Hunde immer auf die zugehen, die sich vor ihnen fürchten, und warum Sie immer die Krankheiten bekommen, vor denen Sie am meisten Angst haben.

Vertrauen Sie also Ihren Gefühlen. Wenn Sie Angst oder Zweifel verspüren, dann will Ihnen Ihre Intuition sagen, daß Sie sich zuviel aufgehalst haben. Hören Sie auf dieses Gefühl, wenn Sie Ihre Wohnung oder die eines Freundes oder Verwandten reinigen wollen. Es will ihnen sagen, daß dies kein Ort ist, den Sie reinigen sollen; lassen Sie es also jemand anderen tun oder lassen Sie es ganz. Allerdings passiert so etwas sehr selten: Die meisten Orte sind, bis auf Kleinigkeiten, in Ordnung.

»Gute« und »schlechte« Energie

Viele Menschen fürchten, daß ein Space Clearing schlechte Energien in ihre Nachbarschaft und Umgebung entläßt, die sich dann auf andere auswirken. Space Clearing reinigt festgesetzte Energien und hebt das »Vibrationsniveau« eines Ortes. Es gibt dabei kein »Gut« und »Schlecht«, genausowenig, wie Spinnweben und Staubmäuse gut oder schlecht sind – sie sind nur unerwünscht, wenn man sein Zuhause frisch und sauber haben will. Space Clearing kümmert sich nun um die energetischen Staubmäuse. Es ist nur statische Energie, die wieder in Bewegung gesetzt werden muß. Bewegte Energie ist gesunde Energie, und sobald Sie sie wieder ins Fließen gebracht haben, kann sie auch niemandem schaden.

Andere sorgen sich, daß Space Clearing sowohl die unangenehmen als auch die angenehmen und schönen Erinnerungen aus dem Haus entfernt – aber es funktioniert so nicht. Space Clearing reinigt die niederen Stufen der Energie, zu denen die unangenehmen Erinnerungen gehören, und hält die höheren instand. Genaugenommen verstärken Sie sogar die schönen Erinnerungen, weil Sie jetzt nicht mehr von den niederen Schichten beeinträchtigt werden.

2. *Holen Sie eine Erlaubnis ein, wenn Sie Space Clearing auf die Privatsphäre einer anderen Person anwenden.*

Öffentliche Gebäude

Ich frage nie um Erlaubnis, wenn ich einen öffentlichen Saal oder etwas ähnliches reinige, denn ich denke, ich erweise so der Allgemeinheit einen Dienst. Aber es ist etwas ganz anderes, wenn es um die Energien einer anderen Person in ihrem Zuhause geht.

Private Wohnungen

Eine Space-Clearing-Behandlung in der eigenen Wohnung zu erleben ist eine sehr persönliche Erfahrung, und viele Menschen reagieren darauf sehr emotional. Es bringt einfach zu viele Veränderungen mit sich.

Angenommen, Sie wollen Ihrer Oma einen Gefallen tun und ihre Wohnung einem Space Clearing unterziehen. Gehen Sie davon aus, daß sie das Ihnen vielleicht nicht danken wird, weil es sich hinterher nicht mehr wie ihr Zuhause anfühlt. Sie wird sich fühlen, als hätte man ihr einen neuen Anfang ermöglicht, obwohl sie nie danach gefragt hat. Alte Menschen hängen oftmals sehr an der Energie um sie herum und sind etwas eingefahren in ihren Wegen. Wenn Sie sie fragen, werden sie oft antworten: »Also, ich mag mein Leben so, wie es ist, vielen herzlichen Dank!« Das ist auch der Grund, warum es oft zu harten Auseinandersetzungen kommt, wenn die Verwaltung alte Menschen in andere Wohnungen umsiedeln möchte, um ihnen damit etwas Gutes zu tun. Für sie ist es eine zu große Veränderung, die sie gar nicht wünschen.

Ich führe kein Space Clearing durch, ehe ich nicht darum gebeten wurde und ich mir sicher sein kann, daß die Person den Wechsel auch wünscht. Ich bestehe auch darauf, immer mit der Person zu sprechen, die die Hauptverantwortung für die Energien im Haus trägt. Wenn das Haus zwischen zwei Personen geteilt wird, sagen wir einem Paar, dann reicht es, wenn ich mit einem spreche. Aber ich willige nicht ein, wenn mich ein Sohn oder eine Tochter bittet, ein Space Clearing ohne das Wissen der Eltern durchzuführen. Es geht auch nicht, wenn jemand die Konsultation als Geschenk für jemanden anderen vereinbart, es sei denn, der oder die Beschenkte ruft mich an und bestätigt den Termin und ist auch anwesend, wenn es zum Space Clearing kommt.

Wenn Sie eine Wohnung mit anderen teilen, sollten Sie versuchen, Ihre Mitbewohner einzubeziehen.

Space Clearing in einzelnen Räumen

Manchmal werde ich gefragt, ob es möglich ist, bestimmte Räume zu reinigen und andere dafür auszusparen. Ja, Sie können bestimmte Räume auslassen. Wenn zum Beispiel ein Raum in der Wohnung Ihr ganz privater und eigener ist, können Sie auch nur diesen reinigen, wenn Sie wollen. Wenn Sie ein Zimmer untervermietet haben und Sie wollen nicht in die Privatsphäre Ihres Mitbewohners eindringen, können Sie das auch auslassen. Sollte jemand im Haus sehr krank sein und sein Zimmer nicht verlassen können, so können und sollten Sie das Zimmer auch aussparen.

Trotzdem ist es immer besser, alles zu reinigen, denn so sorgen Sie dafür, daß sich die Energien wirklich gleichmäßig verteilen.

Büros

Solange es sich nur um Ihr eigenes Büro handelt, ist es in Ordnung, ein Space Clearing dort durchzuführen, aber es liegt außerhalb Ihrer Zuständigkeit, das Büro Ihres Chefs oder anderer Kollegen zu reinigen, da Sie dann mit deren Privatsphären in Konflikt geraten. Bei Großraumbüros sollten Sie sich auf Ihren Platz beschränken. Versuchen Sie niemals, die Energien zu Ihrem eigenen Vorteil zu manipulieren, sondern verändern Sie sie zum Wohle aller.

3. *Wenden Sie Space Clearing nur an, wenn Sie sich körperlich gesund und emotional zentriert fühlen.*

Sie sollten verhältnismäßig fit, gesund und emotional ausgeglichen sein, um ein Space Clearing durchzuführen; Sie brauchen auch nicht zu warten, bis Sie »perfekt« sind. Es ist immer besser, mit dem Space Clearing zu beginnen, wenn Sie sich gut fühlen. Mit anderen Worten: Wenn Sie gerade »einen dieser Tage« haben und sich Ihre Energie im Keller befindet oder Sie einen furchtbaren Streit hatten und um Fassung ringen, dann warten Sie, bis Sie sich besser fühlen.

Krankheit

Es ist eine Katze, die sich in den Schwanz beißt: Space Clearing kann einen Heilungsprozeß nachhaltig unterstützen, aber Sie müssen sich fit fühlen, um es überhaupt zu versuchen. Das beste, wenn Ihre Gesundheit sich nicht in der besten Verfassung befindet, ist, einen Freund um Hilfe zu bitten.

Trotzdem höre ich immer wieder von Menschen, die an chronischen Krankheiten litten und an meinen Workshops teilgenommen haben, daß sie nach Hause gingen und einen kleinen Teil reinigten, soweit es ihre Energie zuließ. Dann fühlten sie, daß sie wieder etwas mehr machen konnten, und immer so weiter. Space Clearing hat die alten Energien gereinigt und ihnen bei ihrer Heilung geholfen.

Wenn andere krank sind

Das Energiefeld von körperlich oder geistig Kranken ist geschwächt oder gestört, so daß Sie sie aus dem Raum schicken sollten, wenn Sie ein Space Clearing anwenden wollen. Wenn sie zu krank sind, um das Haus zu verlassen, dann werfen Sie einen magischen Schild über den Raum und schließen diesen aus. Nehmen Sie diesen Schild aber auch wieder zurück, wenn Sie fertig sind, sonst fühlt sich die arme Person alleingelassen und von allen anderen isoliert.

Bei weniger schweren Krankheiten empfehle ich immer, daß die Kranken den Raum verlassen, wenn ich klatsche, aber zurückkehren, wenn ich das Glöckchen läute. Dies wirkt sich oft positiv auf die Heilung der Kranken aus – vorausgesetzt, man sagt ihnen, was man da eigentlich macht.

4. *Es ist besser, kein Space Clearing durchzuführen, wenn Sie schwanger sind, menstruieren oder offene Fleischwunden haben.*

Menstruation und Blutungen

Lassen Sie mich sofort klarstellen, daß dies nichts damit zu tun hat, daß Frauen »verflucht« seien oder ähnlicher Humbug. Es dreht sich hierbei um den Blutaspekt, der für Frauen und Männer gleichermaßen zutrifft.

In vielen Religionen sind Frauen nicht im Tempel erwünscht, wenn sie menstruieren. Feministinnen empören sich oft darüber, würden aber bestimmt damit aufhören, wenn sie den dahinterstehenden Sinn verstehen würden. Auf Bali sind nicht nur Frauen, die ihre Menstruation haben, vom Tempel ausgeschlossen, sondern jeder, der in irgendeiner Art und Weise blutet.

Ein Grund dafür ist, daß Blut niedere Wesenheiten anzieht; man will diese Wesen aber nicht im Tempel haben, sondern ihn so rein wie möglich halten. Westliche Forschungsteams, die in den Dschungel, weitab jeder Zivilisation, gingen, stellten fest, daß, wann immer sie von wilden Tieren angegriffen wurden, die menstruierende Frau oder jeder mit einer offenen Fleischwunde das erste Ziel der Attacke war. Genau das gleiche geschieht bei den Energiewesen, wenn es um niedere Ebenen der Energien geht.

Ein anderer Grund, warum menstruierende Frauen nicht im Tempel zugelassen sind, ist, daß ihr Körper nicht dem hohen Energieaufkommen im Tempel gewachsen ist, während er mit der monatlichen Reinigung und Regeneration beschäftigt ist. Alle Energien sind nach innen gewandt, und das ist die Zeit, zu der sich die Lebensenergie an ihrem tiefsten Stand befindet. Frauen verlieren Lebensenergie durch Menstruation in der gleichen Weise wie Männer durch Ejakulation.

Space Clearing ist eine externe Reinigung, und Frauen sind dazu nicht voll in der Lage, wenn sie mit ihrer internen Reinigung zu tun haben. Ich habe früher Space Clearing angewandt, wenn ich meine Tage hatte, habe davon aber Abstand genommen, weil ich gemerkt habe, daß ich mich danach erschöpft fühlte und das Ergebnis auch nicht meinen Erwartungen entsprach.

Schwangerschaft

Gleichermaßen sind die Energien einer Frau nach innen gewandt, wenn sie in sich neues Leben trägt und nährt. Außerdem wird alles, was der Mutter geschieht, sofort auch an den empfindlichen Fötus in ihr weitergegeben. Um den Fötus zu schützen und die Mutter zu schonen, ist die Schwangerschaft die Zeit, in der der Partner das Space Clearing für die Frau durchführen sollte. In den alten Kulturen gingen die Frauen in die Abgeschiedenheit, während sie schwanger waren – und zwar für die ganze Zeit und nicht nur für die Stunden der Wehen. Von der Zeit der Empfängnis an zogen sie sich in die erhabene Umgebung eines besonderen Ortes zurück, um dort, fern den anderen Mitgliedern des Stammes, dem neuen Leben die bestmöglichen Chancen zu geben.

Wenn Sie schwanger sind, können Sie die Reinigungstechniken verwenden, die ich in Teil zwei beschreibe, um die Atmosphäre und sich selbst zu reinigen; die schweren Teile wie das Klatschen überlassen Sie in dieser Zeit aber besser anderen.

5. *Nehmen Sie sich Zeit, um zu überlegen, was sich in Ihrem Leben ändern soll. Wenn Sie mit anderen Menschen zusammenleben, sollten Sie sie einbeziehen.*

Klarheit der Absicht

Wenn Sie ein Space Clearing durchführen, ohne sich im klaren zu sein, womit Sie den Raum eigentlich füllen wollen, wird dieser in den folgenden Tagen und Monaten noch mehr mit den gleichen Energien wie zuvor beladen.

Es ist am besten, wenn Sie der Sache vorher ein paar Gedanken widmen, und noch besser, wenn Sie sich mit Papier und Stift hinsetzen, um aufzuschreiben, wie Ihr Leben sich verändern soll. Sie können eine Stichwortliste schreiben oder eine Kurzgeschichte. Seien Sie so genau wie möglich, enden Sie mit: »Möge sich dies oder etwas Besseres nun zum Wohle aller verwirklichen«, und unterschreiben Sie. Der letzte Satz soll dem Universum ermöglichen, nötigenfalls auch etwas Besseres zu schaffen, und stellt sicher, daß alle anderen auch davon profitieren und nicht nur Sie.

6. *Um beste Ergebnisse zu erzielen, putzen Sie den Ort, saugen und wischen ihn und räumen den Müll zuerst weg.*

Den Müll aus der Wohnung zu bekommen ist ein so wichtiges Thema, daß der ganze letzte Teil ihm gewidmet war.

Die beste Zeit für ein Space Clearing ist nach dem Frühjahrsputz. Wenn sich Ihr Leben nicht in einem solchen Zustand befindet, was sich natürlich auch in der Wohnung widerspiegelt, dann saugen und wischen Sie wenigstens vorher.

Fegen

Kurz nach Sonnenaufgang ist die Luft auf Bali erfüllt mit den rhythmischen Geräuschen von fegenden Besen. Es ist etwas sehr

Beruhigendes, Entspannendes und stört den Schlaf keineswegs, sondern erweitert ihn um eine neue Dimension. Das geschieht überall auf der Insel. Jedes Stück Land in der Nähe einer menschlichen Behausung, jedes Haus, jeder Hof und Tempel wird mit dem Beginn eines jeden Tages gefegt. Die täglichen Reinigungen sind so verinnerlicht, da sie Teil der ganzen Kultur und des Lebens der Insel sind. In den Tempeln werden besondere Besen für die heiligen Areale verwendet, und jeder Tempel hat einen speziellen Diener, der sich um diese Dinge zu kümmern hat.

Hohe und niedrige Ebenen der Energie

Um zu verstehen, wie einfaches Fegen den Ort von niedrigen Energien befreit, ist es notwendig zu wissen, daß sich die hoch schwingenden Energien an hoch gelegenen Orten sammeln und die niedrig schwingenden eher am Boden. Darum sind auch so viele spirituell hohe Kulturen in den Bergen zu finden. Aus dem gleichen Grund sind auch Penthouse-Wohnungen so gefragt, denn die Menschen, die dort leben, haben einen energetischen Vorteil vor denen, die am Boden wohnen. Menschen, die in den Bergen leben, sind oft glücklicher und weniger anfällig für Depressionen als Menschen, die im Tal zu Hause sind, wo die Energien sich eher stauen. Talbewohner haben sich oft mit mehr Problemen herumzuschlagen und sind auch anfälliger für Depressionen. Es ist viel einfacher, sich erhöht zu fühlen, wenn man schon auf einem Berg ist. In Gebäuden verhält es sich mit der Verteilung der Energien ähnlich. Dem trägt die balinesische Umsicht mit der relativen Sitzhöhe Rechnung: Es wird immer so eingerichtet, daß der Priester höher als das gemeine Volk sitzt, und wenn sich jemand mit einem Priester unterhält und dieser setzt sich, so muß man es ihm gleichtun, um sich nicht in eine erhöhte Position ihm gegenüber zu begeben. Touristen besteigen oft Wände und Sockel in den Tempeln, um bessere Fotos schießen zu können, und merken dabei nicht, daß sie einen furchtbaren Fauxpas begehen, indem sie sich höher als der Priester stellen. Die Balinesen sind auf solch offenbare Ignoranz nicht sehr gut zu sprechen.

Der menschliche Körper strömt hochfrequente Energien vom Kopf her und niedriger schwingende von den Füßen her aus. Dies ist sehr verständlich in der Chakralehre dargestellt, die sieben Energiezentren entlang der Körperachse anordnet, vom Basischakra an den Füßen bis zum Kronenchakra über dem Kopf. Viele meditative Techniken und Yogaübungen basieren auf der Erkenntnis der Energieströme zwischen dem Kopf und den Füßen. Hochentwickelte Seelen haben oft eine solche Ausstrahlung um den Kopf herum, daß diese von entsprechend begabten Menschen als Heiligenschein wahrgenommen und auch so in religiösen Bildern dargestellt wird. Auf Bali werden deswegen auch traditionellerweise keine mehrgeschossigen Gebäude gebaut, da niemand die Füße eines anderen über seinem Kopf haben möchte.

In vielen südostasiatischen Kulturen werden die Schuhe an der Tür zurückgelassen, wenn man ein Haus betritt. Da die Schuhe immer im Kontakt mit dem Boden und den Füßen sind, gelten sie als Träger der niederen Energien. In Tempeln hilft das Ablegen der Schuhe zudem, die heiligen Kräfte des Ortes direkt über die Füße aufzunehmen.

In den meisten östlichen Religionen gibt es zudem Tabus darüber, wohin die Füße gestreckt werden dürfen. So dürfen Füße niemals auf einen Altar, einen heiligen Gegenstand oder etwas ähnliches zeigen. Es gilt als höchst beleidigend, einer anderen Person die Füße entgegenzustrecken.

Fußreflexzonentherapeuten sollten besonders auf diese Bräuche achten. Westliche Therapeuten massieren oft mit den Füßen ihres Patienten in ihrem Schoß; viele von ihnen bekommen deswegen häufig Magen- und Unterleibsprobleme. Ich habe bemerkt, daß auf Bali geschulte Therapeuten immer neben ihrem Patienten sitzen und auf die Füße zuarbeiten, so daß die Energien ungehindert entweichen können und nicht vom Bauch des Masseurs absorbiert werden.

Staubsaugen

Staubsauger sind das moderne Äquivalent zum Besen und können auch in der gleichen Weise verwendet werden. Wenn Ihr Raum einmal eine kurze Auffrischung benötigen sollte, Sie aber nicht die ganze Space-Clearing-Prozedur absolvieren wollen, dann kann ein kurzer Rundgang mit dem Staubsauger Wunder wirken. Aber bitte übertreiben sie es nicht. Ich kannte eine Frau, die ihre Wohnung mehrmals täglich saugte, so daß die Atmosphäre sehr angespannt und unruhig wurde. Sie selbst wurde so gereizt, daß sie jedem den Kopf abriß, der sich in ihrer Wohnung falsch verhielt.

Therapeuten haben herausgefunden, daß Staubsaugen vor einer Sitzung eine gute Vorbereitung für das Behandlungszimmer ist und daß es hilft, die Stimmung zu beruhigen, wenn man eine sehr intensive Sitzung hatte und noch Patienten erwartet.

7. *Nehmen Sie ein Bad, duschen Sie, oder waschen Sie sich zumindest die Hände.*

Wasser ist hervorragend für jede Art der Reinigung, sowohl physisch als auch psychisch. Es ist sehr wichtig, daß Sie sich vor einem Space Clearing frisch und sauber fühlen, damit Sie die anderen Energien besser wahrnehmen können. Wenn Sie vorher das ganze Haus geputzt haben, kann es gut sein, daß Sie sich hinterher selbst schmutzig und ausgelaugt fühlen. Es ist dann besser, zu baden oder zu duschen, die Haare zu waschen und die Zähne zu putzen. Ziehen Sie auch frische Kleidung an; das wird für bessere Ergebnisse sorgen.

8. *Stellen Sie Nahrungsmittel in die Schränke oder in geschlossene Behältnisse.*

Es ist ratsam, viel Wasser zu trinken, wenn Sie Space Clearing anwenden; doch Sie sollten sich kein Glas Wasser eingießen, um es erst nach dem Reinigungsprozeß zu trinken. Ich habe das, ohne darüber nachzudenken, zweimal getan, und jedesmal schmeckte das Wasser faulig und brackig. Wasser ist ein hervorragendes Reinigungsmittel und nimmt jede Energie auf, die Sie während der Reinigungszeremonie aufwirbeln. Alle anderen Lebensmittel, mit Ausnahme von Früchten, die durch ihre Schale geschützt sind, nehmen die Energien genauso auf, da sie Wasser enthalten. Stellen Sie deshalb alles in die Schränke, den Kühlschrank oder in geschlossene Behältnisse.

9. *Legen Sie Ihren Schmuck und andere metallene Gegenstände ab, und arbeiten Sie nach Möglichkeit barfuß.*

Schmuck

In den alten Kulturen wurde Schmuck im allgemeinen nicht zur Dekoration getragen, sondern um das Energiefeld der Person zu beeinflussen. Wenn sie also ihre Energiekörper mit einer Frequenz füllen wollten, die etwa der des Silbers entspricht, so trugen sie auch Silberschmuck. Wenn sie einen heiligen Tanz auf der Stufe des Goldes ausführten, so trugen sie Goldschmuck an Händen und Füßen, um die Energien, die dann aus ihnen kamen, zu akzentuieren.

Es geht beim Space Clearing mehr darum, Energien zu reinigen und sie nicht auch noch einzufärben. Außerdem können Metallgegenstände als Ableiter für statische Elektrizität funktionieren, wenn Sie durch den Raum gehen. Nach einer Reinigung des Hauses haben Sie dann noch Extraarbeit mit der Reinigung Ihres Schmucks, wenn Sie diesen nicht vorher entfernt haben. Ein

Ehering, der sich nicht abstreifen läßt, kann sich als nachteilig erweisen. In diesem Fall schlagen Sie in Kapitel neun *(»Reinigung durch Erde, Wasser, Luft und Feuer«)* nach, und nehmen Sie hinterher ein Bad in Salzwasser, um sich selbst zu reinigen.

Armbanduhren

Nehmen Sie immer Ihre Uhr ab. Abgesehen davon, daß sie zumeist aus Metall besteht, und damit das gleiche für sie gilt wie für den Schmuck, kann ein Space Clearing sie zum Stehen bringen. Ich hatte schon viele verschiedene Uhren, habe aber aufgegeben, sie zu tragen, weil sie bei mir zu oft ihren Geist aufgeben. Außerdem können Sie ohne eine Uhr die Energien besser wahrnehmen.

Metallgefaßte Brillen

Wenn Sie ohne Ihre Brille leben können, dann machen Sie das Space Clearing ohne Ihre Augengläser, besonders, wenn der Rahmen aus Metall ist. Die Akupunktur hat gezeigt, daß sich gerade auf der Nase wichtige Punkte befinden, auf die der Sattel der Brille drückt und so Müdigkeit, Verwirrung und Kopfschmerzen auslösen kann.

Münzen

Leeren Sie Ihre Taschen aus, bevor Sie beginnen.

Andere metallene Gegenstände

Nehmen Sie auch alle anderen Metallgegenstände wie Gürtelschnallen und Haarspangen ab.

Ohne Schuhe und Socken

Es ist besser, ein Space Clearing barfuß auszuführen, da Sie dann die Energien besser fühlen können. Viele Informationen, die aus der Erde oder dem Boden des Hauses kommen, werden über die Füße aufgenommen. Schuhe mit Sohlen aus künstlichen Materialien isolieren jedoch. Wenn Sie allerdings in einen feuchten Keller steigen müssen, dann können Sie gern Schuhe tragen; Sie legen sie einfach wieder ab, wenn Sie wieder oben sind. Sie können auch notfalls Baumwollsocken tragen oder Schuhe mit Ledersohlen, wenn Ihnen kalt ist. Es nützt nichts, wenn Sie nichts fühlen können, weil Ihre Füße zwei Eisklumpen gleichen.

10. Arbeiten Sie allein, es sei denn, die andere Person versteht, was Sie tun.

Allein arbeiten

Als ich mit meinen Reinigungen anfing, arbeitete ich nie in Anwesenheit einer anderen Person. Ich bat alle höflich, das Haus zu verlassen und wiederzukommen, wenn ich fertig sei. Ihnen empfehle ich, das gleiche zu tun.

Space Clearing bewegt Energien, und das bezieht die Energien anderer Menschen mit ein. Wenn sie nicht genau wissen, was vor sich geht, und sie plötzlich eine Veränderung der Energien in sich erfahren, reagieren viele Menschen mit Ängsten, Irritationen und einer ganzen Bandbreite anderer Emotionen. Einige Reinungsprozeduren sehen etwas seltsam aus, obwohl sie eigentlich nur alltägliche Handlungen in einem anderen Zusammenhang sind. Sie können selbstverständlich erklären, was Sie da tun, aber dann ist Ihre Aufmerksamkeit nicht mehr ganz beim Space Clearing. Solange Sie also nicht soviel Erfahrung haben, arbeiten Sie allein oder nur mit jemandem, der auch weiß, worum es geht.

In meiner professionellen Arbeit versuche ich jedem klarzumachen, wozu diese Handlungen dienen, und kümmere mich darum, daß alle sich dabei auch wohl fühlen. Ich habe mich daran gewöhnt, daß mir ganze Familien durch das Haus folgen. Heute habe ich Erfahrung in diesen Dingen, und ich bestehe darauf, daß zumindest der Haushaltsvorstand anwesend ist.

Wenn ich Büros reinige, finde ich es angenehmer zu arbeiten, wenn niemand dabei ist, denn es ist einfacher, wenn die Räume nicht vor Aktivität brummen; außerdem würde es zu lange dauern, jedem zu erklären, was ich vorhabe. Der Besitzer oder ein Verantwortlicher reichen völlig aus.

Space Clearing mit einem Partner

Wenn Sie einen Partner haben, der den Haushalt mit Ihnen teilt, wollen Sie sicherlich, daß er oder sie bei der Zeremonie anwesend ist und hilft. Sie können sich zum Beispiel die Arbeit teilen, so daß der Mann (oder der mehr aktive Partner – *Yang*) das Klatschen und Beschilden und die Frau die anderen (passiven – *Ying*) Aufgaben übernimmt. Das ist natürlich keine feste Regel. Wichtig ist, daß Sie die Dinge tun, bei denen Sie sich gut fühlen. Warten Sie immer, bis Ihr Partner mit seinem Teil der Reinigung fertig ist, bevor Sie selbst beginnen.

11. *Arbeiten Sie ohne Musik, und stellen Sie alle geräuscherzeugenden Maschinen aus.*

Musik

Ein großer Teil des Space Clearing dreht sich darum, daß Sie den Energien des Hauses zuhören, während Sie von Raum zu Raum gehen, und das können Sie nicht, wenn Ihnen die ganze Zeit Engelsstimmen (oder andere Musik) in den Ohren klingt. Musik eignet sich wunderbar, um eine besondere Atmosphäre zu erzeugen, und ist deshalb nach dem Space Clearing zu empfehlen.

Ventilatoren und Klimaanlagen

Ich fühle mich oft schwindelig und verwirrt, wenn ich in der Nähe eines Ventilators oder einer Klimaanlage stehe, und ich bekomme dann zumeist Kopfschmerzen. Die Energien und die Aura eines jeden, der in die Nähe kommt, werden so durcheinandergewirbelt. Außerdem strahlen diese Geräte zumeist starke elektromagnetische Felder ab, die sehr störend wirken, und sie sind zudem noch laut. Ventilatoren im besonderen erzeugen starke Bewegungen in der Luft und machen es so besonders schwierig, Energien zu fühlen. Sie werden es immer sehr schwer haben, in der Nähe eines Ventilators Ihre Mitte zu finden, da sich Ihr Energiefeld permanent neu einrichten muß. Die Auswirkungen einer Klimaanlage sind zwar weniger stark, aber trotzdem schalte ich diese immer aus, wenn ich irgendwo unterrichte oder ein Space Clearing durchführe.

12. Öffnen Sie Türen und Fenster.

Zwar kann sich Energie durch solide Gegenstände hindurchbewegen, es ist jedoch besser, die Fenster zu öffnen, um damit eine Art Einladung auszusprechen, daß sich die Energien verflüchtigen. Wir leben in physischen Körpern und fühlen uns zumeist wohler, wenn wir auch einen physischen Weg schaffen. Sorgen Sie aber bitte nicht für so viel Durchzug, daß Sie die Energien nicht mehr spüren können.

13. Stellen Sie fest, wo es einen Kraftort in der Wohnung gibt, und stellen Sie dort Ihr Werkzeug ab.

Kraftorte

Es gibt viele verschiedene Kraftorte innerhalb eines Gebäudes. Von einem solchen Ort aus haben Sie das Gefühl, mit jedem anderen Punkt im Haus verbunden zu sein. In einem einzelnen Raum befindet sich dieser Punkt zumeist schräg gegenüber der Tür, so daß Sie von dort einen Blick auf die Tür und die Fenster werfen können. Die Kraftorte ganzer Häuser variieren stärker, und Sie sollten sich dabei am besten von Ihrer Intuition leiten lassen.

Soweit es Ihre Werkzeuge für das Space Clearing betrifft, ist es ratsam, einen Kraftort in der Nähe des Eingangs zu finden, von dem Sie sagen können: »Ich kann mich hier mit dem Haus unterhalten.« Energien und Menschen betreten das Haus oder die Wohnung durch den Eingang, und so ist das für Ihr Vorhaben die beste Position. Wenn der Eingangsbereich sehr eng ist, dann errichten Sie ein »Basislager« im Wohnzimmer oder in jedem anderen Raum, der Ihnen angenehm erscheint (jedoch nicht im Bad, der Toilette oder einem Abstellraum).

Stellen Sie einen kleinen Tisch so auf, daß er Sie nicht behindert, wenn Sie durch den Raum gehen (und Sie werden viel zu laufen haben).

Die wichtigsten Hilfsmittel für Space Clearing:

- eine Tischdecke (am besten eine, die nie für andere Zwecke verwendet wurde oder nur für spezielle Zeremonien gebraucht wird)
- See- oder Steinsalz in einem verschlossenen Behältnis
- eine großzügige Menge an frischen Blüten und Blütenblättern im jeder Farbe, die Ihnen gefällt
- Teelichte oder Nachtlichte in metallenen Haltern
- einige kleine Untersetzer, um die Kerzen und Blumen daraufzulegen
- ein paar frische Blätter
- Weihrauch und ein dazu passendes Gefäß
- Zündhölzer
- Weihwasser oder anderes gereinigtes Wasser in einer Flasche (siehe Kapitel 9)

- eine oder mehrere Glocken mit einem guten, angenehmen Ton
- eine oder mehrere Klangkugeln (siehe Kapitel 7)

Nehmen Sie sich Zeit, um all diese Gegenstände so zu arrangieren, daß es für Sie schön aussieht. Ich habe eine wundervolle Tischdecke, die jeden noch so alltäglichen Tisch in einen Altar verwandelt. Wenn Sie nicht alle diese Gegenstände zur Hand haben, können Sie trotzdem mit dem Space Clearing beginnen; lesen Sie einfach weiter, um herauszufinden, wie Sie sie ersetzen können. Es ist allerdings besser zu warten, bis Sie alle aufgelisteten Hilfsmittel zusammen haben, um optimale Ergebnisse zu erzielen.

14. Krempeln Sie die Ärmel hoch, und sensibilisieren Sie Ihre Hände.

Ich scheine ein Leben mit aufgerollten Ärmeln zu führen, und Sie werden es mir sicherlich gleichtun, wenn Sie gemerkt haben, wieviel besser Ihre Wahrnehmung dadurch wird. Die Hände und Unterarme reagieren sehr empfindlich auf Energien.

Eine Übung, um Ihre Hände zu sensibilisieren

Dies ist eine der Übungen, die ich schon lange in meinen Workshops anwende und mit der schon viele gute Ergebnisse erzielt wurden. Sie können es mit geöffneten Augen versuchen, während Sie dieses Buch lesen, aber es geht besser, wenn Sie den folgenden Absatz lesen und dann die Augen schließen, um die Übung durchzuführen.

Waschen Sie Ihre Hände, nehmen Sie allen Schmuck ab, und rollen Sie die Ärmel hoch. Setzen Sie sich bequem, aber aufrecht auf einen Stuhl, und legen Sie die Hände mit den Innenflächen nach oben in Ihren Schoß. Entspannen Sie Ihre Hände, und konzentrieren Sie sich ganz auf Ihre Handinnenseiten und Ihre Fingerspitzen. Sie werden vermutlich feine elektrische Ströme wahrnehmen, die sich durch Ihre Hände bewegen. Dies ist Ihr eigenes elektromagnetisches Feld, das Sie besonders stark an den Fingerspitzen spüren, da diese immer Energie abstrahlen.

Verbringen Sie ein paar Minuten damit, dem nachzuspüren, und dann heben Sie Ihre Hände etwas und drehen sie zueinander. Wölben Sie Ihre Hände etwas, als ob Sie eine weiche, imaginäre Kugel in der Größe eines Fußballs halten würden. Federn Sie die Hände etwas aufeinander zu, als wenn Sie diesen Ball leicht pressen wollten, und fühlen Sie, wie die Energie zwischen Ihren Händen pulsiert.

Wenn Sie das eine Weile getan haben, vergrößern Sie die Kugel zu einem Basketball. Die Energie wird sich etwas schwächer anfühlen, aber die Verbindung bleibt bestehen.

Bringen Sie nun Ihre Hände so zusammen, als hätten Sie einen Tennisball dazwischen. Federn Sie weiterhin, und spüren Sie, wie sich die Energie verdichtet und fast greifbar wird. In der gleichen Weise, wie Sie mit Ihren Augen einen Gegenstand »fotografieren« können, speichern Sie nun dieses Gefühl, damit Sie sich erinnern, wie sich Ihre Hände in diesem sensibilisierten Zustand angefühlt haben. Versehen Sie dieses Gefühl mit einem »Verbindungssignal«, wie zum Beispiel durch mehrmaliges Öffnen und Schließen der Hände oder indem Sie beide Hände auf den Kopf legen. Jede nicht ganz alltägliche Geste kann verwendet werden, wenn es Ihnen hilft, sich an das Gefühl zu erinnern. Sie brauchen dann nur das »Verbindungssignal« zu wiederholen, ohne die gesamte Prozedur noch einmal durchzugehen.

Wenn Sie fühlen, daß Sie Ihr Wahrnehmungsgefühl für zukünftige Anwendungen gespeichert haben, lösen Sie Ihre Hände voneinander und legen Sie sie zurück in den Schoß.

Wie man elektromagnetische Felder erkennt

Machen Sie diese Übung direkt nach der vorigen, um gute Ergebnisse zu erzielen. Sie werden einen anderen Menschen brauchen, ein Tier oder eine Pflanze, um diese Übung auszuführen. Es ist einfacher, die Energien von etwas Lebendem zu erfühlen, als gleich mit einem Gebäude zu beginnen. Wenn Sie mit einer anderen Person arbeiten, bitten Sie sie, die Arme vor sich auszustrekken. Machen Sie Ihr »Verbindungssignal«, und indem Sie eine oder beide Hände gebrauchen, spüren Sie, wie die Person Energie von den Händen abstrahlt.

Wenn Sie eine Katze haben oder sich zumindest eine »ausleihen« können, versuchen Sie die Konturen der Katze in einer Entfernung von ungefähr 10 Zentimetern abzufahren. Katzen sind sehr »elektrische« Wesen. Wenn Sie ein paar dieser Bewegungen gemacht haben, werden Sie feststellen, daß die Katze Ihnen entgegenkommt, als wenn Sie ihr das Fell gestreichelt hätten.

Sie können auch die Energien von Pflanzen wahrnehmen. Versuchen Sie das nicht außerhalb von Gebäuden – es sei denn, es regt sich kein Lüftchen, denn auch nur die kleinste Brise wird Ihnen das Erspüren des Feldes der Pflanze sehr schwierig machen.

Wenn Sie die Vorbereitungen abgeschlossen haben, können Sie nun mit Ihrem ersten Space Clearing beginnen.

7. Grundlagen des Space Clearing

Jeder Ort ist anders und hat unterschiedliche Bedürfnisse, aber trotzdem bleiben einige Grundlagen des Space Clearing immer gleich.

Die Techniken, die ich Ihnen hier beschreibe, werden Ihnen sicherlich die gewünschten Ergebnisse bringen, wenn sie auch in der Reihenfolge angewandt werden, die vorgegeben ist. Sie sollten sich am Anfang wirklich danach richten. Wenn Sie etwas Übung im Space Clearing haben und sich sicher genug fühlen, können Sie damit beginnen, einige Schritte auszulassen oder sie mit Methoden zu ersetzen, die ich Ihnen im nächsten Kapitel beschreiben werde.

Der beste Zeitpunkt

Die beste Zeit für ein Space Clearing ist gleich nachdem Sie Ihre Aufräumarbeiten beendet haben. Richten Sie es so ein, daß es am besten noch hell ist. Ich habe herausgefunden, daß alle reinigenden Arbeiten leichter von der Hand gehen, wenn der Mond abnimmt. Außerdem sollten Sie die Zeremonie nicht durchführen, wenn Sie planen, gleich danach in den Urlaub zu fahren, denn so werden Sie nie die vollen Auswirkungen der Reinigung erfahren.

Wählen Sie eine Zeit, in der die Nachbarn Sie aller Wahrscheinlichkeit nach nicht stören werden. Hängen Sie den Telefonhörer aus, oder stellen Sie den Anrufbeantworter an. Wenn Sie kleinere Kinder haben, finden Sie jemanden, der sie Ihnen für ein paar Stunden abnimmt. Kleinkinder und Babys reagieren sehr sensibel auf Veränderungen im Energiefeld und werden dementsprechend beunruhigt reagieren, was bedeutet, daß Sie die Zeremonie unterbrechen müßten, um sich um sie zu kümmern.

Die meisten Tiere mögen es jedoch, bei einem Space Clearing anwesend zu sein. Sie können die Energie sehen und schauen meist interessiert bei den neuen Bewegungen der Kräfte zu. Nervösere Haustiere laufen zumeist weg, wenn Sie mit dem Ausklatschen anfangen, kehren aber oft beim Läuten der Glocke wieder.

Die Länge der Zeremonie hängt von der Größe Ihrer Wohnung ab, davon, wieviel Müll herumliegt, was früher dort vorgefallen war und ob Sie eher schnell oder langsam an die Sache herangehen. Wenn ich professionell reinige, nehme ich mir eine Stunde für Ein- bis Zweizimmerwohnungen und entspechend mehr Zeit für größere Wohnungen und Häuser. Ich selbst ziehe einen straffen Zeitplan vor, so daß die geläuterten Energien sich nicht wieder setzen, bevor ich den Prozeß abgeschlossen habe.

1. *Nehmen Sie sich Zeit, um sich mit dem Ort zu verbinden. Strahlen Sie Ihr Vorhaben mental aus.*

Atmung

Wenn Sie beim Space Clearing die Kräfte eines Ortes verändern, ist es wichtig, daß Sie gut ein- und ausatmen, damit Sie Ihre eigenen Energien am Laufen halten. Wenn andere Menschen anwesend sind, stellen Sie sicher, daß diese auch ruhig und sicher atmen. Wenn die Atmosphäre reiner und reiner wird, fangen viele Leute an, flacher zu atmen, was sich auf die folgenden Prozesse nachteilig auswirken kann. Wenn Sie bemerken, daß Sie zu flach atmen, nehmen Sie einfach ein paar tiefe Atemzüge, und fahren Sie mit Ihrer Arbeit fort.

Begrüßen Sie Ihr Zuhause

Vergewissern Sie sich, daß Ihr Zuhause auf seine steinerne Art genauso für Sie fühlt wie Sie für es und sich entsprechend verhalten wird, so wie Sie es behandeln. Wenn Sie Ihr Heim respektieren und ehren, wird es Sie im Gegenzug unterstützen und beschützen.

Geben Sie auch darauf acht, daß jedes Haus seine eigene Persönlichkeit besitzt. Die meisten Menschen nehmen den Charakter eines Ortes ohnehin wahr, wenn sie denken: »Oh, nett hier!« oder »Ich würde hier nicht leben wollen«. Ohne es bewußt zu wollen, haben sie die grundlegenden Züge des Hauses formuliert.

Um sich mit Ihrem Heim zu verbinden, stellen Sie sich in den Eingang, der der Hauseingang sein kann, die Tür zu Ihrer Wohnung oder auch nur zu dem Zimmer, das Sie bewohnen. Nehmen Sie sich einen Augenblick Zeit, um sich zu zentrieren, und bringen Sie Ihre Chakren, Ihre Energiezentren ins Gleichgewicht. Dann lenken Sie Ihre Aufmerksamkeit auf den äußersten Rand Ihrer Aura.

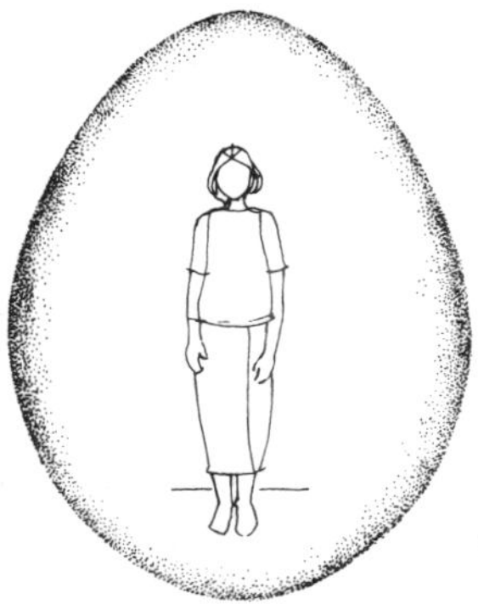

Die menschliche Aura

Dieses eiförmige, pulsierende Energiefeld erstreckt sich um Ihren ganzen Körper und kann sich je nach Stimmung und Willen erweitern oder zusammenziehen.

Stellen Sie sich vor, wie sich Ihre Aura auf den gesamten Ort ausdehnt. Öffnen Sie Ihr Herzzentrum (indem Sie sich etwa vorstellen, wie dort eine wundervolle Rose erblüht) und erlauben Sie der Liebe, aus Ihrem Herzen in alle Teile Ihres Zuhauses zu fließen. Stellen Sie sich in Gedanken dem Haus vor, sagen Sie, wer Sie sind und was sie vorhaben.

Beim ersten Mal werden Sie vielleicht nicht sofort fühlen, daß Ihr Haus die Nachricht erhält, aber mit der Zeit wird sich eine wirkliche Beziehung zum Haus aufbauen, und Sie könnten sich dabei ertappen, wie Sie nach Hause kommen, die Wand streicheln und leise »Hallo« sagen. Sie können dem Haus sogar einen Namen geben, um die Verbindung mit ihm zu festigen.

2. *Gehen Sie durch das Haus, und nehmen Sie die Kräfte dort wahr. Nutzen Sie Ihre Hände und auch alle Ihre anderen Sinne.*

Nun ist der Zeitpunkt gekommen, an dem Sie sich auch körperlich mit dem Gebäude verbinden. Wenden Sie sich einer Wand zu. Strecken Sie einen Arm etwas aus und berühren Sie mit der flachen Hand die Wand.

Beginnen Sie nun, die Wand sanft wie eine Katze zu streicheln. Machen Sie das ein paarmal, und strahlen Sie Ihr Vorhaben aus, sich mit dem Haus zu verbinden und es zu reinigen. Es wird der Moment kommen, an dem Sie fühlen, wie sich die Energien teilen und sich das Haus Ihnen öffnet.

Wenn Sie ohnehin schon die Angewohnheit haben, Ihre Möbel und die Wände von Zeit zu Zeit liebevoll zu berühren, wird sich das Haus Ihnen sehr schnell öffnen. Menschen, die oft

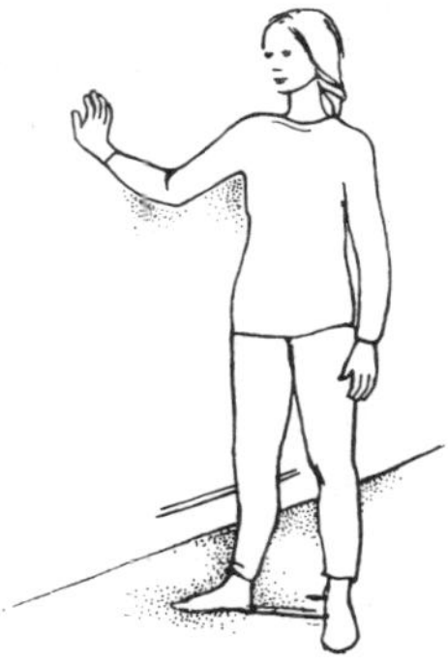

Die Energie erfühlen

einen guten Draht zu anderen Menschen oder Tieren haben, werden sich auch schneller mit einen Gebäude verbinden können.

Halten Sie Ihre Sinne offen, und horchen Sie in das Haus hinein. Ich erfahre oft in den ersten Augenblicken mehr über ein Haus als während der restlichen Zeit der Zeremonie. Wenn Sie Ihr eigenes Heim reinigen, hören Sie genau auf die Botschaften, die es Ihnen vermittelt. Ihr Zuhause mag schon seit Jahren versucht haben, mit Ihnen zu kommunizieren, um Ihnen zu sagen, was es braucht. Wenn Sie jedoch zu phantasiebegabt sind, können Sie auch an dieser Stelle eine Menge Unsinn erleben. Es ist ein schmaler Grad zwischen dem, was Sie hören wollen, und dem, was das Haus wirklich zu sagen hat. Versuchen Sie einfach, offen zu sein und nicht zuviel selbst manipulieren zu wollen.

Nachdem Sie ein paarmal die Wand gestreichelt und alle Informationen aufgenommen haben, beginnen Sie, langsam an der Wand entlangzugehen. Halten Sie Ihre Sinne offen.

Die Energie wahrnehmen

Zuerst werden Sie nicht viel fühlen. Keine Sorge, die folgenden Schritte sind so angelegt, daß Sie sie auch durchführen können, selbst wenn Sie gar nichts fühlen. Es ist eigentlich auch viel einfacher, die elektromagnetischen Felder von lebendigen Wesen zu erfühlen als die von Gebäuden. Üben Sie einfach weiter an Freunden, Haustieren und Pflanzen, bis sich Ihre Sinne erweitert haben.

Wenn Sie die Kräfte von Häusern erspüren, kann es sich oft anfühlen, als wenn Sie durch uralte, feine Spinnweben oder in zähen Sirup griffen. Einige Orte fühlen sich warm an und andere kalt; manche Eindrücke sind angenehm und andere wiederum nicht. Sie mögen dumpfe Schmerzen in Ihren Knochen verspüren oder ein angenehmes Kribbeln in den Händen. Es mag Ihnen vorkommen wie weicher Samt oder wie Sandpapier. Bedenken Sie immer, daß Sie nichts davon mitnehmen. Wenn Sie den Eindruck haben, daß Sie etwas von dem »Zeug« angenommen haben, dann waschen Sie sich die Hände und Unterarme. Die Kräfte können oftmals so stark sein, daß Sie von Zeit zu Zeit Ihre Arme und Hände ausschütteln sollten, um sie neu zu sensibilisieren.

Mit oder gegen den Uhrzeigersinn?

Ich werde oft gefragt, ob es etwas ausmache, in welche Richtung man läuft. Als ich anfing, bewegte ich mich immer gegen den Uhrzeigersinn, wenn ich die Energien verscheuchte, und mit der Uhr, wenn ich etwas Neues ins Haus einlud.

Mittlerweile weiß ich, daß das keine größere Bedeutung hat, sondern daß es auf die Intention ankommt. Es fühlt sich für mich besser an, wenn ich linksherum gehe, egal ob ich nun Energie hinein- oder hinausschicke. Machen Sie es so, wie Sie sich am besten fühlen.

Von unten nach oben

Wenn Ihr Heim mehr als ein Stockwerk hat, fangen Sie unten an, und arbeiten Sie sich nach oben vor.

Einfach ist es, wenn sich Ihr Eingang im tiefsten Stockwerk befindet, so daß Sie irgendwann wieder an der Tür ankommen. Wenn sich jedoch noch ein Keller unter dem Haus befindet, gehen Sie, bis Sie am Kellereingang sind, steigen Sie hinunter, und schreiten Sie dort alles ab (wenn der Keller nicht zu sehr zugestellt ist); kommen Sie dann wieder hoch, um Ihren Weg im Erdgeschoß fortzusetzen.

Gehen Sie auch auf den Dachboden, wenn der Zugang frei und einfach ist. Wenn nicht, so stellen Sie sich einfach vor, wie die Auswirkungen des Space Clearing sich auch dorthin erstrecken. Gehen Sie immer an der Wand entlang, bis Sie wieder an Ihren Ausgangspunkt zurückgekehrt sind.

Wenn das Haus sehr groß ist, sollten Sie sich dazu entschließen, ein Stockwerk nach dem anderen zu reinigen. In diesem Fall gehen Sie durch das gesamte Haus, um die Energie zu erfühlen. Danach reinigen Sie jedes Stockwerk für sich, von unten nach oben. Fangen Sie mit dem Keller an, machen Sie mit dem Erdgeschoß weiter, bis Sie unter dem Dach angekommen sind. Behandeln Sie die Treppen immer als Teil des nächsten Geschosses.

In kleineren Häusern, in denen verschiedene Stockwerke für verschiedene Zwecke genutzt werden (unten Geschäfts-, oben Privaträume), bietet sich dieses Verfahren auch an, um die Kräfte voneinander getrennt zu halten.

Die Grenzen des Hauses abzulaufen ist eine gute Methode, sich zu vergegenwärtigen, wie die Energie durch das Gebäude fließt. Feng Shui will diesen Fluß vereinfachen und harmonisieren, und wenn Sie auf Ihrem Weg über Stapel von Müll steigen müssen, so muß die Energie das auch.

3. *Entzünden Sie Kerzen und Weihrauch, versprengen Sie Weihwasser, und bringen Sie dem Wächter des Hauses eine Blumengabe. Rufen Sie die Geister der Erde, des Wassers, der Luft und des Feuers, einen Engel oder Ihren persönlichen Wächter und Verbündeten (was immer Ihnen angemessen erscheint).*

Es gibt viele verschiedene Möglichkeiten, wie Sie den nächsten Schritt ausführen können, und es ist wichtig, daß Sie herausfinden, welche davon sich für Sie am besten eignet. Ich persönlich entzünde zuerst Kerzen und Weihrauch, plaziere dann meine Blumenopfer auf dem Tisch, wo ich meine anderen Instrumente abgestellt habe, und besprenge sie mit Weihwasser (in Kapitel 9 wird beschrieben, wie und wo Sie das Wasser bekommen können). Dann ziehe ich Linien aus Salz an jeder nach draußen führenden Türschwelle und verteile weitere Blumen und Räucherungen an Schlüsselpunkten im Haus.

Opfergaben

Um ein Blumenopfer zu bringen, stellen Sie einfach eine Kerze auf eine Untertasse, und verteilen Sie mehrere Blüten rundherum. Versuchen Sie, ein wenig mit den Farben zu spielen und die Gabe so schön wie möglich zu gestalten.

Wenn Ihr Haus mehrere Stockwerke hat, versuchen Sie mindestens eine solcher Gaben pro Stockwerk zu plazieren. Das Wohnzimmer und das Schlafzimmer sind die wichtigsten Orte für die Opfergaben, aber auch die Küche, wo das Essen für die Bewohner des Hauses gekocht wird, sollten Sie nicht vergessen. Im Feng Shui wird dem Herd eine besondere Bedeutung beigemessen, denn er symbolisiert die lebenserhaltenden Kräfte und den finanziellen Wohlstand der Bewohner.

Am besten jedoch plazieren Sie eine Opfergabe in jedem Raum des Hauses. Legen Sie ein Blatt an die gewählte Stelle, stellen Sie den Teller mit den Blumen und der Kerze dazu, und entzünden Sie etwas Weihrauch in einem geeigneten Gefäß. Benutzen Sie nun eine weitere Blüte, um etwas geweihtes Wasser über das Opfer zu versprengen.

Ein Blumenopfer

Diese Blumengaben sind Opfer an den wachenden Geist des Hauses und an die Intelligenzen der Elemente. Die Blumen symbolisieren die Erde, der Weihrauch ist für die Luft, die Kerze steht für das Feuer, und das Weihwasser repräsentiert das Wasserelement. Die Kerzen aktivieren in gewisser Weise die Zeremonie, indem sie einen Lichtstrahl in die unsichtbaren Welten senden und so den Weg für Energien weisen, die helfen werden, das Haus zu reinigen.

Wenn Sie Kerzen entzünden und die Opfer aufstellen, behalten Sie immer Ihre Intention nach Reinigung und Segnung im Kopf. Sie führen diese Zeremonie durch, um eine Veränderung in Ihrem Leben zu erreichen und einen sicheren und liebevollen Ort für sich und Ihre Familie zu schaffen.

Jetzt ist auch der richtige Zeitpunkt für ein Gebet oder eine Bitte um Segen. Sie können das auch zu einer Einladung an einen Engel oder an Ihre unsichtbaren Helfer und Verbündeten erweitern, damit sie Ihnen bei Ihrer Arbeit helfen.

Sorgen Sie unbedingt dafür, daß der Weihrauch und die Kerzen sicher brennen. Achten Sie auf sichere Abstände zu Vorhängen und anderen entflammbaren Materialien, und halten Sie sie aus der Reichweite von Tieren und Kindern. Ich verbrenne Weihrauch nur in dafür vorgesehenen Behältern, die Sie in den meisten Geschäften für Kirchenbedarf oder in esoterischen Buchläden kaufen können. Teelichte in Metalltöpfchen auf einer Porzellanuntertasse haben sich ebenfalls als sehr sicher herausgestellt. Lassen Sie die Räuchergaben und die Kerzen noch etwas brennen, bis Sie das Gefühl haben, das Ritual ganz abgeschlossen zu haben. Wenn Sie zwischendurch das Haus verlassen müssen, dann löschen Sie alles, und entzünden es, wenn Sie wiederkommen.

4. *Klatschen Sie die Ecken aus, um angestaute Energien zu zerstreuen. Waschen Sie sich die Hände. (Wichtig! Nicht vergessen!)*

Einfaches Klatschen

Beginnen Sie wieder am Eingang. Gehen Sie an der Wand entlang, und spüren Sie wieder die Energien. Immer wenn Sie an eine Ecke kommen, klatschen Sie mehrmals kurz in die Hände, um die Energien dort in Bewegung zu bringen.

Es wird kaum notwendig sein, vom Boden bis hinauf zur Decke zu klatschen, aber Sie sollten doch immer leichte Auf- und Abbewegungen machen. Ich fange mit den Händen über dem Kopf an und klatsche dann, bis ich ungefähr auf Hüfthöhe angekommen bin, und werde dabei lauter. Andere Leute haben gute Ergebnisse erzielt, wenn sie unten begannen und über dem Kopf aufhörten. Welche Methode Sie auch immer verwenden, wichtig ist, daß Sie sich Ihrer Absicht immer bewußt sind und sich die Ecke als sauber und frisch vorstellen. Reiben Sie Ihre Hände aneinander, wenn Sie mit dem Ausklatschen einer Ecke fertig sind, um sie zu beruhigen. Danach fahren Sie auf Ihrem Weg fort.

Arbeiten Sie sich systematisch durch das Haus. Klatschen Sie alle Ecken, Winkel und Nischen aus. Wenn Sie auf dem Weg zwischen zwei Ecken einen »Hotspot« finden, wo sich die Energie heißer anfühlt als anderswo, klatschen Sie diesen auch aus. Während Sie so durch das Haus gehen, stellen Sie sich vor, daß Sie eine Spur klarer reiner Energie hinter sich lassen.

Die Ecken ausklatschen

Wenn Sie wirklich gründlich vorgehen wollen, öffnen Sie die Schränke, und klatschen Sie auch dort. Klatschen Sie um elektronische Geräte herum besonders bei Fernsehern und Computern. Sie können auch Ihr Bett ausklatschen; gehen Sie dabei am besten in Schlafrichtung vor, also vom Kopfende zu den Füßen hin. Für große Betten werden Sie mehrere Durchgänge brauchen.

Ihr Klatschen wird sich zuerst dumpf und flach anhören; es wird aber später klarer und schärfer werden. Wenn Sie ungefähr durch drei Viertel des Hauses gegangen sind, werden Sie beginnen, einen »Nachschlag« zu hören, wenn Ihr Klatschen nachzuschwingen beginnt. Wenn Sie das hören, wissen Sie, daß Sie Ihre

Sache gut gemacht haben und Sie mit dem Reinigungsprozeß fast fertig sind.

Für gewöhnlich reicht ein Durchgang – aber sollten Sie am Ausgangspunkt zurückgekehrt sein und das Nachschwingen nicht hören können, werden Sie wohl noch eine Tour machen müssen. Vieleicht waren Sie nicht aufmerksam genug oder es war einfach zuviel zu reinigen. Es mag sich aber auch alles gleich für Sie anhören. Keine Sorge: Zuviel zu klatschen ist besser als gar nicht zu klatschen.

Emotionale Reaktionen

In meiner beruflichen Arbeit ist es schon vorgekommen, daß Menschen, deren Haus ich ausklatschte, plötzlich in Tränen ausbrachen. Nicht, daß sie sich besonders traurig fühlten – es war vielmehr ihre Art des Loslassens. Das geschieht nicht oft, aber ich gebe Ihnen diese Informationen, damit Sie darauf vorbereitet sind, sollte es bei Ihnen geschehen. Lassen Sie die Tränen fließen, atmen Sie gut durch. Es wird schnell vorüber sein.

Unterschiedliche Arten des Klatschens

Ich habe wohl schon Tausende von Räumen ausgeklatscht und bin immer wieder über die verschiedenen Arten des Klatschens erstaunt. In manchen Räumen klatsche ich sehr langsam und ruhig, und dann komme ich in ein Schlafzimmer und fühle, daß ich hier doppelt so schnell und laut klatschen muß. Dies sagt mir, daß die Person, die hier schläft, einen schwierigen Charakter hat und nach einem anderen Rhythmus lebt als der Rest des Haushalts.

Es gibt beim Klatschen so viele unterschiedliche Rhythmen und Lautstärken, wie es unterschiedliche Räume gibt. In großen Sälen werden Sie eher lauter klatschen wollen als in kleinen Kammern, und Sie werden ein leises Klatschen in den Zimmern von

Babys eher als angemessen empfinden. An einigen Orten reicht ein leichtes Klatschen aus, und in anderen wiederum werden Sie sich einen ganzen Applausausbruch wünschen. Eigentlich ist das ein Studium für sich, aber für das grundlegende Space Clearing klatschen Sie einfach, wie es sich für Sie richtig anfühlt.

Das Krokodilklatschen

Für besonders enge Plätze wie Nischen oder schmale Spalten zwischen zwei Schränken empfehle ich diese Technik. Bringen Sie dazu einfach Ihre Hände aufeinander, und öffnen und schließen Sie sie wie das Maul eines Krokodils.

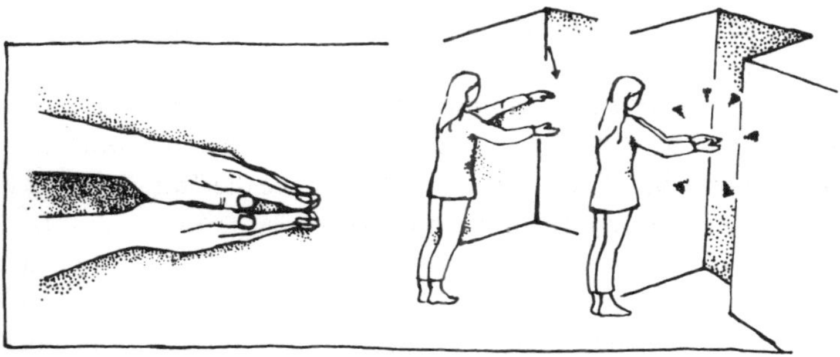

Das Krokodilklatschen für enge Spalten

Klatschen auf Entfernung

Diese Technik eignet sich besonders für unangenehme und zugestellte Kellerräume. Sie ist zwar nicht so gründlich, als wenn man tatsächlich den Raum abgeschritten hätte, aber wenn es nicht anders geht, muß es reichen.

Stellen Sie sich an den Eingang des Kellers, und fokussieren Sie Ihre Aufmerksamkeit auf die erste Ecke, die Sie ausklatschen wollen. Wenn Sie jetzt klatschen, werfen Sie den Laut entlang einer imaginären Linie zur Ecke hin. Benutzen Sie Ihre Augen, um den Knall auf und ab zu bewegen. Anstatt durch den Raum zu laufen, blicken Sie einfach in die Ecken, oder, wenn die Sicht versperrt ist, stellen Sie sich die Ecke vor.

Waschen Sie Ihre Hände

Es ist wichtig, daß Sie daran denken, die Hände unter fließendem Wasser zu waschen, wenn Sie mit dem Klatschen fertig sind. So waschen Sie jeden Rest einer eventuellen psychischen Verschmutzung von sich ab und fühlen sich erfrischt und bereit für den nächsten Schritt.

5. Reinigung mit Glockenklang

Schaffen Sie einen gesegneten Bereich mit Klängen

Dies wird Ihre dritte Runde durch das Haus werden. Fangen Sie bei der Glocke mit dem tiefsten Ton an, der Ihnen für den Ort geeignet erscheint (größere Räume brauchen tiefere Töne). Beginnen Sie wieder bei der Eingangstür, läuten Sie einmal die Glocke und lauschen Sie dann. Wenn Sie das schon ein paarmal in verschiedenen Gebäuden gemacht haben, werden Sie sehr schnell wissen, ob Sie mit der Energie des Hauses verbunden sind oder ob Sie noch einmal läuten müssen. Wenn Sie Zweifel haben, klingeln Sie noch einmal.

Machen Sie sich auf den Weg, und halten Sie die Glocke dicht an der Wand – aber nicht zu dicht, damit sie nicht dagegenschlägt. Am besten heben Sie die Glocke bis auf die Höhe Ihres Herzens, und läuten sie, während Sie laufen, immer so, daß der Ton nie aufhört. Während Sie gehen, schaffen Sie einen gereinigten und gesegneten Ort in Ihrem »Kielwasser«. Es hilft, wenn Sie sich diese Energie als schimmernde Spur aus Licht und Klang vorstellen. Nehmen Sie diese Kraft überall mit hin, und wenn Sie einen Platz haben, an dem die Glocke nicht so gut klingt, bleiben Sie stehen, und läuten Sie noch einmal, bis Sie die gewünschte Resonanz erreichen. Wenn Sie genau hinhören, werden Sie schnell merken, wo sich Energien aufbauen und wo sie tendieren zu stagnieren. Merken Sie sich diese Plätze, damit Sie in Zukunft besser darauf achtgeben können.

Wenn Sie wieder an ihren Ausgangspunkt zurückgekehrt sind, zeichnen Sie mit der klingenden Glocke eine liegende Acht in die Luft, das Zeichen für Unendlichkeit. Sie sagen der Energie so, daß sie fortfahren soll, durch den Raum zu strömen. Die positiven Auswirkungen halten so länger an.

Sollten Sie aus irgendeinem Grund auf Ihrem Weg gestört worden sein, könnte es vorkommen, daß das Energieniveau sinkt. Mit etwas Erfahrung werden Sie wissen, ob Sie neu beginnen oder einfach nur leicht an der betreffenden Stelle auffrischen müssen.

Dann nehmen Sie sich eine kleinere, hellere Glocke und wiederholen den Vorgang. Das wäre dann Ihre vierte Runde. Wenn ich große Herrenhäuser säubere, ist dies im allgemeinen der Punkt, an dem ich mir wünsche, nach Kilometern bezahlt zu werden.

Wie man eine Glocke richtig läutet

Die meisten Priester, die ich auf Bali getroffen habe, erzählten mir, daß sie mindestens ein Jahr gebraucht hätten, bis sie die Ritualglocken richtig läuten konnten. Verschiedene Gebäude brauchen verschiedene Glocken und verschiedenes Geläut, weil allein schon zwei Räume innerhalb eines Hauses vollkommen unterschiedlich sein können. Einmal werden Sie die Glocke stark und laut schütteln wollen, und in anderen Zimmern erscheint Ihnen ein leichter Klang ausreichend. Folgen Sie Ihrer Intuition. Mit der Zeit, wenn Sie genug Erfahrung mit den Glocken haben, werden Sie gelernt haben, wie man die Energien genau liest und was mit den Kräften geschieht, wenn Sie läuten.

6. Schirmen Sie den Raum ab

Prüfen Sie, ob der Ort klar ist

Nachdem Sie mit der Reinigung des Ortes fertig sind, sollten Sie sich noch einmal vergewissern, daß die Energie jetzt überall gereinigt ist. Sollten Sie immer noch ein paar Stellen finden, an denen sich die Energie heiß und klebrig anfühlt, müssen Sie dort noch einmal klatschen und dann mit den Glocken ausbalancieren. Einige Menschen können die Kräfte nicht richtig wahrnehmen, aber sie sehen die Veränderungen deutlich, weil ihnen der Raum jetzt heller und freundlicher erscheint. Andere bemerken, daß sie freier und tiefer atmen können.

Wenn Sie absolut gar nichts wahrnehmen können, gehen Sie einfach davon aus, daß Ihr Space Clearing effektiv gewesen ist, und fahren Sie fort. Die Auswirkungen werden in den folgenden Wochen deutlich.

Einfache Schilde

Wenn Sie mit Ihren Ergebnissen zufrieden sind, ist nun der Moment gekommen, einen Schild über alles zu legen, damit das, was Sie dann im nächsten Schritt hineinrufen, nicht wieder entwischt. Diese Schilde dienen in erster Linie dem Zusammenhalt der Energie, obwohl Sie sie natürlich auch zum Schutz verwenden können. Ich habe aber schon erklärt, warum ich glaube, daß das nicht nötig ist.

Bevor Sie lernen, wie Sie ein ganzes Haus beschilden, ist es einfacher, wenn Sie zunächst nur mit einzelnen Zimmern beginnen. Wählen Sie einen Raum, der quadratisch oder rechteckig ist, und stellen Sie sich mit dem Rücken zur Wand in eine Ecke. Sie können sowohl den rechten als auch den linken Arm benutzen, aber nur zum Zweck der Erklärung spreche ich hier ausschließlich vom rechten Arm. Sie arbeiten so in einer Richtung gegen den Uhrzeigersinn.

Stellen Sie sich mit dem Rücken zur Wand, und atmen Sie ein. Heben Sie Ihren Arm, und halten Sie ihn parallel zur Wand mit der Handinnenfläche zum Raum hin. Mit dem Ausatmen bringen Sie nun den Arm in einer ruhigen Bewegung nach unten. Visualisieren Sie dabei, wie ein Schild aus reinem Licht aus Ihren Fingern fließt und sich über die Wand legt. Wenn es Ihnen hilft, machen Sie ein Geräusch dazu, und stellen Sie sich den Schild wie einen der Energieschilde aus Star Trek vor.

Schilde aufbauen

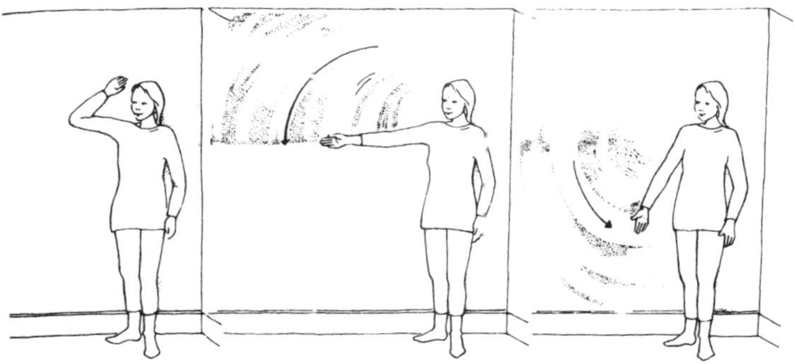

Startposition — *Bringen Sie den Arm nach unten, und visualisieren Sie einen Schild*

Gehen Sie nun zu der Ecke, in deren Richtung Sie gerade den Schild projiziert haben, und wiederholen Sie den Vorgang. Tun Sie dies in allen Ecken des Raums, bis Sie wieder an Ihrem Ausgangspunkt angelangt sind. Sie haben nun die Wände des Raums beschildet.

Um den Boden mit einem Schild zu versehen, stellen Sie sich ungefähr in die Mitte des Raums und imaginieren einen Teppich aus Licht unter Ihren Füßen. Aus der Mitte der Decke heraus breitet sich ebenso ein Schild über Ihnen aus. Sie haben nun den Raum gegen alle unerwünschten Einflüsse abgeriegelt.

Bleiben Sie in der Mitte des Raums, und sehen Sie Ihre Schilde vor sich. Bestimmen Sie ganz genau, wie lange Sie dort verweilen sollen. Wenn Sie sie mehr oder weniger für immer dort haben wollen, dann befehlen Sie Ihrem Unterbewußten, sie immer wieder von ganz allein zu erneuern, ohne daß Sie groß darüber nachzudenken brauchen. Geben Sie sich selbst die Anweisung, die Schilde so lange aufrechtzuerhalten, bis Sie sich selbst einen gegenteiligen Befehl geben. Wenn Sie die Schilde nur für einen bestimmten Zeitraum brauchen, verankern Sie einen genauen Termin, wie etwa »heute abend, sechs Uhr« oder »bis Tante Trude fort ist, wann immer das auch sein mag«.

Unregelmäßige Räume beschilden

Sie haben zwei Möglichkeiten, mit einem unregelmäßig geformten Raum umzugehen. Ignorieren Sie einfach, daß dem Raum Flächen und Wände fehlen, die ihn rechteckig machen würden, und installieren Sie den Schild über die Grenzen des Zimmers hinweg. Das macht den Raum dann zumindest symbolisch wieder gleichmäßig, was sich auch gut auf das Feng-Shui-Bagua auswirkt, zu dem wir noch kommen werden.

Manchmal ist dies jedoch nicht möglich, weil Sie sonst in die Privatsphäre eines anderen Menschen eindringen würden. Da Sie selbstverständlich eine Ecke der Nachbarwohnung nicht zu Ihrer »dazuzaubern« wollen, müssen Sie sich anders helfen. Folgen Sie einfach den exakten Umgrenzungen des Raumes. So müssen Sie also sechs statt nur vier Wände beschilden – auch nicht schlimm.

Ein ganzes Haus abschirmen

Nachdem Sie einen Raum geschützt haben und mit dem Ergebnis zufrieden sind, können Sie sich nun größeren Dingen zuwenden. Sie können zum einem einfach aus dem Haus gehen und sich vorstellen, wie sich der Schild darüberlegt, oder Sie gehen im Inneren des Hauses von Zimmer zu Zimmer und wiederholen die schon beschriebene Prozedur. Ich selber stelle mich nur noch in den Eingang des Hauses und »sehe«, wie sich die Schilde von Zimmer zu Zimmer ausbreiten. Es ist ein wenig wie Autofahren – irgendwann wird es so automatisch, daß man über all die Manöver nicht mehr nachzudenken braucht.

Schilde senken

Wenn Sie irgendwann einmal entscheiden sollten, Ihre Schilde nicht mehr zu brauchen, stellen Sie sich einfach vor, wie sie alle verschwinden. Wenn ich für einen Klienten Schilde errichte, sage ich immer, daß er diese jederzeit wieder einreißen kann, wenn er will. So kann sich auch die Energie verändern, wenn Sie sich verändern.

Verschiedene Schilde

Am besten stellen Sie sich Ihre Schilde in reinem weißem Licht vor. Sie können sie aber selbstverständlich auch einfärben.

Ich übte einmal mit einer Gruppe von Freunden. Einer blieb im Raum und errichtete einen Schild in einer besonderen Farbe, und die anderen mußten raten, welche Farbe es war. Wir wurden so gut, daß wir uns bald an Farbkombinationen wie gelb mit blauen Streifen oder pink mit Punkten versuchten. Es hat allen viel Spaß bereitet und zudem bewiesen, daß wir uns das nicht nur alles einbildeten. Wenn Sie Schilde errichten, dann sind diese wirklich da, und jede sensitive Person wird es Ihnen bestätigen!

Benutzen Sie blaue Schilde für Frieden und Entspannung. Für mehr Liebe verwenden Sie ein sanftes Pink. Wenn Sie mehr Lebenskraft benötigen, nehmen Sie ein gutes Grün, und wenn Sie dazu Heilungen betreiben, kombinieren Sie es mit Gelb. Wenn Sie einfach auf Reinheit bedacht sind, bleiben Sie bei Weiß. Benutzen Sie kein Rot oder Orange, da es zu Mißverständnissen und Unruhe führen kann.

Persönliche Schilde

Sie können die gleiche Technik auch verwenden, um sich selbst zu schützen. Üben Sie ein wenig, bis Sie sich sicher fühlen. Stellen Sie sich Ihre Aura wie eine fest verschlossene Kugel vor. Fertig! Nun sind Sie geschützt. Sie können die Kugel noch einfärben oder genau bestimmen, wovor sie Sie schützen soll. Aber vergessen Sie nicht, den Schild wieder herunterzunehmen, wenn die unangenehme Situation vorüber ist, sonst werden Ihre Mitmenschen den Eindruck haben, sie kämen nicht mehr zu Ihnen durch oder Sie seien nicht ganz bei der Sache.

Wenn Sie diese Schilde benutzen, machen Sie sich zum Vorsatz, sie immer weniger zu verwenden, je mehr Ihr Selbstbewußtsein steigt. Der beste Schutz ist immer noch, wenn Sie sich in einen Mantel aus Liebe hüllen.

7. Füllen Sie den Raum mit Liebe, Licht und guten Wünschen

Nachdem Sie sich nun von allem getrennt haben, das Sie nicht mehr brauchten, alles geputzt und gereinigt haben und Schilde errichteten, damit alles rein bleibt, erscheint es nun nur logisch, wenn Sie Ihr Haus mit etwas Neuem, Besserem füllen. Nach dem Space Clearing ist Ihre Umgebung wie ein frisches, unbeschriebenes Blatt, bereit für einen neuen Start. Wenn Sie jetzt keine klare Entscheidung treffen, wird sich einfach das gleiche Zeug wieder um Sie sammeln, das Sie eigentlich loswerden wollten.

Es gibt verschiedene Möglichkeiten der Weihe, abhängig davon, wieviel Zeit und Aufwand Sie investieren wollen. Setzen Sie sich zunächst ruhig hin, und lesen Sie noch einmal die Beschreibung Ihres idealen Lebens aus der Vorbereitungsphase durch. Richten Sie Ihre gesamte Aufmerksamkeit auf Ihr Ziel.

Klangkugeln

Für den nächsten Schritt benutzen Sie am besten ein Paar Klangkugeln. Das sind Metallkugeln, die ein angenehmes Klingeln von sich geben, wenn man sie in der Hand bewegt. Die Chinesen benutzen sie für Heilungen und bewegen die Kugeln in einer Hand umeinander herum. Mayakugeln aus Südamerika eignen sich jedoch für unsere Zwecke besser; meine Kugeln stammen aus Bali und haben einen Durchmesser von ungefähr 40 Millimetern.

Setzen Sie sich ruhig hin, halten Sie eine Kugel in der Hand, und atmen Sie regelmäßig. Richten Sie Ihre Aufmerksamkeit auf Ihr Herz, und lassen Sie die Liebe von dort in Ihren ganzen Körper fließen, durch die Arme und Hände in die Kugel hinein. Füllen Sie die Kugel mit Liebe.

Stellen Sie sich nun vor, wie alles, was Sie schon immer wollten, sich von nun an in Ihrem Leben manifestiert. Wenn Sie als Haushaltsvorstand fungieren, arbeiten Sie auch die Wünsche und Bedürfnisse der anderen Bewohner mit in das Bild hinein. Schaffen Sie diese Vorstellung so stark und klar, wie Sie nur können. Fügen Sie Gerüche und Gefühle hinzu, wenn Sie können, und gehen Sie sicher, daß Sie sich mit einbeziehen, wie Sie gesund, erfolgreich und glücklich in der neuen Situation leben. Versichern Sie sich, daß Ihnen Ihr höheres Selbst bei der Verwirklichung Ihrer Wünsche helfen wird, damit Sie den Zweck erfüllen, für den Sie hier sind. Wenn Sie sich nicht sicher sind, was das ist, dann bitten Sie um mehr Klarheit. Schließen Sie mit den Worten: »Das oder etwas Besseres möge sich nun zum Wohle aller hier manifestieren!«

Nehmen Sie nun die Klangkugel in die Hand, und machen Sie sich auf den gewohnten Weg durch das Haus. Ihre letzte Tour, versprochen! Es ist wichtig, daß Sie die Konzentration aufrechterhalten, damit die Energie nicht abnimmt. Bewegen Sie die Kugel in Ihren Händen. Sie können noch weitere Kugeln hinzufügen, das gibt einen reicheren Klang. Ich benutze im allgemeinen drei, und das Geklingel hört sich an, als wären Tausende von Feen an der Arbeit.

Während Sie von Raum zu Raum gehen, stellen Sie sich vor, wie sich das Haus mit wunderbaren Kaskaden des Lichts aus den Kugeln füllt, und atmen Sie Ihr neues Leben tief ein. Wenn Sie wieder an Ihrem Ausgangspunkt sind, wird Ihr Zuhause mit einem Ziel programmiert sein.

Ich habe herausgefunden, daß Visualisierung in Verbindung mit Klangkugeln besser funktioniert als nur die Vorstellung allein, da Sie so nämlich auch noch einen körperlichen Reiz haben, wenn Sie die neue Energie in die Wohnung holen. Wenn Sie Kinder haben, geben Sie ihnen eine Kugel und lassen Sie sich helfen. Ihre Kinder werden es lieben.

Wenn Sie keine Klangkugeln haben, benutzen Sie alternativ kleine Glöckchen. Sie können auch einfach Ihre Hände nehmen und sich darin eine leuchtende Kugel vorstellen. Seien Sie kreativ!

Space-Clearing-Tips

Eine Nacht in Kalkutta

Eines meiner aufregendsten Space-Clearing-Erlebnisse fand während meiner Rucksackferien in Indien statt. Ich verbrachte eine Nacht in einem Hotel in Kalkutta. Auf dem Boden des Zimmers lagen einige tote Kakerlaken, und es lief mir kalt den Rücken herunter, wenn ich nur an ihre lebenden Artgenossen dachte. Da fiel mir etwas ein: Kakerlaken bevölkern die tiefsten Ebenen des Astrallichtes, deswegen finden wir sie auch so abstoßend. Wenn ich also das Energieniveau meines Zimmers anheben könnte, würden sie sich nicht mehr hierhergezogen fühlen. Ich stand auf, entzündete viel Weihrauch, reinigte psychisch den ganzen Raum, hob die Energie etwas an, legte Schilde um alles und ging zu Bett. Ich schlief immer noch mit einem offenen Auge, aber in der ganzen Nacht ließ sich nicht eine Schabe blicken.

Ich dachte zunächst, daß sowieso keine lebenden Kakerlaken da seien, als ich am nächsten Morgen mein Zimmer verließ. Weil ich eine ordentlich Person bin, drehte ich mich in der Tür um, um den Schild, den ich errichtet hatte, wieder zu löschen. Plötzlich kam aus dem Nirgendwo ein ganzer Pulk von Schaben und lief zwischen meinen Füßen hindurch in das Zimmer, während ich mir meinen Rucksack griff und in die andere Richtung flüchtete.

Ich habe seitdem diesen Trick in allen tropischen Ländern angewandt und schlafe immer ruhig und ungestört. Australische Freunde wundern sich immer, daß ihre Schaben verschwinden, wenn ich mich bei ihnen einquartiere, und wiederauftauchen, wenn ich gegangen bin.

Space Clearing für Reisende

Ich hatte etwas zum Räuchern zur Hand, als ich damals in Kalkutta war, aber ich hatte sicherlich keine Glocken oder andere Werkzeuge. Was ich hatte, war eine gute Vorstellungsgabe und den Willen zu improvisieren. Wenn Sie viel reisen, stellen Sie sich doch ein kleines Set für Notfälle zusammen, bestehend aus einer Kerze, etwas Salz, ein paar Räucherstäbchen, einer kleinen Glocke und vielleicht etwas Weihwasser. Sie finden überall Blumen, Obst oder zur Not auch Münzen, die Sie als Opfergabe verwenden können.

Kontrollieren Sie regelmäßig Ihr Zuhause

Beim ersten Space Clearing ist es einfach, als gönnten Sie Ihrem Haus einen gründlichen Frühjahrsputz. Aber genau wie Fegen und Wischen muß auch ein Space Clearing ab und zu wiederholt werden.

Einige Häuser stauen negative Energie schneller an als andere; das ist von Ihrem Feng Shui abhängig. Ich schlage vor, daß Sie einmal im Monat mit sensibilisierten Händen durch das Haus gehen und die Atmosphäre überprüfen.

Wenn Sie unbedingt wollen, können Sie Ihr Haus jede Woche der gesamten Zeremonie unterziehen, aber das wird kaum nötig sein. Bessern Sie einmal pro Monat etwas aus, und frischen Sie von Zeit zu Zeit die Energie auf.

Ausbessern

Sie werden dafür ein Kerzenopfer mit Blumen, etwas Weihwasser, eine Glocke und etwas Weihrauch brauchen. Stellen Sie Ihr Opfer im Zentrum des Hauses auf (es muß nicht das räumliche Zentrum sein, sondern mehr ein Platz, von dem aus Sie sich mit den Energien des Hauses verbinden können), und entzünden Sie die Kerze und die Räucherung. Versprengen Sie etwas Weihwasser, und rufen Sie Ihre unsichtbaren Helfer, wenn Sie wollen. Gehen Sie einmal herum, klatschen Sie alles aus, und gehen Sie ein zweites Mal mit der Glocke hinterher. Erneuern Sie dann die Schilde, und frischen Sie die Vorstellung der reinen Energie auf.

Auffrischen der Energieatmosphären

Sie können die Energieatmosphäre einfach auffrischen, indem Sie etwas schöne Musik spielen oder eine Mischung aus Wasser und Lavendelöl versprühen. Wählen Sie einfach die Techniken aus dem folgenden Teil aus, die Ihnen zusagen.

Space-Clearing-Checkliste

Vorbereitung

1. Führen Sie kein Space Clearing durch, wenn Sie sich ängstlich oder bedrückt fühlen. Diese Praktiken sind absolut sicher, aber für den täglichen Gebrauch entwickelt und kein Exorzismus. Überlassen Sie das den Profis.
2. Holen Sie sich eine Erlaubnis, wenn Sie die Räume von anderen reinigen wollen.
3. Wenden Sie diese Praktiken nur an, wenn Sie sich fit, gesund und emotional ausgeglichen fühlen.
4. Machen Sie kein Space Clearing, wenn Sie schwanger sind, menstruieren oder eine offene Wunde haben.
5. Nehmen Sie sich die Zeit zu überlegen, was Sie erreichen möchten. Wenn Sie Ihr Zuhause mit anderen teilen, beziehen Sie sie mit ein.
6. Machen Sie sauber, fegen, saugen und wischen Sie, und werfen Sie allen Müll und Plunder weg.
7. Nehmen Sie ein Bad oder eine Dusche, oder waschen Sie sich zumindest Hände und Gesicht.
8. Schließen Sie alle Lebensmittel weg.
9. Legen Sie allen Schmuck und alle Metallgegenstände ab, und arbeiten Sie möglichst barfuß.
10. Arbeiten Sie allein, es sei denn, die anderen verstehen, was Sie tun.
11. Arbeiten Sie im stillen und ohne Musik. Stellen Sie alle Ventilatoren und Klimaanlagen ab.
12. Öffnen Sie Türen und Fenster.
13. Suchen Sie einen Kraftort, und stellen Sie Ihre Werkzeuge dort auf.

14. Krempeln Sie die Ärmel hoch, und sensibilisieren Sie Ihre Hände.

Die grundlegende Space-Clearing-Zeremonie

1. Nehmen Sie sich Zeit, sich mit dem Ort zu verbinden. Stellen Sie sich vor, und machen Sie Ihr Vorhaben klar.
2. Beginnend bei der Eingangstür, gehen Sie herum, und erfühlen Sie die Energie des Hauses. Nutzen Sie all Ihre Sinne.
3. Entzünden Sie Kerzen und Weihrauch, versprengen Sie Weihwasser, und rufen Sie die Hüter des Hauses, die Geister der Elemente, Engel oder was immer Ihnen angemessen erscheint.
4. Klatschen Sie alle Ecken aus, und waschen Sie sich dann die Hände (wichtig!).
5. Reinigen Sie den Ort mit Glocken.
6. Errichten Sie Ihre Schilde.
7. Erfüllen Sie den Raum mit Liebe, Licht und guten Wünschen.

Wichtige Anmerkung

Diese Techniken dienen nur dem persönlichen Gebrauch. Um sie professionell anwenden zu können, benötigen Sie mehr Informationen. Die meisten Menschen sind sehr mit ihrem Zuhause verbunden, und wenn sie für andere arbeiten, müssen sie wissen, wie sie mit fremden Informationen und Energien umzugehen haben. Abgesehen von den karmischen Problemen, die Sie sich aufbürden, wenn Sie im Leben anderer Menschen herumpfuschen, gefährden Sie auch Ihre und deren körperliche und geistige Gesundheit. Bitte verwenden Sie dieses Wissen mit Verantwortung.

TEIL II
METHODEN DER REINIGUNG

8. *Reinigung durch Klang*

In diesem Teil des Buches werde ich nun mehr auf die verschiedenen Reinigungsmethoden mit Geräuschen, Klängen und den Elementen eingehen. Sie werden hier noch detailliertere Informationen zum Space Clearing finden und weitere Möglichkeiten der Reinigung, die Sie dann Ihrem Ritual hinzufügen können oder mit denen Sie andere Schritte ersetzen, wenn Sie mehr Erfahrung gesammelt haben.

Klatschen

Die Chinesen wußten schon immer, wie man richtig klatscht. Das chinesische Theater wurde nicht wie unsere westlichen Bühnenkünste geschaffen, um die Massen zu unterhalten, sondern um die Gegenwart der Götter herbeizurufen. Die Zuschauer klatschten nie am Ende eines Stückes, sondern verließen die Spielstätte schweigend, denn sie wollten etwas von der Essenz der Götter mit sich nehmen. Allerdings wurde vor dem Beginn der Aufführung kräftig geklatscht, um die Atmosphäre zu reinigen.

In Japan gibt es noch heute eine Reinigungszeremonie, bei der mit einem Schwert die Energie aus den Ecken verscheucht wird. Ich selber habe mit Schwertern und Stäben experimentiert und muß sagen, daß sie relativ gut funktionieren, besonders, wenn man noch Energie durch die Hände in den Gegenstand schickt. Für ältere Menschen oder solche, die aus anderen Gründen Probleme mit dem Klatschen haben, ist ein Schwert oder ein spitzer Stab eine gute Alternative – obwohl ich sagen muß, daß Klatschen effektiver und gründlicher ist. Außerdem braucht man zum Klatschen keine zusätzlichen Hilfsmittel, und ich wäre sicherlich schon ein paarmal in Bedrängnis geraten, wenn ich zu Space Clearings ins Ausland mit einem großen Schwert auf dem Rücken geflogen wäre.

Einige Leute haben schon die fantastischsten Anwendungen für ein reinigendes Klatschen gefunden. Ein Mann zum Beispiel war mit einem Wagen geschlagen, der mit schönster Regelmäßigkeit den Geist aufgab. Auf einen eigenen Impuls hin beschloß er, seinen Wagen gründlich auszuklatschen, und schrieb mir dann mehrere Monate später, daß das Auto seitdem einwandfrei funktioniere. »Sie haben mir eine Menge Reparaturkosten erspart«, fügte er hinzu.

Wenn Sie einmal Ihre eigenen Energien auffrischen wollen, klatschen Sie doch Ihre Aura aus. Achten Sie besonders auf die Bereiche über dem Kopf und unter den Füßen. Wenn Sie sich etwas »neben sich« fühlen, hilft auch manchmal einfach ein kräftiges Schnipsen in beide Ohren.

Trommeln

Die meisten schamanistischen Rituale bedienen sich der Trommel. Für ein Space Clearing können Sie Trommeln genauso nutzen wie das Klatschen. Denise Linn hat daraus fast eine Kunst gemacht, und in ihrem Buch *Die Magie des Wohnens* gibt sie detaillierte Informationen zum Trommeln.

Rhythmusinstrumente und Tröten

Mit den Jahren hat sich bei mir eine beachtliche Zusammenstellung verschiedenster Geräuscherzeuger angesammelt, die man zum Space Clearing einsetzen kann. Darunter sind Klanghölzer, die man zusammenschlägt, Rasseln, Klappern und verschiedene Tröten. Die ausgefallenste von ihnen stammt aus einer Packung Frühstücksflocken und erntet auf meinen Workshops immer ein paar Lacher. Diese Tröte klingt wie Donald Duck, und ich habe herausgefunden, daß sie sich hervorragend eignet, um schlechte Schwingungen nach einer Auseinandersetzung aus einem Raum zu vertreiben.

Glocken

Die Schwingungen einer guten Glocke können Energien auflösen, was mit einfachem Klatschen nicht zu erreichen war, und sie schaffen einen heiligen Kreis aus Klang, der die Atmosphäre noch lange rein hält. Mir wird oft von Klienten, deren Haus ich gereinigt habe, gesagt, daß sie den Klang meiner Glocke noch Wochen später zu hören glauben. Die christliche Sitte, am Sonntagmorgen die Glocken zu läuten, ist ein Beispiel für eine solche Reinigung im großen Stil. Ich glaube, daß diejenigen, die diesen Brauch einführten, sich seiner Wirkung bewußt waren.

Ich liebe Glocken und sammle sie seit zwanzig Jahren. Als ich mit dem Space Clearing anfing, benutzte ich jede Glocke, die mir in die Hände fiel, aber heute bin ich, was Glocken angeht, gewissermaßen eine »Feinhörerin«.

Meine balinesische Priesterglocke

Diese Geschichte ist so einzigartig, daß ich denke, ich sollte sie im ganzen erzählen. Ich war gerade drei Wochen auf Bali, als ich zu einer Einäscherung eingeladen wurde. Die Zeremonie war beeindruckend: Alle Gäste waren in ihren besten Sarongs gekommen, und es herrschte eine gelöste, fast fröhliche, feierliche Stimmung, die ihren Höhepunkt erreichte, als Feuer an den geschmückten Holzstoß neben dem Tempel gelegt wurde.

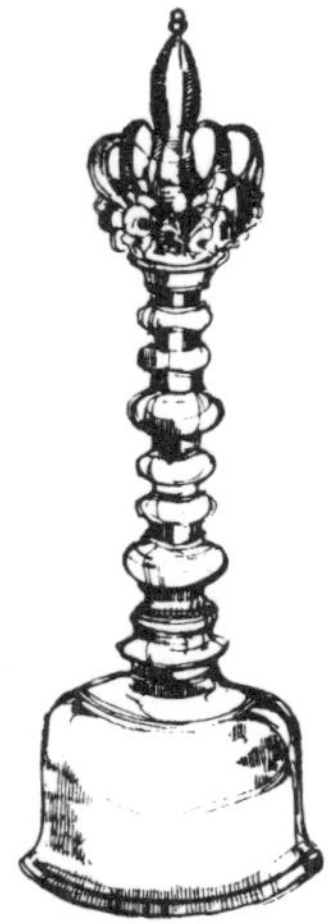

Eine balinesische Priesterglocke

In der Nähe konnte ich immer wieder eine Glocke hören, die den reinsten Klang hatte, den ich je vernommen hatte. Ich mußte wissen, was das war, und so machte ich mich auf die Suche und fand eine alte Priesterin, die an einem Tisch saß. Vor ihr lagen Opfer aus Blumen, Früchten und brennenden Räucherstäbchen, und sie versprengte mit einem Grasbüschel etwas Wasser, während sie heilige Mantras murmelte.

Als ich mich näherte, nahm sie ihre Glocke auf und begann sie gleichmäßig zu läuten, sprach dazu weitere geheimnisvolle Mantras und opferte ihren Mächten. Ich sagte zu meinem einheimischen Freund, der mich an diesen Ort eingeladen hatte, daß ich unbedingt eine solche Glocke haben wolle. Er lächelte, stolz darüber, daß mir die Glocke so gut gefiel, aber teilte mir trotzdem so höflich wie irgend möglich mit, daß ich die ganze Sache vergessen solle, da solche Glocken nur für Priester und Priesterinnen gemacht würden.

In den folgenden Tagen sprach ich mit verschiedenen balinesischen Freunden über meinen Wunsch, doch alle gaben mir die gleiche Auskunft. Sie alle sprachen mit Zurückhaltung von den magischen Kräften der Glocke, was meinen Wunsch nur bestärkte.

Ich begann mit einigen Affirmationen und Gebeten und fragte weiterhin jeden, der mir über den Weg lief. Schließlich traf ich auf wunderbare Weise einen Priester, der mich genau verstand. Er schickte mich zu einem Ort, der eine Tagesreise entfernt lag, aber das war mir egal. Ich war bereit, diese Reise sooft wie nötig zu machen, um meine Glocke zu bekommen. An diesem Ort wurde ich dann zu einer Familie von Glockenmachern gebracht.

Es folgte eine Reihe von Besuchen bei dieser Familie, die sich über ein ganzes Jahr erstreckten. Sie lernten mich kennen, und ich lernte sie kennen. Ich sprach über meine Space-Clearing-Arbeit und warum ich eine Glocke brauchte und lernte, daß die Glockenmacher zu den respektiertesten Handwerkern auf Bali gehören und nur aus einer bestimmten Kaste, der der Pandé, stammen. Sie erzählten mir, daß der Griff der Glocken aus Messing sei, der Klangkörper jedoch aus Bronze, legiert mit 22karätigem Gold. Die Herstellungsart ist seit Jahrhunderten in der Familie überliefert.

Die Arbeit an einer Glocke beginnt zu Vollmond und dauert zwei Monate, während denen verschiedene Götter gebeten werden, ihren Segen zu geben. Wenn die Glocke fertig ist, muß der Priester oder die Priesterin sie erst an einem bestimmten Tag weihen, bevor er oder sie sie benutzen kann. Die Qualität der Glocke ist so hoch, daß sie theoretisch täglich ununterbrochen von dem Priester und seinen Nachfahren jahrhundertelang geläutet werden könnte.

Als ich glaubte, den richtigen Zeitpunkt abgewartet zu haben, fragte ich die Glockenmacher, ob sie mir eine Glocke anfertigen würden, und sie sagten zu meiner großen Freude zu. Der Priester, der mir den Weg gewiesen hatte, vollzog die Weihe für mich, und ich habe die Glocke seitdem fast täglich im Gebrauch.

Glocken für das Space Clearing

Bis vor kurzem stand ich vor dem großen Problem, keine Glocken wirklich empfehlen zu können. Ich hatte kein gutes Gefühl dabei, Workshops zu halten und den Leuten Glocken zu geben, die ich selbst nicht verwenden würde.

Ich habe dieses Problem mit den balinesischen Glockenmachern besprochen und sie gefragt, ob sie eine einfachere Glocke mit dem gleichen hervorragenden Klang herstellen könnten. Wir entwarfen gemeinsam eine Glocke mit einem Holzgriff, die sich bestens für das Space Clearing und Reinigen der Chakren eignet.

Chakrenreinigung mit Glocken

In meinen Workshops demonstriere ich die Wirkung von Glocken gern durch eine Chakrenreinigung. Ich lasse eine Person auf einem Stuhl sitzen und sich entspannen und stelle mich selbst seitlich dazu. Die Glocke positioniere ich ungefähr 15 Zentimeter vom Basischakra der Person entfernt. Als nächstes bitte ich die Person, einen tiefen Atemzug zu nehmen, als ob sie bis zu ihren Zehen atmen wolle. Während sie weiteratmet, versuche ich mit ihr synchron zu atmen. Auf ein Ausatmen läute ich die Glocke und bringe sie am zentralen Meridian des Körpers meiner Testperson klingend aufwärts. In einem Abstand von 15 Zentimetern folge ich den Körperkonturen vorbei am Solarplexus, dem Herzen, dem Hals bis etwa 30 Zentimeter über den Kopf. Dort drehe ich die Glocke etwas, als ob ich die Aura mit einem Schlüssel verschließen wollte.

Oftmals wiederhole ich diese Prozedur zwei- bis dreimal, aber mir ist noch niemand begegnet, der mehr als drei Wiederholungen brauchte, um sich danach wieder zentriert zu fühlen.

In meinen Workshops habe ich oftmals eine ganze Reihe Menschen vor mir sitzen, und nachdem ich mit dem dritten oder vierten fertig bin, wird das Publikum oft vor Überraschung unruhig, wenn sie merken, daß die Glocke bei jeder Person anders klingt. Die Glocke wird leiser und lauter, entsprechend dem Zustand des Chakras, über das ich fahre. Wenn die Person in guter Verfassung ist, klingt die Glocke rein und klar bis zum Kopf durch. Sind jedoch Unstimmigkeiten vorhanden, dann ändert sich auch der Ton immer wieder. Nach dem zweiten oder dritten Durchgang jedoch wird der Klang im wahrsten Sinne des Wortes »glockenrein«.

Sie können auch Ihre eigenen Chakren mit der Glocke reinigen. Stellen Sie sich hin oder setzen Sie sich, ganz wie es Ihnen gefällt. Achten Sie jedoch darauf, daß Sie nur eine sehr gute Glokke verwenden, da Sie sonst mehr Schaden als Nutzen anrichten.

Die schönste Erfahrung mit dieser Technik hatte ich mit einem sehr schüchternen Jungen, der erst einmal weglief und sich unter einem Tisch versteckte, als ich im Haus seiner Eltern eintraf. Als ich jedoch meine Werkzeuge auspackte und mit dem Space Clearing begann, wurde er immer neugieriger, und am Schluß hatte ich dann einen Assistenten, der mir mit den Klangkugeln half. Er kümmerte sich um alle Bereiche unter den Tischen und Stühlen, und ich nahm mir die oberen Zonen der Zimmer vor. Als ich schließlich die Chakren seiner Eltern reinigte, fragte ich ihn, ob er das auch wolle. Er nickte und bestieg den Stuhl. Nachdem ich fertig war, sprang er wortlos auf und lief hinauf in sein Zimmer, nur um kurz danach mit seinem wertvollsten Besitz wieder zu erscheinen, seiner Kuscheldecke. Zu meiner Verwunderung legte er sie auf den Stuhl und sah mich erwartungsvoll an. Er wollte, daß ich seine Kuscheldecke reinigte. Ich hatte zwar noch nie eine Decke ausbalanciert, aber ich tat mein Bestes. Es war mir eine Ehre und ein Vergnügen, und es bewegte mich tief.

Zimbeln

Sie können auch Zimbeln zum Space Clearing verwenden, aber die Technik ist dann etwas anders. Schlagen Sie die Zimbeln zusammen, und dann bewegen Sie sie auf und ab, um die Wand in ihrem Klang zu baden. Wenn Sie an Ihrer Ausgangsposition wieder angekommen sind, gehen Sie in die Mitte des Raumes, um dort die Energie wieder zu balancieren.

Klangschalen

Klangschalen eignen sich nicht so gut zum Reinigen der Räume, sind aber hervorragend, um später einen Kreis aus Licht und Liebe zu ziehen. Am besten wirken sie allerdings, wenn Sie damit die Chakren reinigen.

Gongs

Gongs sind zwar schwerer zu tragen, dafür ist ihre Wirkung aber umwerfend. Gongs sind tief und kraftvoll und alt. Wenn Sie einen gut zugänglich positioniert haben, werden nur wenige Menschen der Versuchung widerstehen können, ihn zu schlagen.

Der Klang eines Gongs hallt in jedem Teil das Raums wider und ist unglaublich reinigend und stärkend.

Windspiele

Der leichte Klang von Windspielen ist nur von geringem Wert für ein Space Clearing, aber sie sind hervorragend, um später eine leichte Atmosphäre zu erhalten. Hängen Sie sie jedoch am besten gemäß den Feng-Shui-Regeln auf, um ihren vollen Nutzen erfahren zu können (siehe auch Kapitel 16).

Musik

Musik ist gut geeignet, um die Atmosphäre etwas aufzufrischen. Werden Sie sich des Effektes bewußt, den Musik auf Sie hat, besonders, wenn die Musik mit Text unterlegt ist. Sprache hat einen großen Einfluß auf unser Unbewußtes, und negative Texte, die Sie sich immer wieder vorspielen, werden bei Ihnen früher oder später auch ein negatives Gedankenmuster erzeugen.

Chanten und Singen

Der Gebrauch der eigenen Stimme ist für viele Menschen ein wichtiges Instrument beim Space Clearing, denn der Ton kommt ohne Umwege direkt aus Ihnen.

Viele Menschen finden es am einfachsten, mit Chanten zu beginnen. Suchen Sie sich ein Mantra, das Ihnen nützlich erscheint, und wiederholen Sie es immer und immer wieder. Viele Mantren sind auf Sanskrit verfaßt, der wohl ältesten Sprache der Welt. Selbst wenn Sie die Sprache nicht verstehen, scheinen doch die Laute allein schon Veränderungen in Ihnen und um Sie herum auszulösen.

Gesang ist ein anderes gutes Mittel, eine Atmosphäre zu heben. Haben Sie schon einmal versucht zu singen, wenn Sie sich schlecht fühlten? Es ist das letzte, woran Sie denken würden, aber wenn Sie sich gut fühlen und aus dem Herzen heraus singen, dann erfüllen Sie den Raum um sich mit Freude.

Summen

Summen und einfache Töne haben zwar oft nicht die Struktur und Ordnung eines Liedes oder Mantras, aber sie sind für sich unglaublich kraftvoll. Ich glaube sehr daran, daß einfache Töne in Zukunft mehr und mehr Verwendung finden werden, nicht nur im Space Clearing, sondern auch in anderen Heilmethoden.

Töne kommen aus Ihrem tiefsten Inneren. Wenn die Situation, in der Sie dieses Buch lesen, es zuläßt, nehmen Sie einen tiefen Atemzug, und machen Sie jetzt gleich einen Ton! Lassen Sie ihn aus sich heraus, laut, stark und natürlich. Verändern Sie den Klang mit Ihren Lippen, und experimentieren Sie mit Tonhöhe und Lautstärke. Das ist Ihr eigener Klang.

Wenn Sie einen Raum mit Ihren Tönen reinigen und harmonisieren wollen, müssen Sie sich zunächst mit ihm verbinden. Dann machen Sie einfach einen Ton, der Ihnen richtig erscheint. Sie können auf die gleiche Weise auch noch andere Objekte reinigen. Legen Sie Ihre Hände zu einem Trichter an den Mund, und rufen Sie Ihren Ton in oder auf den Gegenstand. Bei großen Stükken werden Sie sich ein bißchen bewegen müssen, um die ganze Fläche abzudecken. Bei sehr kleinen Gegenständen reicht es, wenn Sie sie in der Hand halten und darauf singen.

9. Reinigung durch Erde, Wasser, Luft und Feuer

Bei Feng Shui geht es um ein Leben in Harmonie mit unserer Umwelt, mit den vier Urelementen Erde, Luft, Feuer und Wasser. Traditionelle Kulturen sind sich der ehrfurchtgebietenden Macht dieser Elemente sehr wohl bewußt und streben danach, die Segnungen der Luftsylphen, der Wasserundinen, der Erdgnome und der Feuersalamander herbeizurufen, die allesamt in verschiedenen Weltgegenden unter verschiedenen Namen bekannt sind. Diese unsichtbaren planetaren Lebensformen empfinden die groben heißen Vibrationen der Elektrizität, die wir für unsere Maschinen benutzen, auf die Dauer als sehr unangenehm, und dennoch halten sie sich gern nach Möglichkeit in unserer Nähe auf.

Einer der Gründe, warum so umfangreiche Vorbereitungen für das Space Clearing nötig sind, besteht darin, daß ein möglichst einladendes Umfeld geschaffen werden muß, um diese Vertreter der Elfenwelten herbeizulocken. Jeder Naturgeist wirkt in seinem eigenen Element, und dieses Kapitel liefert eingehendere Informationen über die verschiedenen Reinigungsmethoden, durch die sie wirken können.

Beachten Sie bitte, daß die Läuterung durch die vier Urelemente nicht mit der klassischen Fünf-Elemente-Theorie der Chinesen zu verwechseln ist, die man in anderen Bereichen des Feng Shui für Wahrsagungszwecke verwendet.

Reinigung durch Erde

In vielen Tempeln müssen Besucher ihre Schuhe ausziehen, bevor sie eintreten. Teilweise geschieht dies, damit niedere unreine Energien draußen bleiben, teilweise aber auch, damit die mächtigen Erdenergien des betreffenden Ortes durch die Füße eindringen und die Körper ausfüllen können. Ein tiefer Instinkt treibt uns auf Pilgerfahrten zu diesen geheiligten Stätten, um dort in Verbindung mit der uralten Heilkraft der Erde und den Erkenntnissen, die an den heiligen Orten gespeichert sind, zu treten. Ohne eine Berücksichtigung der Elemente von Mutter Erde wäre keine Reinigungszeremonie vollständig.

Blumen

Im Abendland schenken die Männer Blumen nur ihren Liebsten, aber auf Bali werden Blumen nur den Göttern gereicht: Am späten Nachmittag werden überall auf der Insel Stände eröffnet, in denen ganze Haufen von frisch gepflückten Blumenblüten in hübschen Kokosblätterkörben feilgeboten werden, die für Opfergaben an Haushaltsaltären und in Tempeln verwendet werden. Man opfert der Erde ihre schönsten Früchte.

Blumen sind wesentliche Bestandteile eines jeden Space Clearing und von Weihezeremonien. Verwenden Sie immer frische Blumen, und pflücken Sie sie, sofern möglich, eigenhändig von einer lebenden Pflanze. Denken Sie daran, die Pflanze vorher um Erlaubnis zu fragen.

Im Alltagsleben tragen die Aromen, Farben und unterschwelligen Botschaften von Blumen zu der Wirkung bei, die sie auf einen Raum haben können. Ein schöner Strauß Schnittblumen oder eine hübsche blühende Topfpflanze werden jede Atmosphäre verbessern und aufhellen.

Steine

Eine ganz einfache Methode, nach dem Space Clearing Energie zu verankern, besteht darin, in alle Ecken des Raumes Steine zu legen. Im allgemeinen ziehe ich runde Steine vor, wie man sie in einem Flußbett oder an einem Strand findet. Sie stellen sich dabei vor, daß die Steine die Energie an Ort und Stelle halten (ganz so, als ob Sie eine Zeltplane beschweren, damit sie nicht im Wind davongeweht wird).

Pailletten

Anstelle von Steinen kann man auch große Pailletten verwenden, die edler aussehen und sich leichter transportieren lassen. Wenn ich einen Workshop abhalte, lege ich ab und zu, falls ich dazu das Bedürfnis verspüre, Pailletten in die Ecken des jeweiligen Raumes. Sie halten die Energie fest und bewahren ihre Kraft. Ich verwende dabei Pailletten mit einem Durchmesser von etwa 2,5 Zentimetern und in verschiedenen Farben. Für eine breitgestreute Wirkung verwende ich unter Umständen verschiedene Farben in verschiedenen Ecken oder aber eine Farbe für alle Ecken, um eine bestimmte Frequenz anzusprechen.

Salz

In den Weltmeeren gibt es genug Salz, um sämtliche Kontinente mit einer 150 Meter dicken Schicht zu bedecken. Sämtliche Weltkulturen verwenden Salz als machtvolles Läuterungsmittel. In Europa war es früher üblich, vor dem Schlafengehen eine Prise Salz zur Tür hinauszuwerfen, um sich während des Schlafs zu schützen. In einigen Gegenden Ägyptens werden zu Beginn des Monats Ramadan, in dem sich die Moslems läutern, indem sie von Sonnenaufgang bis Sonnenuntergang fasten, sämtliche Fußböden eines Hauses mit Salz bestreut. Einige Ringer werfen Salz, um den Kampfplatz energetisch zu läutern, bevor sie beginnen. In der englischen Sprache verwenden wir den Ausdruck, daß jemand sein Salz wert (*worth his/her salt*), also tüchtig und fähig ist, und etwas sehr Wichtiges nennen wir »das Salz der Erde«.

In der Naturheilkunde wird Salz wegen seiner starken antiseptischen Wirkung ebenfalls hochgeschätzt.

Das für Space Clearing am besten geeignete Salz ist unraffiniertes Meersalz oder Steinsalz, und es muß bis zu seiner Anwendung in einem geschlossenen Behälter aufbewahrt werden. Sobald Salz der Luft ausgesetzt ist, nimmt es Verunreinigungen aus der Atmosphäre auf.

Ich liebe das Gefühl von Salz in meinen Händen, und ich verwende es auf vielerlei Arten. Zur Verstärkung des grundlegenden Space-Clearing-Verfahrens lege ich zunächst eine Salzlinie über jede Schwelle und achte dabei besonders auf den Vordereingang. Danach gehe ich durch den Raum, klatsche in die Hände und tue die anderen Dinge, die nötig sind. Für intensivere Säuberungen lege ich Salz in jede Ecke und in die Mitte eines jeden Raumes (Sie können es auch in kleinen Schalen dort aufstellen). Für sehr tiefgehende Reinigungen streue ich überall Salz aus.

Man sollte es am besten 24 Stunden liegenlassen, und dann kann es zusammengefegt oder mit dem Staubsauger aufgesaugt werden. Die Salzschalen sollten ebenfalls 24 Stunden stehenbleiben, und wenn Sie besonders viel verstockte Energie geklärt haben, ist es manchmal hilfreich, das Salz in den Schalen etwa eine Woche lang jeden Tag zu wechseln. Salz wird am besten dadurch entfernt, daß man es ins Meer oder in einen Fluß wirft, wenn man zufällig in der Nähe lebt; wenn Sie im Inland leben, spülen Sie es einfach die Toilette hinunter. Nach der Verwendung für ein Space Clearing sollte es unter keinen Umständen zum Kochen verwendet werden!

Wenn Sie ein Zimmer in Ihrem Haus für Heilungen und Meditationen nutzen, können Sie dort ständig eine Schale Salz stehen haben, aber denken Sie daran, es täglich zu erneuern. Sobald Salz mit Unreinheiten gesättigt ist, kann es die Vibration eines Raumes eher dämpfen als erhöhen. Sie können auch eine Salzschale neben Ihrem Bett aufstellen oder einen Salzkreis um Ihr Bett ziehen, um Ihre Schlafqualität zu verbessern.

Kristalle

Bei den Kristallarten, die für Erdreinigungen verwendet werden, handelt es sich um unpolierte Mineralien, wie sie aus der Erde kommen – nicht um die künstlich hergestellten Regenbogenbleikristalle (die makellosen geschliffenen Diamanten ähneln wollen), die im allgemeinen im Feng Shui benutzt werden.

Sie können Kristalle darauf »programmieren«, Energie zu verankern und zu reinigen, um hochgradige Atmosphären in Ihrem Zuhause aufrechtzuerhalten. Zuerst müssen Sie Ihren Kristall reinigen, indem Sie ihn in heiligem Wasser oder aufgeladenem Wasser waschen (siehe Seite 151), bei dem kein Salz verwendet worden ist (Salz kann bei Kristallen Schäden hervorrufen). Eine weitere Methode wäre die, den – zuvor in Seide eingeschlagenen – Kristall in trockenem Meersalz einzulegen oder ihn für eine bestimmte Zeit in der Erde zu vergraben (für gewöhnlich reicht ein Zeitraum von zwischen einer Stunde und einem Tag). Sie können auch reines, vibrierendes weißes Licht visualisieren, das den Kristall reinigt, Sie können sich auf ihn einstimmen, und Sie können alte Frequenzen aus ihm »herauspusten«. Verwenden Sie die Methode, die Ihnen am besten erscheint.

Um einen Kristall zu programmieren, müssen Sie sich auf seine Frequenz begeben. Reden Sie mit ihm respektvoll, freundlich und mit fester Stimme. Nehmen Sie ihn in die Hände, und sagen Sie: »Deine Aufgabe besteht darin, daß du ...« Der Kristall wird das dann für immer tun, bis Sie ihm sagen, daß er damit aufhören soll. Eine andere Art der Kristallprogrammierung besteht darin, sich bildlich vorzustellen, was er für Sie tun soll. Oder Sie können den Kristall an Ihr Herz halten und die Gefühle aus Ihrem Herzen in den Kristall fließen lassen. Ich benutze alle drei Methoden.

Bei der Anwendung von Kristallen ist die Einsicht wichtig, daß sie, genau wie Edelsteine, nie nur als Dekoration gedacht waren. Vermeiden Sie es, viele Kristalle nebeneinander auszubreiten, und vermeiden Sie besonders, sie wie einen Haufen Süßigkeiten in einer Schale zusammenzuwerfen! Jedesmal, wenn ich so etwas in einem Haus sehe, weiß ich, daß auch im Leben der Bewohner ein Durcheinander herrscht. Kristalle haben ihre eigenen spezifischen Frequenzen und brauchen ihren eigenen Platz.

Wenn Sie einen Kristall gerade nicht benutzen, reicht es für seine Deaktivierung nicht aus, ihn in einer Schublade abzulegen. Sie müssen ihn in Alufolie einwickeln (die verspiegelte Oberfläche reflektiert die Energie auf den Kristall zurück). Um die Reinheit der Kristallfrequenzen zu erhalten, wickeln Sie nur Kristalle der gleichen Art zusammen ein.

Reinigung durch Wasser

Wasser ist ein wundervolles natürliches Reinigungsmittel, und überall auf der Welt werden traditionell Pilgerfahrten zu heiligen Quellen unternommen, um das Wasser zu Heilzwecken zu nutzen. Einmal lebte ich für ein Jahr in der Nähe der Heiligen Quelle bei Malvern im englischen Worcestershire; ich befaßte mich gerade mit einer ganz besonderen Reinigungsarbeit und suchte einen Ort in der Nähe, den ich zu Fuß erreichen konnte und an dem ich Wasser jeden Tag frisch von der Quelle beziehen konnte. Dieses Quellwasser entspringt direkt dem Inneren der Erde, es schmeckt phantastisch und fühlt sich ebenso an. Das Wasser von Malvern ist berühmt dafür, daß in ihm keine Fremdstoffe enthalten sind, und die Königin von England trinkt es angeblich auf all ihren Reisen. Ich erlebte ein sehr bemerkenswertes Jahr und erfuhr eine Menge über die unglaubliche reinigende Kraft des Wassers.

Quellen für reinigendes Wasser

Für Space Clearing ist das Wasser aus einer natürlichen Quelle am besten geeignet. Wasser aus einem natürlichen Wasserfall ist ebenfalls ausgezeichnet, so auch Wasser aus unverschmutzten Flüssen und Bächen (wenn man sie findet). Seewasser ist für Reinigungszwecke nicht geeignet, weil seine Qualität eher speichernd als reinigend ist. Destilliertes Wasser und kohlensäurehaltiges Wasser aus Mineralquellen sind ebenfalls nicht zu empfehlen.

Heiliges Wasser auf Bali

Auf Bali wäre eine Zeremonie ohne heiliges Wasser nicht vollständig, und seine »Herstellung« hat sich zu einer so hochentwickelten Kunst gesteigert, daß verschiedene Arten von heiligem Wasser für alle nur erdenklichen Zwecke existieren. Das eine heilige Wasser wird verwendet, um den Körper von Krankheiten zu reinigen, eine andere Art reinigt den Geist von negativen Gedanken, eine weitere Art reinigt und weiht Häuser und so weiter.

Fred B. Eiseman führt in seinem Buch *Bali-Sekala & Niskala* aus:

> »Es gibt viele Arten und Kraftstufen von heiligem Wasser, die sich in der Art ihrer Herstellung, ihrer Herkunft und ihres Herstellers unterscheiden. Je machtvoller die Mantras sind, die bei seiner Herstellung verwendet werden, desto mehr mystische Energie ist darin enthalten. Je heiliger der Ort, von dem es stammt, desto heiliger auch das heilige Wasser selbst. Je erhabener die Stellung der herstellenden Person, desto größer ist seine magische Kraft.«

Und weiter:

> »Heiliges Wasser erfordert einen ganz besonderen Umgang und muß mit Achtung und Respekt behandelt werden. Das machtvollste heilige Wasser aus der heiligsten Quelle, das unter Verwendung der mächtigsten Mantras von dem allererhabensten Priester hergestellt worden ist, verliert seine Kraft, wenn damit achtlos oder respektlos umgegangen wird. Andererseits wird sauberes Wasser aus der Quelle einer Hausanlage, das in einem neuen Behälter im Haus eines ganz gewöhnlichen Familientempels verwahrt wird, zu machtvollem und wirksamem heiligem Wasser, sofern die darauf bezogenen Gefühle des Anwenders von angemessener Ehrfurcht geprägt sind.«

Wie man selbst heiliges Wasser herstellt

Heiliges Wasser kann man von einem Priester bekommen, wenn man eine Religion ausübt, bei dem es verwendet wird. Sie können es aber auch selbst herstellen, indem Sie zuerst einen besonderen Platz schaffen, an dem die Zeremonie abgehalten wird – das kann entweder ein ständiger Altar sein oder ein eigens dafür aufgestellter Tisch mit einem Tuch darüber. Als nächstes holen Sie zwei Schalen, die bislang noch zu keinem anderen Zweck als für Reinigungszeremonien verwendet worden sind. In die eine schütten Sie Salz, in die andere Wasser. Vor dieser Verwendung muß das Salz in einem geschlossenen Behälter verwahrt worden sein. Das Wasser sollte frisch und ohne Kohlensäure sein und entweder aus einer natürlichen Quelle oder einer frisch geöffneten Flasche stammen.

Zünden Sie Kerzen an, und verbrennen Sie Weihrauch von guter Qualität, so daß der kleine Bereich, in dem Sie arbeiten, von seinem Duft erfüllt ist. Läuten Sie eine Glocke über den Schalen mit Salz und Wasser, um ihren Inhalt zu reinigen. Dann – während die Kerzen und der Weihrauch weiterbrennen – lassen Sie Ihren Geist zur Ruhe kommen, und halten Sie gerade soweit eine Hand über jede Schale, daß Sie weder Salz noch Wasser berühren. Strecken Sie Ihre Finger aus, so daß Ihre Fingerspitzen hinab zu den Schalen zeigen. Es ist ohne Belang, wie Sie die Schalen aufstellen; konzentrieren Sie sich nur darauf, ein reiner Kanal für das pure, pulsierende universelle Licht zu sein, das durch das Scheitelchakra auf Ihrem Kopf in Sie eintritt und durch Ihre Hände in das Salz und das Wasser ausfließt. Sie können dabei möglicherweise sogar die Energie fühlen, wie sie aus Ihren Fingerspitzen strömt.

Nach einer Weile kreuzen Sie die Hände übereinander und lassen die Energie weiter durch sich fließen – auf diese Weise erhalten beide Schalen von Ihrer rechten nund Ihrer linken Hand Energie. Tun Sie das einige Minuten lang, dann läuten Sie wieder die Glocke, und während der Klang noch nachhallt, nehmen Sie eine Prise Salz und streuen sie ins Wasser, schnell gefolgt von zwei weiteren Prisen (Sie können aber auch mehr oder weniger Salz nehmen, ganz wie es Ihnen beliebt). Stellen Sie die Schale mit dem Salz zur Seite und konzentrieren Sie sich auf die Schale mit dem Wasser und dem Salz; nun benutzen Sie beide Hände, um Salz und Wasser zu energetisieren, bis Sie fühlen, wie die Energie zu Ihnen zurückprallt (für gewöhnlich reichen einige Minuten). Sie können Mantras hinzufügen, die zum Anlaß passen, und auch Mudras (heilige Handgesten), wenn Ihnen welche bekannt sind.

So stelle ich für gewöhnlich heiliges Wasser her. Andere Möglichkeiten bestehen darin, es durch Sonnenlicht oder Mondlicht mit Energie anzureichern oder es eine Zeitlang an einem geweihten Ort aufzustellen. Kombinieren Sie alle Methoden, oder verwenden Sie nur diejenige, die Ihnen am besten gefällt.

Die Aufbewahrung von heiligem Wasser

Heiliges Wasser kann auch ohne Salz hergestellt werden – doch Salz hilft wirklich, die Energieladung im Wasser zu erhalten. Am machtvollsten ist das Wasser, wenn Sie es sofort anwenden; aber wenn Sie es lagern wollen, geben Sie es in einen sauberen Behälter, der bisher noch zu keinem anderen Zweck verwendet worden ist; verschließen Sie ihn, und verwahren Sie ihn an einem besonderen Ort. Das kann zum Beispiel Ihr Altar sein, falls Sie einen haben, oder ein anderer Platz in Ihrem Zuhause, der für Sie etwas Besonderes ist. Als Zeichen des Respekts verwahren die Balinesen ihr heiliges Wasser stets auf einer erhöhten Stelle, wodurch sich seine Reinheit länger hält.

Die Anwendung von heiligem Wasser

Wunderbar ist die tägliche Verwendung heiligen Wassers für Sie selbst. Sie können sich etwas davon auf den Kopf träufeln, etwas auf die Mitte Ihrer Stirn tupfen, Ihre Schläfen, Ihre Kehle, Ihre Fußsohlen und alle anderen Körperteile, die eine Heilung oder eine Wiederbelebung nötig haben. Nach einem Space Clearing können Sie heiliges Wasser in Ihrem Zuhause versprengen, besonders über Türschwellen und in Ecken. Benutzen Sie eine Blume, um das Wasser zu verteilen. Dadurch erhält Ihr Zuhause eine unglaublich saubere, frische und geweihte Atmosphäre. Stellen Sie eine Schüssel mit aufgeladenem Salz und Wasser unter dem Bett von Kranken auf, damit sie ihre Kraft bewahren, und erneuern Sie es täglich. Diese Anwendung ist auch bei Kindern nützlich, die unter Alpträumen leiden.

Die Säuberung von Gegenständen mit heiligem Wasser

Sie können Gegenstände wie Schmuck oder abwaschbare Gebrauchsgegenstände auch mit heiligem Wasser säubern. Waschen Sie einfach den Gegenstand mit heiligem Wasser, und lassen Sie ihn von selbst trocknen. Falls der Gegenstand durch Nässe beschädigt werden konnte, schlagen Sie in Kapitel 8 nach. Wenn Sie natürlich gewachsene Kristalle säubern, verwenden Sie heiliges Wasser, in dem kein Salz enthalten ist.

Die Anwendung von Meerwasser oder von gewöhnlichem Salzwasser

Um das allgemeine Energieniveau in Ihrem Zuhause anzuheben, können Sie auch Meerwasser (bei Flut abgeschöpft) oder Salzwasser in Ihren letzten Waschgang, in das Putzwasser, das Wischwasser für Möbel und Wände, in Ihr Badewasser und dergleichen geben. Schwimmen im Meer ist ebenfalls eine wundervolle Art der Läuterung.

Das Versprühen von Wasser

Eine weitere Art, wie ich Wasser zur Wiederbelebung einer erschlafften Atmosphäre einsetze, besteht darin, mit einem Zerstäuber eine Mischung aus reinem Quellwasser und ein paar Tropfen Lavendelessenz in der Luft zu versprühen. Das hilft gegen die negative Ionisierung der Luft und fügt ihr Lavendelduft hinzu, der für seine erfrischenden Eigenschaften bekannt ist. Es baut sofort auf, und viele Therapeuten und Workshopleiter verwenden es gern zwischen den Sitzungen, um die Atmosphäre neu zu beleben.

Die Anwendung von Zerstäubern erzeugt negative Ionen, die einen Überschuß an positiven Ionen ausgleichen können, wie er in Büros und Wohnungen durch Fernsehgeräte, Computer und andere elektrische Geräte erzeugt wird. In diesem Fall sprühen Sie in Richtung des Fußbodens, damit kein Wasser in die Geräte eindringt.

Trinken Sie viel Wasser!

Denken Sie daran, vor und nach dem Space Clearing sowie bei allen anderen Aktivitäten, die Energiearbeit einbeziehen, viel Wasser zu trinken. Dadurch wird Ihr Körper gut durchspült, und Sie erzielen bessere Ergebnisse.

Ein Grund, warum die meisten von uns nicht genug Flüssigkeit zu sich nehmen, besteht darin, daß wir wenig Lust haben, das schale leblose Wasser zu trinken, das bei uns aus den Hähnen fließt, oder auch Quellwasser aus Flaschen. Instinktiv wissen wir, daß die Vitalessenz dieser Wasserarten sich zerstreut hat. Es besteht ein himmelweiter Unterschied zwischen Wasser aus dem Hahn und frischem, sprudelndem Bergquellwasser.

Um Ihr Wasser neu zu beleben und Ihr Leben prickelnder zu machen, denken Sie an einen Hinweis aus der alten Yoga-Praxis der Hindu, der Pranaisierung. Gießen Sie vor dem Trinken das Wasser mehrere Male rasch von einem Glas in das andere, um ihm neues »Leben« hinzuzufügen.

Nachts ein Glas Wasser

Zur Verbesserung Ihrer Nachtruhe stellen Sie auf einen Tisch in der Nähe Ihres Kopfes ein Glas Wasser, das Unreinheiten um Sie herum aufnimmt, während Sie schlafen. Zur erhöhten Wirkung können Sie etwas Salz hinzufügen. Trinken Sie aber das Wasser nicht, sondern schütten Sie es am nächsten Morgen weg. Wenn Sie nachts Trinkwasser in Ihrer Nähe haben wollen, bewahren Sie es in einem geschlossenen Behälter auf, zum Beispiel einer Flasche oder einem Becher mit Deckel.

Reinigungsbäder

Die Christen praktizieren das als Taufe bekannte Ritual des vollständigen Eintauchens in Wasser zum Zweck spiritueller Läuterung. Sie selbst können auch ein Läuterungsbad in Ihrem eigenen

Haus vornehmen. Sie wollen das vielleicht an einem Tag tun, an dessen Folgetag Sie keine weiteren Verpflichtungen haben; denn die besten Ergebnisse erzielen Sie dann, wenn Sie nach dem Bad 24 Stunden lang weder ein weiteres Bad nehmen noch Ihre Haare waschen.

Zuerst reinigen Sie das Bad gründlich. Verwenden Sie das Badewasser nicht wie sonst zum Waschen mit Seife, und benutzen Sie auch keine Badezutaten wie Schaum oder Öl. Dieses Bad ist nur für die spirituelle Säuberung und Läuterung gedacht. Bevor Sie in die Wanne steigen, bürsten Sie Ihre Haut mit einer trockenen Bürste ab, so daß Ihre Haut leuchtet (denken Sie daran, immer zum Herzen zu bürsten).

Während das Wasser einläuft, werden Sie sich darüber klar, was Sie freisetzen und loslassen wollen. Tauchen Sie vollständig unter, und stellen Sie sich bildlich vor, daß das Wasser Sie läutert. Bleiben Sie so lange im Bad, bis der Vorgang abgeschlossen ist; das können ein paar Minuten oder auch ein paar Stunden sein. Wenn Sie aus der Wanne steigen, lassen Sie sich von der Luft trocknen. Falls es kalt ist, steigen Sie einfach in einen Bademantel und wikkeln Sie sich ein Tuch um die Haare.

Hier einige Ideen für verschiedene Bademöglichkeiten.

Natron-/Bittersalzbäder

Natron wird beim Backen zum Aufgehen des Teigs verwendet, und Sie können es auch Ihrem Badewasser zusetzen, um Ihre Stimmung und Ihre allgemeine Gesundheit zu fördern! Eine Vierteltasse ist in etwa die richtige Menge für Ihr Badewasser. Für einen Extraschub verdoppeln Sie die Menge an Natron und fügen einen Eßlöffel Salz oder einen guten halben Liter Meerwasser und eine Tasse Bittersalz hinzu. Dieses Bad hat eine zutiefst reinigende und läuternde Wirkung. Baden Sie so heiß wie möglich, und kühlen Sie sich danach mit einer kalten Dusche ab.

Pflanzenbäder

Frische Pflanzen sind natürlich am wirksamsten, aber für die meisten Zwecke sind auch getrocknete Pflanzen gut geeignet. Geben Sie einfach ein paar Teelöffel davon in einen kleinen Teekessel, fügen Sie kochendes Wasser hinzu, lassen Sie alles etwa zehn Minuten ziehen, gießen Sie die Flüssigkeit durch ein Sieb in einen Krug und dann in das Badewasser. Es ist am besten, wenn Sie alle Pflanzenrückstände vom Badewasser fernhalten, damit nichts darin umherschwimmt. Kamille ist gut zur Entspannung und Aufmunterung, Rosmarin wirkt gegen Müdigkeit. Salbei soll zur Erlangung von Weisheit beitragen, und Ingwer ist ausgezeichnet gegen Erkältung oder Grippe.

Ölessenzbäder

Bei dieser Art von Bad nehmen Sie die heilsamen Eigenschaften der Ölessenzen direkt durch die Haut in Ihren Blutkreislauf auf und atmen das wohlriechende Aroma durch die Nase ein. Aromatherapieöle werden vielseitig angewendet, und es lohnt sich, sich mit diesem Thema zu beschäftigen, um die für Sie geeignetsten Öle zu finden. Achten Sie stets darauf, ob die von Ihnen ausgesuchten Öle auch als Badewasserzusatz geeignet sind.

Blütenessenzbäder

Hierfür können Sie beispielsweise die Bach-Blüten verwenden. Die Holzapfel-Bach-Blütenessenz ist ein guter Reiniger, und Walnuß eignet sich für psychische Läuterung ausgezeichnet. Vielleicht wollen Sie auch Australische Buschblütenessenzen versuchen.

Blütenblattbäder

Wenn Sie sich einmal etwas wirklich Gutes gönnen wollen, kaufen Sie sich große Mengen von schönen, duftenden Blumen. Behalten

Sie die Blütenblätter, und werfen Sie den Rest weg. Lassen Sie die Blütenblätter in einem Behälter mit Quellwasser treiben, damit sie frisch bleiben. Holen Sie Ihren Lebenspartner, einen Freund oder einen Heilpraktiker zu sich nach Hause, und lassen Sie sich eine wunderbar entspannende Tiefenmassage verabreichen. Lassen Sie nach der Massage ein warmes Bad einlaufen, schütten Sie die Blütenblätter hinein, und steigen Sie selbst hinterher. Lassen Sie sich so lange durchweichen, wie Sie wollen, atmen Sie das duftende Aroma der Blätter ein, und spüren Sie, wie sie sanft über Ihre Haut streichen. Reiben Sie mit einer Handvoll Blütenblätter über Ihre Haut, und nehmen Sie die Blütenessenzen auf. Solch ein Bad gehört zu den spirituell erhebendsten überhaupt. Diese Körperpflege stammt aus Indonesien, wo sie nur den Angehörigen der Königsfamilie vorbehalten war.

Energetisieren Sie Ihr Badewasser

Sie können Ihr Badewasser auf die gleiche Art wie Ihr Trinkwasser pranaisieren, indem Sie einfach mit den Händen hindurchfahren! Die meisten Kinder tun das instinktiv.

Alkohol

In einigen Kulturen ist Alkohol als »Feuerwasser« bekannt; er ist in jedem Fall ein starkes Reinigungsmittel, erfordert jedoch große Sorgfalt im Umgang, weil er feuergefährlich ist.

In China und auf Bali wird starker Reiswein als Opfergabe an die niederen Erdgeister verwendet. In westlichen Zeremonien kann Reiswein durch Rum ersetzt werden. Sie können ihn für die Verstärkung einer Weihezeremonie verwenden, indem Sie ihn auf den Boden vor Ihrem Haus und in die vier Ecken des Grundstücks schütten, auf dem Ihr Haus steht.

Reinigung durch Luft

Die Qualität der Luft ist bei der Arbeit mit Space Clearing sehr wichtig, sowohl in bezug auf ihre physikalischen, lebensfördernden Eigenschaften, als auch auf den Energiegehalt des Astrallichts. Auf die gleiche Weise, wie wir unser Blut durch das Atmen der bestmöglichen Luftqualität mit Sauerstoff versehen, müssen wir auch unsere Energiekörper mit den höchsten Ebenen des Astrallichts nähren.

Verschiedene Gerüche verbinden uns mit verschiedenen Ebenen des Astrallichts. Der üble Geruch von verrottendem Müll ist für uns sehr niedrig und störend, aber für die Geschöpfe, die die entsprechende Ebene des Astrallichts bewohnen, ist er himmlisch. Höhere Geruchsebenen bringen uns mit den höheren Ebenen des Astrallichts in Verbindung und wirken einladend auf die unsichtbaren Welten der heilenden Wesenheiten, der Elementargeister und dergleichen mehr.

Weihrauch

Weihrauch wird in den meisten Weltreligionen verwendet, weil durch ihn rasch und einfach das Vibrationsniveau einer Atmosphäre angehoben werden kann. Einige Weihraucharten haben sehr hohe Frequenzen, während andere (besonders synthetischer Weihrauch) die Vibration tatsächlich absenken oder sie auf einer alltäglichen Ebene halten können. Bei Weihrauch muß man daran denken, daß er tatsächlich nur so lange wirkt, wie sein Aroma sich in der Luft hält; man sollte ihn also beim Space Clearing nicht ausschließlich, sondern am besten in Verbindung mit anderen Techniken verwenden. Entzünden Sie ihn zu Beginn des Space-Clearing-Verfahrens, und lassen Sie ihn die ganze Zeit brennen. Es ist wichtig, daß Sie einen Weihrauch verwenden, dessen Duft Sie auch mögen; für diese Arbeit sind besonders zwei Arten zu empfehlen.

Weihrauchstäbchen

Die Weihrauchstäbchen verwende ich am häufigsten für das Space Clearing. Sogar Menschen, die sonst keinen Weihrauch mögen, finden sofort Gefallen an ihnen. Sie werden von Hand gedreht, haben einen wunderbaren, ganz eigenen Geruch, bestehen aus einer besonderen Mischung von Naturölen, Gummi, Holzpulver, Pflanzen und Gewürzen und wirken phantastisch. Denken Sie aus Gründen der Sicherheit immer daran, beim Abbrennen der Stäbchen einen Weihrauchhalter zu verwenden und sie von brennbaren Materialien fernzuhalten.

Weihrauchharz

Ein weiterer empfehlenswerter Weihrauch ist der in christlichen Kirchen verwendete; man kauft ihn bei Kirchenausstattern. Dabei handelt es sich um ein Baumharz, das in Körnchenform geliefert wird, und ich verwende es immer, wenn ich eine starke Tiefensäuberung vornehmen muß. Man brennt es am besten dadurch ab, daß man einen selbstbrennenden Kohlenblock anzündet, wartet, bis er rot glüht, und dann den Weihrauch daraufstreut. Das Harz schmilzt und gibt einen wunderbar duftenden weißen Rauch ab, den man dann durch Fächeln im Raum verteilen kann.

Dabei muß darauf geachtet werden, daß man ein Gefäß benutzt, das für diesen Zweck auch geeignet ist. Als ich gerade mit dem Space Clearing anfing, verwendete ich eine alte Bratpfanne, legte drei oder vier Briketts und jede Menge Weihrauch auf und marschierte unter gewaltigen Rauchschwaden durch meine Wohnung. Als nächstes verwendete ich einen Weihrauchbehälter – die hängende Sorte, die auch in Kirchen verwendet wird –, der sich als sehr wirksam erwies. Allerdings verbinden viele Menschen mit religiösen Gegenständen negative Assoziationen; heutzutage verwende ich eine kleine Messingpfanne mit einem

Deckel, die ursprünglich für Röstkastanien gedacht war, und es funktioniert hervorragend!

Lange nachdem der Weihrauch nicht mehr raucht, bleibt das Brikett noch heiß; spülen Sie es also unter fließendem Wasser ab, bis er erloschen ist, oder stellen Sie es zum Ausglühen an einem Ort ab, wo es keinen Brandschaden verursacht.

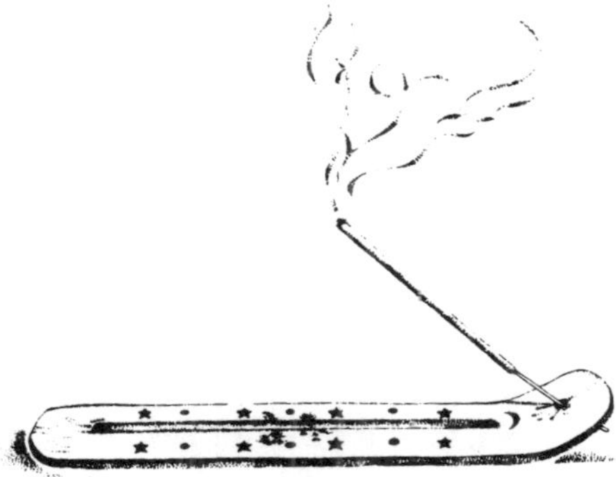

Ein Weihrauchhalter

Räucherstäbchen

Ich selbst benutze sie zwar nur selten, aber einige Menschen verwenden anstelle von Weihrauch lieber Räucherstäbchen. Diese Tradition stammt unter anderem von den amerikanischen Indianern, und Räucherstäbchen bestehen für gewöhnlich aus einer Mischung von getrockneten Pflanzen wie Salbei, Minze, Kiefer, Zeder, Süßgras und anderen. Sie haben genau die gleiche Wirkung wie Weihrauch.

Ölessenzen

Ich habe festgestellt, daß verdampfte Ölessenzen zu fein für das Space Clearing an sich sind, aber sie sind wundervoll geeignet, um danach gute neue Atmosphären zu erschaffen und zu bewahren. Füllen Sie eine Duftlampe mit Wasser, und fügen Sie ein paar Tropfen des Öls oder der Ölessenz Ihrer Wahl hinzu. Ein Teelicht darunter wird die Mischung aus Wasser und Öl langsam verdampfen lassen, so daß das Aroma über mehrere Stunden in die Raumluft freigesetzt wird. Verwenden Sie stets reine, natürliche Ölessenzen, keine synthetischen Stoffe.

Reinigung durch Feuer

Schon indem Sie an einem offenen Feuer sitzen, werden Ihre Gefühle geläutert und Ihr Energiekörper gereinigt. Feuer ist das einzige der vier Urelemente, das reinigt und selbst rein bleibt: Erde, Luft und Wasser werden unrein und müssen erneuert werden, aber Feuer bleibt immer es selbst.

Die Balinesen glauben, daß, wenn ein Gebäude abgebrannt ist, dort etwas geschehen sein muß, das nach umfassender Läuterung verlangte. Wenn sie es wieder aufbauen, werden sie, um künftige Katastrophen zu vermeiden, die Fundamente des Hauses versetzen, oder, falls das nicht möglich ist, dem Haus einen neuen Namen geben, um die Frequenz des Ortes zu ändern.

Feuerzeremonien

Feuerläuterungszeremonien sind schon seit undenklichen Zeiten ein wesentlicher Bestandteil vieler großer Religionen gewesen. Die indischen Hindus führen Feuerzeremonien durch, um die Göttliche Mutter zu ehren. Das Feuer wird als ihr Mund angesehen, als die Quelle, der alles entspringt, und Brandopfer gelten als Dankesbezeugungen. Bei den Opfergaben kann es sich um Reis handeln, um Ghee (klare Butter), Joghurt, Honig, Zucker, Blumen, Obst und heilige Pflanzen, und die Zeremonie wirkt immens läuternd, besonders dann, wenn sie bewußt und mit Hilfe heiliger Mantras durchgeführt wird. Traditionsgemäß wird eine Feuergrube ausgehoben, oder es wird ein Kupferkessel verwendet.

Herdfeuer

Daß »Herz« und »Herd« so ähnlich klingende Worte sind, ist vielleicht kein Zufall: Ein Herdfeuer bringt wahrlich das Herz in ein Zuhause, und es sagt einiges über unsere Kultur aus, daß statt dessen das Fernsehgerät in vielen unserer westlichen Wohnungen zum Mittelpunkt geworden ist.

Wenn Sie ein Herdfeuer haben und den Schornstein regelmäßig säubern lassen, werden Sie feststellen, daß der Raum, in dem es sich befindet, für gewöhnlich weniger Space Clearing als die anderen Zimmer benötigt. Rauchloser Brennstoff ist zwar besser für die Umwelt, aber in dieser Hinsicht nicht so wirksam wie die anregenden aromatischen Gerüche eines Feuers aus Naturholzscheiten – besonders wenn Sie läuternde Kräuter wie Salbei hinzugeben. Essen, das über einem Holzfeuer gekocht worden ist, schmeckt ebenfalls besser; in den meisten Stadtgebieten der Welt ist allerdings Holzfeuer wegen der daraus resultierenden Luftverschmutzung verboten. Und jede Art von Herdfeuer ist tatsächlich eine unglaublich ineffiziente Heizmethode, da etwa 90 Prozent der Hitze im wahrsten Sinne des Wortes durch den Schornstein gehen!

Kerzen

Ergreifen Sie jedes Mal, wenn Sie eine Kerze anzünden, die Gelegenheit, sie zu weihen. Sie können beispielsweise sagen: »Durch das Entzünden dieser Kerze rufe ich nun die Engel des Friedens und der Harmonie an diesen Ort.« Oder: »Während ich diese Kerze entzünde, mögen alle, die an diesem Ort wohnen, gesegnet sein.« Sie können selbst die Worte wählen, die für Ihre Situation angemessen sind.

Kerzen sind für Space-Clearing-Zeremonien wesentlich, weil das Entzünden der Kerzen die ganze Prozedur aktiviert. Das Auslegen der Opfergaben und das Entzünden der Kerzen sind wichtige Augenblicke, in denen Sie Ihre Absicht zur Durchführung der Zeremonie fokussieren.

Bei einem grundlegenden Space Clearing stellen Sie kerzenbeleuchtete Opfergaben in allen Haupträumen des Hauses auf. Wenn Sie besondere Opfergaben so auslegen, daß sie eine erleuchtete Energiematrix um das ganze Haus bilden, werden Sie eine noch stärkere Erhöhung in der Vibration des Raumes erfahren: Wenn Sie also bei einer angesteckten Kerze stehen, sollten Sie schon die nächste sehen können, und wenn Sie weitergehen, werden Sie die nächste erblicken und so weiter. Dazu werden einige Kerzen in Zimmern aufgestellt, und andere stehen in Durchgängen, um zwischen den Kerzen in den Zimmern Verbindungspunkte zu bilden. Achten Sie stets darauf, daß die Kerzen auch sicher abbrennen können.

10. Reinigung durch Intention, Licht und Liebe

Diese drei immateriellen »Extras« sind die magischen Zutaten des Space Clearings, und je mehr Sie sie in die von Ihnen durchgeführten Zeremonien einbringen können, desto tiefgreifender werden Ihre Ergebnisse sein.

Reinigung durch Intention

Wissen, das mit klarer Bestrebung und Absicht angewandt wird, gehört zu den machtvollsten Dingen der Welt. Sie können dieses Buch lesen, losmarschieren, Ihr Haus ausklatschen und mit ein paar Glocken herumbimmeln, und dadurch werden auch zweifellos einige Ebenen gestauter Energie zerstreut werden. Doch wenn Sie die Zeremonie mit der starken Absicht durchführen, daß Sie den Raum für etwas ganz Bestimmtes säubern, das Sie in Ihr Leben zu holen wünschen, gehen die Ergebnisse viel tiefer und machen den Weg für transformierende Veränderungen in Ihrem Leben frei.

Reinigung durch Licht

Intuitiv wissen wir alle, daß unsere Lebensqualität besser ist, wenn unser Zuhause mit Licht erfüllt wird. In einem düsteren

Keller sammelt sich gestockte Energie viel leichter an als in einem sonnigen Appartement.

Um einen Raum umfassend zu säubern, stellen Sie sich bildlich vor, daß jeder Teil davon mit Licht erfüllt wird, besonders Vorsprünge und Winkel und alle Orte, an denen sich Staub oder Schmutz abgelagert hat und niedere Energieformen sich besonders gern aufhalten (idealerweise sollten Sie diese Stellen vor dem Space Clearing säubern).

Um zusätzliche Wirkung zu erzielen, verbrennen Sie Kampfer. Das Bemerkenswerte an Kampfer ist, daß er bei der Verbrennung keinerlei Rückstände hinterläßt. Er wird in Hindutempeln als Lichtopfergabe an die Götter verwendet, und selbst wenn man nicht entzündeten Kampfer in kleinen Behältern in den vier Ecken eines Zimmers aufstellt, ergibt sich ein tiefgreifender läuternder Effekt. Beachten Sie aber bei der Verwendung von Kampfer unbedingt, daß er eventuell eingenommene homöopathische Heilmittel augenblicklich neutralisiert.

Reinigung durch Liebe

Liebe ist das machtvollste Läuterungsmittel von allen. Wenn wir Liebe in unseren Herzen tragen, heilen wir nicht nur uns selbst, sondern diese Frequenz strahlt auch von uns aus und findet ihren Widerhall in allem und jedem um uns. Wir wirken auf das elektromagnetische Feld unseres Zuhauses, der Erde und aller anderen Wesen. Das Herz erzeugt ein elektromagnetisches Feld, das auf den Zustand unseres körperlichen, emotionalen, geistigen und spirituellen Wohlbefindens Einfluß nimmt. Herzfrequenzen können durch Elektrokardiogramme (EKG) aufgezeichnet werden, und Wissenschaftler haben mittlerweile festgestellt, daß die bei weitem förderlichste Frequenz in unserem Herzen die der Liebe und die zerstörerischste die der Angst ist.

Nehmen Sie das Space Clearing mit aller Liebe vor, die Sie aufbringen können. Geben Sie beispielsweise niemals der Versuchung nach, an den Kerzen, den Weihrauch oder den Blumen, die Sie verwenden, zu sparen, denn dann betrügen Sie nur sich selbst. Wenn Sie in Ihrem Herzen wissen, daß das Zimmer sechs Kerzen erfordert und Sie sich sechs Kerzen leisten können, dann *verwenden* Sie auch sechs Kerzen. Wenn Sie sich andererseits nur eine Kerze leisten können und Sie tief in Ihrem Herzen wissen, daß Sie Ihr Bestes gegeben haben, dann wird eine Kerze auch alles sein, was Sie benötigen.

Louise L. Hay gibt in ihrem Buch *You Can Heal Your Life* (*Gesundheit für Körper und Seele*) eine wundervolle Affirmation, die mich beim ersten Lesen zutiefst berührt hat und dies immer noch tut:

»Ich liebe mich; daher erschaffe ich mir ein behagliches Zuhause, eines, das all meine Bedürfnisse erfüllt und meinen Aufenthalt darin zu einem Vergnügen macht. Ich erfülle die Räume mit der Vibration der Liebe, damit alle, die eintreten, darunter auch ich, diese Liebe spüren und von ihr genährt werden.«

Führen Sie Ihr Space Clearing in Liebe durch, und verströmen Sie danach täglich Ihre Liebe in Ihrem Zuhause. Eine weitere Affirmation von Louise L. Hay lautet:

»Je mehr Liebe ich aufwende und gebe, desto mehr habe ich zu geben; der Vorrat ist unerschöpflich.«

All die Liebe, die Sie in Ihr Zuhause stecken, wird mannigfach zu Ihnen zurückkehren. Wenn Sie sich selbst lieben und auf sich achtgeben, haben Sie auch anderen so viel mehr zu geben. Der Kreislauf der Liebe dauert ewig an.

TEIL III
HEILIGE RÄUME AUF HÖHERER EBENE SCHAFFEN

11. Wie man ein altes Zuhause verläßt und ein neues bezieht

In den ersten beiden Abschnitten dieses Buches ging es um die grundlegenden Ebenen des Space Clearing, die von mir im einzelnen erläutert wurden. Dieser Abschnitt nun stellt eine Einführung in einige höhere Ebenen und andere Anwendungen dieses Wirkens dar; er deutet seine Reichweite und seinen Umfang an und zeigt auf, wie das Erschaffen heiliger Räume in Ihr Leben integriert werden kann.

Ein neues Zuhause wird gesucht

Früher wurden Menschen im selben Haus oder zumindest im selben Bezirk geboren, wo sie auch lebten und starben. Das ist in unserer heutigen Gesellschaft selten geworden. Die meisten Menschen ziehen irgendwann um, einige sogar recht häufig. Sie werden zu einer bestimmten Art von Zuhause an einer bestimmten Art von Ort hingezogen, weil ihr höheres Selbst weiß, daß es der ideale Ort für sie ist, um eine Erfahrung zu machen, oder weil sie eine karmische Aufgabe vollenden müssen. Man sagt vielleicht: »Aber ich habe mir diesen Wohnort doch gar nicht ausgesucht, ich lebe hier nur, weil ich mir nichts Besseres leisten kann/mein Lebenspartner den Ort ausgesucht hat/hier mein Arbeitsplatz ist«; aber auf einer höheren Ebene spielt sich mehr ab.

Ich werde oft gebeten, ein Grundstück, das jemand kaufen will, nach dem Feng-Shui-Aspekt zu sondieren. Ich weiß schon nicht mehr, wie oft ich den Betreffenden sagen mußte, daß, wenn sie in dieses Haus ziehen, sie nur die gleiche Situation, in der sie sich jetzt befinden, neu erschaffen würden, und somit wäre es kein Fortschritt für sie.

Tatsächlich machen wir das in vielerlei Lebensbereichen. Wir erschaffen immer wieder ähnliche Muster, bekommen ähnliche Vorgesetzte oder geraten in ähnliche Situationen, bis wir hoffentlich die Lektion lernen, die unser höheres Selbst uns zu lehren versucht. Ein unbewußter Mensch mag natürlich in seinem gesamten Leben das Muster, das sich ihm darstellt, vielleicht nicht erkennen. Manche Menschen erschaffen schwere Traumata in ihrem Leben, um Verständnis zu erlangen. Gill Edwards, die Autorin von *Living Magically*, formuliert es wunderbar: »Wenn man auf das Flüstern lauscht, braucht man die Schreie nicht zu hören.« Anders ausgedrückt, wenn man auf die subtilen Vorschläge des höheren Selbst hört, kann man es sich sehr viel leichter machen.

Eine Kundin von mir wohnte in einem Haus, dessen rechte hintere Ecke über die gesamte Höhe des Hauses fehlte. Wenn Sie sich das Bagua-Raster (Seite 245) einmal ansehen, werden Sie feststellen, daß der gesamte Beziehungsabschnitt ihres Hauses fehlte, und natürlich war es auch das, was in ihrem Leben nicht stimmte. Sie wollte unbedingt in ein anderes Haus ziehen und flehte mich an, unbedingt zu ihr zu kommen und sich ein Grundstück anzusehen, das sie entdeckt hatte. Sie haben es schon erraten – im neuen Haus fehlte genau der gleiche Teil. Ich ging hinein und wieder hinaus, und das war die ganze Beratung. Sie war erstaunt, daß sie es nicht selbst herausgefunden hatte, aber natürlich sind wir selbst für diese Dinge häufig blind. Wir neigen dazu, diesen Lebenskreislauf immer wieder abzuschreiben, bis wir die

Lektion gelernt haben, und das schließt auch die Wohn- und Arbeitsräume ein, die wir uns aussuchen.

Ich frage mich, wann jemand ein Maklerbüro eröffnen wird, das sämtliche Immobilien per Wünschelrute »mutet«, durch einen Feng-Shui-Berater vermessen läßt, sie einem Space Clearing unterzieht und weiht, damit sie den individuellen Bedürfnissen der Klienten angepaßt werden können. Ich habe das Gefühl, daß dies schon bald geschehen wird.

Ein altes Zuhause verlassen

Wenn Sie sich für einen Umzug entscheiden, dann geht ein Teil Ihrer Energie Ihnen in die Zukunft voraus und sucht nach jenem neuen Raum. Das kann sich auf die Beziehung zu Ihrem gegenwärtigen Heim energetisch auswirken. Weil Sie Ihren Entschluß aufgegeben haben, in diesem Haus weiter wohnen zu wollen, treffen Sie vielleicht die Entscheidung, daß es nicht mehr sinnvoll ist, dieses Zimmer zu streichen oder jenen tropfenden Wasserhahn zu reparieren. Dabei sparen Sie vielleicht Zeit und ein wenig Geld, aber tatsächlich tun Sie sich damit nichts Gutes. Sie sind mit all Ihren Besitztümern verbunden, und die Verbindungen zu dem Ort, den Sie Ihr Zuhause nennen, sind die zahlreichsten. Wenn Sie Ihre heimatliche Umgebung vernachlässigen, dann vernachlässigen Sie sich selbst. Wenn die Atmosphären in Ihrem Haus kraftlos und stumpf werden, wird es für Sie schwieriger, positive Veränderungen in Ihrem Leben zu bewirken.

Falls Sie sich zum Umzug entschlossen haben, ihn aber scheinbar nicht geschehen lassen können, sehen Sie doch einmal nach, ob das der Grund sein könnte. Wenn Sie auf den Ort, an dem Sie leben, Liebe und Sorgfalt aufwenden und für das dankbar sind, was Sie haben, dann wird Ihr Becher überfließen und immer weiter geben! Sie können weiterhin Energie in Ihre Wünsche für die Zukunft leiten, aber nicht auf Kosten dessen, was Sie im Augenblick besitzen.

Mir ist aufgefallen, daß noch etwas anderes geschehen kann, wenn sich Menschen zum Umzug entschließen: Bei ihnen wird eingebrochen. Sie treffen die Umzugsentscheidung, ziehen sich energetisch aus ihrem Haus zurück und können dadurch ein Signal aussenden, das Einbrecher aufnehmen. Sie sehen es dann als Einladung zum Hausbesuch an!

Nächtliche Visualisierung

Die folgende Visualisierung können Sie kurz vor dem Schlafengehen vornehmen, um sicherzustellen, daß so etwas nicht geschieht. Sie ist ein wundervolles Verfahren, das Sie in jeder Nacht Ihres Lebens vornehmen können, um eine klare kraftvolle Atmosphäre in Ihrem Haus aufrechtzuerhalten. Es funktioniert am besten, wenn Sie Ihr Haus während des Space Clearings bereits abgeschirmt haben.

Wenn Sie kurz vor dem Einschlafen im Bett liegen, schließen Sie Ihre Augen und stellen sich vor, daß Sie Ihren Körper verlassen und neben dem Bett stehen. Erfüllen Sie das gesamte Zimmer mit klarem, schimmerndem Licht und positiver, kraftvoller Energie. Gehen Sie nacheinander in jedes Zimmer Ihres Heims, und erfüllen Sie jedes Zimmer mit diesem Licht und dieser Energie. Dabei können Sie mit Leichtigkeit durch Türen, Wände, Böden und Decken hindurchgleiten! Wenn Sie fertig sind, kehren Sie zu Ihrem Bett und in Ihren Körper zurück und schlafen. Mit etwas Übung werden Sie das innerhalb von Sekunden vollbringen können.

Die Suche nach einem neuen Zuhause

Kurz nachdem ich damit begann, eine Jahreshälfte auf Bali und die andere in England zu verbringen, verkaufte ich meine Wohnung in London und fing an, auf das Universum zu vertrauen, daß es mich jedes Mal nach meiner Rückkehr aus den Tropen mit einer passenden Unterkunft versorgte. Einige Wochen vor meinem Abflug von Bali setzen Rai und ich uns nun immer zusammen und stellen eine möglichst genaue schriftliche Liste unserer Bedürfnisse auf. Zum Beispiel brauchen wir vielleicht in Hampstead eine Wohnung mit einem Schlafzimmer, mit einem weiteren Zimmer, das ich als Arbeitsraum benutzen kann, einem hübschen Garten, guten Parkmöglichkeiten, freundlichen Nachbarn, in der Nähe einer U-Bahn-Haltestelle, mit schönen Möbeln und einer Katze, die wir uns nach Bedarf ausleihen können. Wir müssen sie uns leisten können, und sie muß sofort und auf unbestimmte Dauer verfügbar sein.

Sie können ganz genau die gleiche Methode anwenden, um ein neues Zuhause zur Miete oder zum Kauf zu finden. Dabei ist es wichtig, daß Sie die tiefe innere Sicherheit hegen, daß dieses neue Zuhause existiert und daß Sie es bald finden werden. Natürlich muß man auf die Suche einige Bemühungen verwenden: Sie müssen vielleicht Anzeigen überfliegen, ein paar Telefongespräche tätigen, und so weiter. Aber Sie werden sehen, der Erfolg läßt nicht lange auf sich warten.

Der Umzug in ein neues Zuhause

Ihr neues Zuhause zu finden ist nur der Anfang des Prozesses. Ein Umzug kann eine traumatische Erfahrung sein, weil wir sehr starke gefühlsmäßige Bindungen zu den Orten knüpfen können, an denen wir leben. Eine Möglichkeit, diesen Übergang zu erleichtern, besteht darin, Ihre glücklichsten Erinnerungen beim Gehen mit sich zu nehmen.

Versuchen Sie den Umzug mit Ihren Helfern und dem Nachmieter oder -käufer so abzustimmen, daß Sie Ihr altes Heim noch eine Zeitlang für sich haben, nachdem alles daraus entfernt worden ist. Ein Heim so zu verlassen, wie man es vorzufinden wünscht, ist gutes Karma (wenn Sie das tun, werden Sie feststellen, daß andere das gleiche für Sie tun werden), also nehmen Sie sich die Zeit für notwendige Reinigungsarbeiten.

Als nächstes unterziehen Sie alle Räume Ihres Zuhauses einem Space Clearing. Daraus ergibt sich für Sie weiteres gutes Karma, weil Sie diesen Ort dann nicht nur physisch sauber, sondern auch psychisch rein für jene Menschen hinterlassen, die ihn danach beziehen werden. Sobald Sie erst einmal wissen, wie man ein Space Clearing bewerkstelligt, werden Sie es als unverantwortlich empfinden, wenn Sie nicht hinter sich auf diese Weise aufräumen.

Space Clearing bricht die tieferen Vibrationsebenen auf, läßt jedoch die höheren Ebenen unversehrt. Dadurch bleiben auch all Ihre glücklichen Erinnerungen in Ihrem Heim unversehrt, und das sind die Erinnerungen, die Sie vielleicht mit in Ihr neues Zuhause nehmen möchten.

Gehen Sie in jedes Zimmer, und verabschieden Sie sich. Vielleicht streichen Sie mit der Hand über die Wände und die Türen. Geländer sind dafür besonders geeignet, denn Sie haben sie während Ihres Aufenthalts schon viele Male berührt. Wenn Sie weniger taktil eingestellt sind, verabschieden und bedanken Sie sich vielleicht, indem Sie es aussprechen, oder Sie werfen vielleicht noch einen letzten Blick in die Zimmer. Wenn Sie eine Gefühlsaufwallung erleben, lassen Sie diesen Gefühlen freien Lauf. Es ist besser, zur rechten Zeit ein paar Tränen zu vergießen, als jahrelang unter aufgestauten Empfindungen zu leiden.

Wenn Sie der Ansicht sind, daß auch dies abgeschlossen ist, stellen Sie sich in der Mitte eines Zimmers auf und breiten Ihre Arme auf Schulterhöhe aus. Konzentrieren Sie sich darauf, daß Ihre Aura sich bis in die hintersten Winkel des Zimmers ausbreitet und Sie somit den gesamten Raum ausfüllen. Verbinden Sie sich mit den höchsten Energien des Ortes und Ihren glücklichsten Erinnerungen daran. Dann beschreiben Sie mit den Armen auf Schulterhöhe zwei große Bögen zu sich hin; legen Sie die Sie umgebende Energie wie einen wunderbaren warmen Mantel um sich. Ihre Hände berühren und überkreuzen sich, Sie legen sie auf Ihr Herz und lassen diese glücklichen Erinnerungen in Ihr Herz fließen.

Suchen Sie nacheinander jedes einzelne Zimmer auf. Wenn Sie einen Ort im Haus entdecken, bei dem Sie das Gefühl haben, sich mit dem gesamten Haus gleichzeitig verbinden zu können, brauchen Sie dies nur einmal zu tun. Tun Sie das, wobei Sie sich am besten fühlen.

Sie können diese Energie für eine sehr lange Zeit in Ihrem Herzen bewahren. Ihr neues Zuhause sollte vielleicht gut aussehen, bevor Sie diese Erinnerungen im neuen Umfeld freisetzen, und ganz sicher wäre es eine gute Idee, das neue Heim zuerst einem Space Clearing zu unterziehen. Wenn Sie bereit sind, stellen Sie sich an einem zentralen Ort auf, oder gehen Sie in die einzelnen Zimmer und entfalten dort die Energie, die Sie in Ihrem Herzen bewahrt haben. Stellen Sie sich mit den Händen über Ihrem Herzen auf und breiten dann langsam die Arme aus, als ob Sie einen großen Umhang öffneten. Sie werden sich dann rasch heimisch fühlen.

Sich selbst mitnehmen

Wenn Sie viel reisen, wird Ihnen der folgende Tip sicher gefallen. Ich erfuhr ihn von Rai, als er zum ersten Mal mit mir nach England kam. Kurz vor seiner Rückreise nach Bali ging er zu unserem Bett und tat etwas Wunderbares: Er warf sich mit ausgebreiteten Armen auf das Bett und umarmte es leidenschaftlich, was seine Art war, sich für die wundervollen Nächte ruhigen Schlafes und die freudvollen Stunden zu bedanken, die wir an diesem Ort verbracht hatten. Dann setzte er sich auf, strich mit der rechten Hand über das Bett, legte die Hand auf sein Herz und ließ sie dort. Das tat er dreimal, während er sich auf sein Herzchakra konzentrierte. Es war ein sehr bewegender Anblick.

Ich war fasziniert. »Was machst du da?« fragte ich ihn.

»Ich nehme mich selbst mit, das ist doch klar«, sagte er.

»Und was machst du, wenn du auf Bali ankommst?« fragte ich.

Er sah mich an, als hätte ich nicht alle Tassen im Schrank. »Natürlich das hier!« sagte er. Er vollführte die Handlung in umgekehrter Reihenfolge, holte die Energie aus seinem Herzen und ließ sie wieder in das Bett fließen. So einfach – und so wirksam.

Wie gesagt, das ist nützlich, wenn man auf Reisen geht, und ebenso, wenn man in möblierten Wohnungen lebt, also kein eigenes Bett hat und es auch beim Weiterziehen nicht mitnehmen kann. Dadurch können Sie Ihr eigenes Zentrum mit sich führen, wo immer Sie auch sein mögen, und vielleicht kommt es daher, daß die Balinesen an jedem Ort gut schlafen können.

Bewußtes Neudekorieren

Eine sehr wirksame Art, Ihre Energie in Ihr neues Heim einzubringen, besteht in einem völligen Neudekorieren. Bewußtes

Neudekorieren bedeutet die bewußte Einweihung Ihres Hauses während der Arbeit, indem Sie spezifische Frequenzen in die Wände einfließen lassen. Wenn Sie es nicht selbst tun wollen oder können, aber den Arbeitsgang für sich bestmöglich nutzen wollen, suchen Sie sich Arbeiter aus, deren Energien Ihnen gefallen, und laden Sie die Farbeimer mit Ihrer Energie auf, bevor sie sich an die Arbeit machen. Wenn Sie keinen seltsamen Eindruck erwecken wollen, können Sie das morgens vor dem Eintreffen der Arbeiter tun. Nehmen Sie einfach den Farbeimer zwischen die Hände, konzentrieren Sie sich auf das, was Sie darin einbringen wollen, und lassen Sie dessen Essenz aus Ihren Händen in den Eimer fließen. Sie können auch Visualisierungen anwenden, um Bilder in den Eimer fließen zu lassen, und wenn Sie gern mit akustischen Mitteln arbeiten, sprechen Sie in die Farbe hinein.

12. *Die Weihe eines Raums*

Ideal ist es, wenn Sie Ihr neues Zuhause zuerst renovieren oder dekorieren, dann eine Weihezeremonie abhalten und dann einziehen. Es ist vollkommen in Ordnung, wenn Sie einziehen, den Raum weihen und dann die Neudekorierung vornehmen, aber Sie werden für gewöhnlich feststellen, daß es nach Abschluß der Arbeiten angebracht ist, eine Neuweihe vorzunehmen oder zumindest die grundlegenden Space-Clearing-Verfahren noch einmal anzuwenden. Dadurch beruhigen sich Ihre Atmosphären, und Ihre Energien verankern sich am Ort. Das einfache Space Clearing, das ich bereits beschrieben habe, ist eine verkürzte Version einer kompletten Weihezeremonie.

Viele von Ihnen haben, bevor sie dieses Buch lasen, ihr Heim bereits schon seit vielen Jahren bewohnt, und sie werden es nun gern weihen wollen. Dem steht nichts im Wege, und ich kann es Ihnen nur empfehlen. Zuerst aber müssen Sie wissen, wie Sie in Ihrem Heim einen Altar erschaffen.

Das Aufstellen eines Altars in Ihrem Zuhause

Das Aufstellen eines Altars stellt eine wirksame Methode dar, in Ihrem Heim Energien zu verankern, um hochgradige Atmosphären aufrechtzuerhalten. Während einer Weihezeremonie werden

Sie höhere Wesenheiten in Ihren Raum rufen, und ebenso, wie Sie ein Zimmer für einen Dauergast vorbereiten, müssen Sie auch einen Raum vorbereiten, der sich gastfreundlich anfühlt.

Suchen Sie sich einen Platz aus, der ein behagliches Gefühl vermittelt, und stellen Sie Ihren Altar dort auf, wo Sie gefahrlos Kerzen und Weihrauch abbrennen können. Falls Sie einer Religion angehören, können Sie auch Gegenstände auf den Altar legen, die mit Ihrem Glauben zu tun haben. Wichtig ist dabei, daß es Gegenstände sind, die für Sie von besonderer Bedeutung sind und jene Energien repräsentieren, die Sie bei sich zu sammeln wünschen. Vielleicht haben Sie ein besonderes Tuch, das Sie gern verwenden wollen, einen Kristall, zu dem Sie eine besondere Affinität verspüren, einen Gegenstand, den Sie während einer bedeutsamen Zeit in Ihrem Leben vom Boden aufgelesen haben, oder ein bestimmtes Ornament, das Sie inspiriert. Vielleicht wollen Sie auch bedeutsame Symbole, Mantras, Photographien oder ähnliches verwenden. Bei der Weihezeremonie brauchen Sie aber noch ein bißchen Platz auf dem Altar für die Opfergaben und den Weihrauch.

Weihezeremonie für ein neues Zuhause

In dieser Zeremonie können viele Elemente Verwendung finden. Wie beim einfachen Space Clearing werde ich Ihnen alle Schritte darlegen, die Sie nach Belieben ergänzen und variieren können. Hier ist ein Beispiel für die Weihung eines westlichen Hauses.

1. Idealerweise sollten alle Mitglieder Ihres Haushaltes bei der Weihe des Raums anwesend sein und Ihnen zur Seite stehen.
2. Treffen Sie die gleichen Vorbereitungen wie für ein einfaches Space Clearing, und beachten Sie dabei besonders Schritt 5 der

Checkliste auf Seite 107 ff. (Jede Person muß ganz genau wissen, was nach ihren Wünschen in dem neuen Raum geschehen soll, und es entsprechend aufschreiben.)

3. Alle müssen frisch gebadet sein und frische, saubere Kleidung tragen.
4. Benetzen Sie Ihren Kopf, Hände und Füße mit geweihtem Wasser, und nehmen Sie etwas Weihrauch in Ihr Aura-Feld auf.
5. Graben Sie vor Ihrem Haus ein kleines Loch in den Boden (für die Erdgeister), und stellen Sie einen besonderen Altar im Haus auf (für den Schutzgeist des Hauses, andere Helfer und höhere Wesenheiten). Während der Zeremonie sollen an diesen beiden Plätzen Kerzen und Weihrauch brennen.
6. Streuen Sie Salz in das Loch, in jede Ecke des Grundstücks, auf dem das Haus erbaut worden ist, auf jede Schwelle (besonders auf dem Haupteingang), auf allen Fenstersimsen, in jeder Ecke eines jeden Raumes und überall sonst, wo Sie das Gefühl haben, daß es nötig ist.
7. Legen Sie Blumen und Obst, Reis oder andere Nahrungsmittel als Opfergabe für die Erdgeister in das Zeremonienloch, dazu ein Geschenk von jedem Teilnehmer (Geld, ein persönlicher Gegenstand oder etwas anderes, das Sie für angemessen halten). Träufeln Sie geweihtes Wasser auf die Opfergaben.
8. Legen Sie ähnliche Opfergaben und etwas, das für Sie alle den Geist symbolisiert, auf den Altar im Haus, und bespritzen Sie ebenfalls alles mit geweihtem Wasser.
9. Stellen Sie Opferblumen, Kerzen, Weihrauch und geweihtes Wasser in jeden Raum und auf die Kreuzungen innerhalb des Hauses. Erschaffen Sie eine erleuchtete Energiematrix, wie in Kapitel 9 im Abschnitt über Kerzen beschrieben.
10. Nehmen Sie aus der Checkliste auf Seite 107 ff. die grundlegenden Space-Clearing-Maßnahmen bis zu Schritt 6 vor.

11. Setzen oder stellen Sie sich vor Ihren Altar. Balancieren Sie Ihre Chakren und die Chakren eines jeden Haushaltsmitglieds mit einer Glocke von guter Qualität aus, oder zentrieren Sie sich auf eine Ihnen angenehme Weise.
12. Legen Sie Ihre Listen der Eigenschaften oder Ereignisse, die Sie sich in Ihrem neuen Heim wünschen, auf den Altar. Alle Anwesenden nehmen eine Klangkugel in beide Hände. Lesen Sie nacheinander laut oder leise für sich, wofür Sie den Raum zu weihen wünschen (sprechen Sie vorher ab, welche Methode Sie bevorzugen). Schließen Sie die Augen, und projizieren Sie dieses Bild in Ihre Klangkugeln. Spüren Sie es, fühlen Sie es, riechen Sie es, erkennen Sie es. Dann nehmen Sie die Klangkugeln und schütteln sie nacheinander in jedem Raum des Hauses. Ihre Absicht ist machtvoll: Während Sie denken, schaffen Sie auch.
13. Bedanken Sie sich bei den unsichtbaren Helfern, und zünden Sie eine lang brennende Kerze auf Ihrem Altar an; damit ziehen Sie Energien an, die sich verankern, während Sie sich in dem neuen Raum einrichten.
14. Sprengen Sie etwas geweihtes Wasser auf die Häupter Ihrer Angehörigen. Wenn das geweihte Wasser aus einer trinkbaren Quelle stammt, trinken Sie etwas, geben etwas an die anderen und schließen auch die Haustiere mit ein. Schütten Sie etwas von dem geweihten Wasser in ihr Trinkwasser, oder tupfen Sie ihnen etwas hinter die Ohren oder auf die Pfoten.
15. Verstreuen Sie Blütenblätter auf jeder Schwelle. Mit einer Blume sprengen Sie Wasser auf die Blütenblätter, besonders auf die am Haupteingang, entlang den Innenwänden des Gebäudes und in der Mitte eines jeden Zimmers.
16. Sprengen Sie etwas geweihtes Wasser in das gegrabene Zeremonienloch, und füllen Sie es mit Erde auf. Schließlich

sprengen Sie geweihtes Wasser auf die Begrenzungen des Grundstücks.

17. Brennen Sie die Kerzen und den Weihrauch in aller Ruhe ab, und lassen Sie das Salz und die Blumen über Nacht oder nach Belieben auch länger liegen.

Einige Bestandteile dieser Zeremonie sind von einer typischen balinesischen Weihezeremonie übernommen worden. Ein wesentlicher Unterschied besteht darin, daß auf Bali sehr aufwendige Opfergaben für die Götter und Essen für die zahlreichen geladenen Gäste vorbereitet werden, was mindestens einen Tag und eine Nacht in Anspruch nimmt, und die Zeremonie dauert dann ebenfalls noch einen weiteren vollen Tag. Bei allen Weihezeremonien, an denen ich teilgenommen habe, blieben alle fröhlich die ganze Nacht und den gesamten folgenden Tag wach, um ihre Fähigkeiten in den Dienst dieses glücklichen Ereignisses zu stellen. Ich halte es nicht für nötig, das auch hier im Westen zu tun, aber es ist gut, wenn alle Haushaltsmitglieder in irgendeiner Weise etwas zu der Zeremonie beitragen.

13. Bringen Sie mehr Heiligkeit in Ihr Leben

Alles hat eine Bedeutung. Anders ausgedrückt: Es gibt nichts, das keine Bedeutung hat. Die Tatsache, daß ich mich entschlossen habe, dies hier an diesem bestimmten Tisch in diesem bestimmten Restaurant zu dieser bestimmten Zeit zu schreiben, hat insgesamt eine bestimmte Bedeutung. Alle Ereignisse meines Lebens haben mich zu diesem Zeitpunkt geführt, der sämtliche Möglichkeiten für die Zukunft enthält. Meine Aufmerksamkeit bestimmt die Tiefe und die Qualität meiner Erfahrung.

Ich hege stets ein intensives Interesse an allem, was um mich herum passiert, denn es versorgt mich mit allen benötigten Informationen über das, was in mir vorgeht. Wenn zum Beispiel das Essen, das ich bestellt habe, nicht meinen Erwartungen entspricht, dann weiß ich, daß in mir etwas aus dem Gleichgewicht ist. Wäre es nicht so, hätte ich ein anderes Essen oder ein anderes Restaurant ausgesucht, oder eine andere Person hätte das Essen gekocht, und so weiter. Nur damit Sie Bescheid wissen: Während ich das niedergeschrieben habe, ist mein Essen serviert worden, und es schmeckt herrlich. Mein Leben verläuft in der richtigen Bahn.

Der heilige Tanz des Lebens

Ich glaube, daß wir alle ein höheres Selbst haben, das uns vorausgeht und Situationen vorbereitet, die wir benötigen, um das zu lernen, was wir lernen müssen. Wenn Sie in enger Verbindung mit Ihrem höheren Selbst leben, wird das Leben zu einem heiligen Tanz und einer Freude. Das Universum zeigt uns auf jede ihm mögliche Weise alles, was wir für unsere Reise durch das Leben wissen müssen.

Die natürliche Energiereinigung in Ihrem Heim soll Ihr gesamtes Leben heilig machen, damit alles eine Bedeutung und einen Zweck erhält. Sie fangen mit Ihrem Heim an, und dann werden Sie weitergehen wollen.

Space Clearing hat mit dem Anheben Ihrer Bewußtseinsebenen zu tun. Indem Sie Ihre Atmosphäre reinigen, erschaffen Sie Heiligkeit um sich, anstatt nur auf einer rein weltlichen Ebene zu leben. Was wir im Westen verloren haben, ist die Besonderheit der Dinge. Wir ziehen einfach in ein Haus – ohne Achtung für das Land oder das Gebäude oder füreinander. Wir haben die Heiligkeit des Lebens verloren. Daher nenne ich das, was ich tue, das »Schaffen heiligen Raumes«, weil es die Magie in unsere Beziehung zu unseren Wohnräumen zurückbringt.

Zeremonien

Zu den Dingen, die man an Bali so bezaubernd findet, gehört die zeremonielle Lebensweise. Zeremonien sprechen etwas tief in uns an, das sich nach Ausdruck sehnt. Sie greifen tief in uns hinein und rühren an unsere Spiritualität. Wenn Zeremonien Teil des Alltagslebens werden, können wir Gefühle tiefer Zufriedenheit und Zugehörigkeit erfahren. Kinder erschaffen auf natürliche Weise Zeremonien. Einige Menschen gehen für ihre Zeremonien zu einem Ort der religiösen Verehrung, und andere ziehen es vor, sich ihre eigenen zu erschaffen. Aus einem so einfachen Vorgang wie Zähneputzen können Sie eine Zeremonie machen, wenn Sie beschließen, daß die Zeit des Zähneputzens jene ist, in der Sie Ihre Aufmerksamkeit auf etwas konzentrieren, das Sie erschaffen oder in Ihrem Leben verändern möchten. Auf diese Weise können Sie damit beginnen, Ihr Leben zu etwas Heiligem zu machen.

Rituale sind etwas anderes als Zeremonien. Ich verwende das Wort »Zeremonie« für jene Handlungen, die für die unsichtbaren Welten so unwiderstehlich sind, daß sie gern zu Ihnen kommen und sich Ihnen anschließen. Rituale sind Handlungen, die dem Herbeizwingen von Wesenheiten dienen, und das kann gefährlich werden, wenn man sich dabei übernimmt oder überschätzt.

Je häufiger eine Zeremonie oder ein Ritual wiederholt werden, desto machtvoller werden sie.

Wie man Dinge heiligt

Stuart Wilde, ein fleißiger und charismatischer Autor und Lehrer des Metaphysischen, sagt es auf brillante Weise. In seinem Buch *The Secrets of Life* steht ein Abschnitt mit der Überschrift »Über die Heiligung des Lebens«:

> »Wie wird etwas heilig? Es wird dadurch heilig, daß die Menschen sagen: ›Das hier ist heilig.‹ Es geschieht auf keine andere Weise. Somit ist der Zehennagel der heiligen Matilda, der in einem Kasten aufbewahrt wird, eben nur das, bis jemand sagt: ›Diese Reliquie ist etwas Heiliges und Besonderes.‹ Wie also machen Sie Ihr Leben heilig? Sie sagen: ›Das hier ist heilig‹, und Sie verhalten sich dementsprechend.«

Sie können Dinge heiligen und sich mit ihnen verbinden, sie lieben und sich an ihnen erfreuen, und dadurch wird Ihr Leben reicher. Ich kann sehr gut Dinge zu etwa Besonderem machen, aber der Trick besteht darin, es ohne Bindung zu tun. Sie können einen speziellen Kristall besitzen, aber Sie müssen begreifen, daß er niemals Ihr Eigentum sein kann: Er gehört dem Planeten. Sie können ihn verwenden, solange Sie einen materiellen Körper besitzen, Sie können ihn sogar jemandem nach Ihrem Tod vermachen, aber letztlich wird er zu dem Planeten zurückkehren, aus dem er kam, ebenso wie Sie in den Geist zurückkehren werden, aus dem Sie kamen.

Sie können für alles, was für Sie etwas Besonderes ist, Weihezeremonien erschaffen, indem Sie sich darauf einstimmen und intuitiv erahnen, was dafür angemessen wäre.

Das Schaffen heiligen Raums für Kinder

Die Balinesen stellen häufig einen kleinen Opferkasten, genannt *Plankiran*, über den Schlafplatz eines kleinen Kindes; sie legen Opfergaben und Talismane hinein, um die Sicherheit des Kindes zu gewährleisten. Ein Stück der Nabelschnur des Kindes wird in einem kleinen weißen Beutel darin aufbewahrt, während das Kind aufwächst, und über dem Bett steht eine Inschrift, mit der die Götter gebeten werden, auf das Kind aufzupassen. Der Nabelschnur-Brauch wird sich in westlichen Kreisen wohl nicht durchsetzen, aber die Inschrift ist eine schöne Idee. Passende Worte wären beispielsweise: »Dieses Kind ist geschützt und gesegnet sein Leben lang.« Stellen Sie sich das tiefe Gefühl der Sicherheit vor, mit dem ein Kind in diesem Wissen aufwachsen könnte.

Die Bindung an Ihr Heim

Freunden Sie sich mit Ihrem Heim an! Fassen Sie es an. Streichen Sie im Vorbeigehen ab und zu über die Wände. Begrüßen Sie es, wenn Sie nach Hause kommen. Finden Sie heraus, was es braucht, um sich wohl zu fühlen.

Wenn Prinz Charles mit Pflanzen sprechen kann (und da ist er sicherlich nicht der einzige), dann ist das Sprechen mit Ihrem Haus auch nichts anderes. Viele Menschen sprechen jahrelang mit ihren Autos! Fragen Sie einen guten Mechaniker, und man wird Ihnen sagen, daß Maschinen besser laufen, wenn man freundlich mit ihnen spricht und sie ermuntert. Fragen Sie bei irgendeiner Gerätefirma nach, und man wird Ihnen sagen, daß es immer Menschen gibt, deren Geräte ständig den Geist aufgeben, ganz gleich, wie sorgfältig diese auch vor dem Versand geprüft werden.

Das Benennen von Dingen

Wenn Sie etwas benennen, bauen Sie damit auch eine viel engere Beziehung auf: Es funktioniert besser und ist Ihnen eine bessere Hilfe. Benennen Sie Ihr Haus, benennen Sie Ihren Computer, benennen Sie all die wichtigen Gegenstände, mit denen Sie tagtäglich zu tun haben. Sie können auch Ihre Pflanzen benennen, Ihre Lieblingskristalle benennen und Ihre Kleider.

Wählen Sie Namen aus, die zur Essenz eines Gegenstandes passen. Zum Beispiel war der »Rote Drache« ein wunderschöner großer roter Jaguar, den ich einmal fuhr. »Peanut« war ein kleiner erdnußförmiger Volkswagen, dessen Anschaffung und Unterhalt mich wirklich nur *Peanuts* kostete, und »Dreiteiler« war ein geräumiger Peugeot mit Tweedsitzen, der wie ein dreiteiliger Anzug auf Rädern aussah (und sich auch so anfühlte). Es passiert mir fast nie, daß mich ein Wagen im Stich läßt, denn ich nehme Autos in mein Leben auf, und somit werden sie zu einem Teil meiner Energiematrix. Wenn ich gesund bin, sind sie auch gesund. Ich nähre und pflege sie auf die gleiche Art und Weise, wie ich auch mich nähre und pflege.

Wenn Sie ein neues Haus beziehen, das bereits von Ihren Vorgängern benannt worden ist, überprüfen Sie, ob der Name für das angemessen ist, was Sie in dem Raum geschehen lassen wollen. Die Namen der Straße, des Bezirks, der Stadt und so weiter können sich ebenfalls verstärkend oder hinderlich auswirken.

Der Vorgang der Benennung ist die Kunst, Schallfrequenzen mit den Frequenzen von Gegenständen abstimmen zu können. Es gibt immer eine Kombination von Konsonanten und Vokalen, die die einzigartige Energie Ihres Heimes ausdrückt, Sie müssen sie lediglich aus dem Äther greifen. Wenn Sie den richtigen Namen finden, erscheint er phantastisch und gestattet Ihnen den Zugriff auf noch tiefere Ebenen.

TEIL IV
ELEKTROMAGNETISCHES BEWUSSTSEIN

14. *Geopathischer Streß*

Beim Erschaffen heiligen Raumes ist es wichtig, nicht nur das Gebäude in Betracht zu ziehen, sondern auch die Energie des Landstücks, auf dem es errichtet worden ist; diese Energie kann ebenfalls gewaltige Auswirkungen auf uns haben.

Die Lage

Fragen Sie einen Grundstücksmakler, welches die drei wichtigsten Eigenschaften eines Grundstücks sind, und Sie erhalten mit Sicherheit die Antwort: »Die Lage, die Lage und die Lage.« Oder, in chinesischer Terminologie: »Feng Shui, Feng Shui und Feng Shui.« Mit der zunehmenden Erkenntnis des geopathischen Stresses nimmt die Bedeutung der Lage einen neuen Stellenwert ein.

Als geopathischer Streß werden die schädlichen Wirkungen instabiler oder unterbrochener elektromagnetischer Felder bezeichnet, die von der Erde ausgehen. Weitreichende Forschungen, die während der letzten 70 Jahre in Europa vorgenommen wurden, veranlaßten zahlreiche Experten zu der Schlußfolgerung, daß die langfristige Einwirkung dieser Strahlen zur Schwächung des Immunsystems und zu verstärktem Risiko für Krebs und andere chronische Krankheiten führen kann.

Während der Recherchen für ihre Bücher über Radiästhesie »mutete« (so der Fachausdruck) Käthe Bachler mehr als 11 000 Betten in über 3 000 Häusern und 14 Ländern und lieferte sehr überzeugende Beweise. In ähnlicher Weise vermaß Dr. Hager von der Wissenschaftlichen Ärztevereinigung die Häuser von 5 348 Menschen, die im polnischen Stettin an Krebs gestorben waren, und stellte in allen Fällen fest, daß ihre Häuser von starken Erdstrahlen durchzogen wurden. Myalgische Enzephalomyelitis, multiple Sklerose, Arthritis, chronische Depressionen, Selbstmord, plötzlicher Kindstod, hoher Blutdruck und viele andere ernsthafte Krankheiten sind ebenfalls mit geopathischem Streß in Verbindung gebracht worden.

In Deutschland, Österreich und Frankreich sind bislang so viele Beweise zusammengetragen worden, daß mittlerweile viele Ärzte eine Mutung entweder selbst vornehmen oder professionelle Wünschelrutengänger heranziehen, um sicherzugehen, daß die Betten ihrer Patienten an einem sicheren Ort stehen. Einige österreichische Behörden bestehen darauf, daß vor der Baugenehmigung für bestimmte Gebäudetypen das Gelände zuerst auf schädliche Erdstrahlen untersucht wird.

Schädliche Erdstrahlen

Es gibt verschiedene Arten von Erdstrahlen. Einige gehören zu weltweiten Mustern wie das Hartmann-Netz (das in derselben Richtung wie unsere Längen- und Breitengrade ausgerichtet ist) und das Curry-Muster (einander kreuzende Linien, die in nordöstlich-südwestlicher sowie in südöstlich-nordwestlicher Richtung verlaufen); an den Schnittpunkten dieser Muster können schädliche Wirkungen auftauchen. Verzerrungen von Erdenergien, die durch die Verlagerung unterirdischer Wasserläufe bedingt sind, können ebenfalls Probleme verursachen, besonders an Stellen, wo sich zwei unterirdische Ströme auf unterschiedlichen Höhen kreuzen.

Dabei ist es wichtig, zu begreifen, daß diese Strahlen nichts »Schlechtes« sind. Sie sind einfach nur für Menschen schädlich. Andere Lebensformen gedeihen durch sie, wie ich später noch ausführen werde.

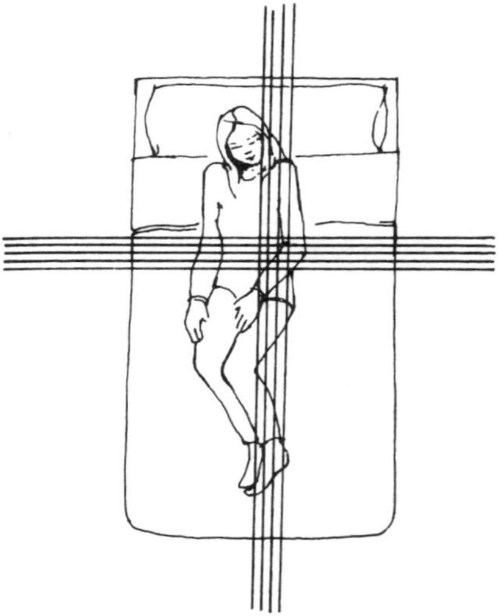

Geopathische Streßlinien kreuzen sich über einem Bett

Förderliche Erdstrahlen

Schumann-Wellen sind gesundheitsfördernde Erdstrahlen: Die NASA mußte sogar Geräte entwickeln, die diese Wellen in Raumkapseln simulieren, weil Menschen ohne sie nicht leben können. Leider werden Schumann-Wellen von modernen Baumaterialien wie Beton aufgehalten, was in städtischen Gegenden und besonders in Hochbauten zum Problem werden kann. Gesunde Menschen werden damit normalerweise fertig, aber kranke Menschen oder solche, die stark beansprucht sind, könnten ihre Schwäche durch die Anwendung eines Schumann-Wellen-Simulators kompensieren.

Wie man prüft, ob das eigene Zuhause geopathischem Streß unterliegt

Muten

Wenn Sie oder Ihre Mitbewohner ständig krank sind und nicht auf Behandlungen reagieren, besteht die Möglichkeit, daß geopathischer Streß dafür verantwortlich ist. Das läßt sich am leichtesten überprüfen, wenn Sie die Hilfe eines professionellen Wünschelrutengängers in Anspruch nehmen. Da einige Wünschelrutengänger genauere Ergebnisse erzielen als andere, empfehle ich für gewöhnlich, sich das Zuhause von drei Experten unabhängig voneinander muten zu lassen und nur mit den Aussagen zu arbeiten, die von allen übereinstimmend getroffen werden.

Sie können das Muten auch selbst erlernen: Viele Bücher geben Anleitungen und praktische Tips dazu; Ruten und Pendel können über den Handel angeschafft werden und kosten nur wenig; sie liegen auch manchen Einführungssets bei.

Wie Sie in Ihrem Bett schlafen

Auch ganz einfache Dinge wie die Art und Weise, wie Menschen in ihren Betten schlafen, können Hinweise auf geopathischen Streß geben. Im Haus eines Kunden entdeckte ich durch Mutung, daß sowohl bei der Mutter als auch bei dem halbwüchsigen Sohn Erdstrahlen ihre Betten der Länge nach durchzogen. Im Fall der Mutter durchzog der Strahl ihr französisches Bett genau in der Mitte, und sie bestätigte mir, daß sie, seit sie das Bett in diese Position verrückt hatte, nie in der Mitte des Bettes schlafen wollte. Im

Fall des Sohnes gab auch er zu, daß er immer nur auf der einen Seite seines Bettes schlief, und das erwies sich als die Seite, die von geopathischem Streß frei war.

Empfindsame Menschen rücken im Schlaf instinktiv von geopathischen Streßregionen ab. Das ist mir immer wieder von Eltern bestätigt worden, die jeden Morgen ihr Kind an einem Ende oder in einer Ecke ihres Bettes zusammengerollt finden. Die Kinder versuchen dadurch schädlichen Erdstrahlen zu entkommen, die einen Abschnitt ihres Bettes durchziehen. Eltern sollten darauf achten und das Bett sofort umstellen. Andere Hinweise finden sich zum Beispiel, wenn das Kind häufig Alpträume hat, nachts weinend aufwacht oder Bettnässer ist. Es kann dafür auch andere Gründe geben, aber die Möglichkeit geopathischen Stresses sollte geprüft werden.

Haustiere

Wenn Sie einen Hund oder eine Katze im Haus haben, liefern diese oft Hinweise, wo schädliche Strahlen zu finden sind. Katzen lieben diese Energie und genießen sie, während Hunde sie ganz und gar nicht mögen. Wenn Ihre Katze besonders gern an einer bestimmten Stelle schläft, ist das möglicherweise ein Ort, an dem Sie einen längeren Aufenthalt vermeiden sollten. Das bedeutet allerdings nicht unbedingt, daß, wenn Ihre Katze gern auf Ihrem Bett schläft, es dort geopathischen Streß geben muß, denn Hauskatzen suchen manchmal die Wärme, Behaglichkeit und die Nähe zu ihren Besitzern mehr als die Freude, auf Erdstrahlen zu liegen. Wenn Sie allerdings Ihr Bett verrücken, und Ihre Katze sucht immer noch dieselbe Schlafstelle auf, dann haben Sie fast mit Sicherheit an einem »schlechten« Ort geschlafen. Das erklärt übrigens, warum Haustiere manchmal nicht in ihren Körbchen schlafen. Wenn Ihre Katze oder Ihr Hund nicht an dem Ort schlafen will, wo Sie die Schlafstelle eingerichtet haben, dann probieren Sie andere Stellen aus, bis Sie einen Ort gefunden haben, an dem das Tier sich wohl fühlt.

Strahlensucher und Strahlenvermeider

Bakterien, Viren und Parasiten gedeihen durch Erdstrahlen; sie versammeln sich dort und vermehren sich rapide. Ameisen, Termiten, Bienen und Wespen bauen ihre Nester meist an den Stellen, an denen sich schädliche Erdstrahlen kreuzen.

Andererseits leben Hühner, Enten und die meisten anderen Vogelarten nicht gern in der Nähe von Erdstrahlen und werden für gewöhnlich krank oder sterben sogar. Das alte Sprichwort, daß Storchennester auf dem eigenen Dach Glück bringen, erhält so eine neue Bedeutung.

Ich besuchte einmal eine Kundin, die sich einen Vogel gekauft hatte und seinen Käfig in einer Ecke ihres Wohnzimmers aufgehängt hatte. Schon bald starb er aus unerfindlichen Gründen, und sie kaufte einen neuen Vogel. Auch der starb, ebenso der folgende. An diesem Punkt gab sie den Gedanken auf, einen Vogel im Haus zu halten. Das erzählte sie mir nun, nachdem ich das Zimmer ausgelotet und schädliche Erdenergien in jener Ecke gefunden hatte. Wenn sie den Käfig nur ein wenig verrückt hätte, dann hätten ihre Vögel nicht sterben müssen.

Wenn Sie das Glück haben, sich ein eigenes Heim bauen zu können, sollten Sie die Untersuchung, ob die Schlüssellagen frei von geopathischem Streß sind, mit Hilfe eines alten bayerischen Verfahrens anstellen: Bringen Sie einen Ameisenhaufen dorthin. Wenn die Ameisen dort bleiben, bauen Sie dort nicht; wenn sie abziehen, ist alles in Ordnung.

Bauen Sie niemals an einer Stelle, an der der Blitz eingeschlagen hat. Blitze schlagen immer dort ein, wo zwei unterirdische Ströme einander in großem Tiefenabstand kreuzen. Alte Eichen sind nicht der beste Schutz während eines Gewitters, weil sie an den Kreuzpunkten unterirdischer Wasserläufe wachsen und häufig vom Blitz getroffen werden.

Einige Bäume gedeihen nicht an Stellen, die unter geopathischem Streß stehen, und werden sich in dem Versuch des »Fortwachsens« unnatürlich verkrümmen oder aber Krebsgeschwüre entwickeln und absterben. Obstbäume blühen vielleicht, tragen aber keine Früchte. Schnittblumen, die an Plätzen aufgestellt werden, die unter geopathischem Streß stehen, halten sich nur halb so lange, wie sie es normalerweise täten. Gerätschaften, die über schädlichen Erdstrahlen aufgestellt sind, gehen häufig kaputt, und Glühbirnen zerplatzen wiederholt.

Möglichkeiten der Neutralisierung von geopathischem Streß

Gehen Sie ihm aus dem Weg

Rolf Gordon sagte einmal etwas sehr Treffendes: »Wenn Sie ein Auto kaufen, wird man Ihnen normalerweise eine Probefahrt gestatten ... Warum bestehen Sie dann nicht darauf, einige Nächte in einem Haus zu schlafen, das Sie kaufen wollen, bevor Sie den Vertrag unterzeichnen?«

Heutzutage reicht es einfach nicht mehr, ein Haus, das Sie vielleicht kaufen wollen, auf Schäden, Feuchtigkeit und ähnliches prüfen zu lassen. Wenn Ihnen Ihre Gesundheit und Ihr Wohlbefinden etwas wert sind und Sie in dem Haus für längere Zeit wohnen wollen, überprüfen Sie es auf geopathischen Streß. Achten Sie dabei besonders auf die Stellen, an denen Sie Betten, Schreibtische, Lieblingssessel und anderes aufstellen wollen und an denen Sie mehr als vier Stunden pro Tag verbringen werden. Den Ort professionell muten zu lassen ist im Vergleich zu den anderen Kosten, die mit einem Hausbau verbunden sind, sehr preiswert und könnte die wichtigste Investition von allen sein. Wozu sollten

Sie schließlich in Ihrem Traumhaus leben, wenn es Sie körperlich und emotional schädigt? In Deutschland wird dieser Punkt in der Tat sehr ernst genommen, und einige Bauunternehmen erstellen Ihnen Garantiezertifikate, daß die wichtigen Stellen in den neuen Häusern gemutet und von geopathischem Streß für frei befunden worden sind.

Mir ist interessanterweise aufgefallen, daß in allen Häusern, die ich je besucht habe und in denen Menschen an myalgischer Enzephalomylitis litten, geopathische Streßlinien die Betten kreuzten und es aus dem einen oder anderen Grund unmöglich war, dem Bett eine andere Position zu geben.

Geräte

Ein rascher Gang durch eine beliebige Ausstellung zur alternativen Gesundheitspflege fördert viele verschiedene Produkte zutage, die angeblich geopathischen Streß aufheben können. Hinter den meisten stehen gute Absichten, aber einige wirken entweder nicht oder sind nur für kurze Zeit hilfreich. Alle aufgestellten Geräte müssen regelmäßig auf ihre anhaltende Wirksamkeit geprüft werden. Die Dulwich Health Society in Großbritannien hat ein Gerät namens Radi-Tech entwickelt, von dem viele Menschen behaupten, daß es den geopathischen Streß in ihren Häusern aufgehoben hat. Es muß in einen elektrischen Anschluß gesteckt werden und verbraucht dennoch nur die Elektrizität, die es für das Betriebslicht benötigt. Für gewöhnlich reicht eines dieser Geräte für das ganze Haus aus.

Isolierung

Plastik und Kork sind gute Isolatoren und als »Erste-Hilfe-Schutz« vor der Einwirkung schädlicher Erdstrahlen hilfreich. Legen Sie Plastikplanen oder unbehandelte Korkplatten zwischen Ihrem Bettenrost und Ihrer Matratze aus. Je nach Ihrer Empfindlichkeit und der Stärke des geopathischen Stresses werden die Plastikplanen ein oder zwei Wochen halten, bevor sie ausgewechselt werden müssen; die Korkplatten halten etwas länger. Falls Ihr Bettrahmen aus Metall besteht oder Ihre Matratze Metallfedern beinhaltet und auch nur ein Teil davon sich in einem geopathischen Streßabschnitt befindet, wird das Metall die schädliche Strahlung durch das gesamte Bett leiten. Aus diesem Grund und noch aus vielen anderen sind Holzbetten und Matratzen aus natürlicher Baumwolle die bessere Wahl.

Erdakupunktur

Einige Fachleute erzielen ausgezeichnete Ergebnisse, wenn sie Kupferrohre, Eisenstangen oder Stäbe aus Holz an jenen Stellen in den Boden hämmern, wo die Strahlen in das Haus eindringen. Auch diese Methode bedarf einer regelmäßigen Überprüfung, um ihre fortwährende Wirksamkeit sicherzustellen.

Mentale Umleitung

Sehr geschickte Ausübende können den Verlauf unterirdischer Ströme auf mentalem Wege umleiten.

Feng Shui

Einige Kenner des Feng Shui und des Wünschelrutengehens glauben, daß das Erbauen unserer Häuser ohne Rücksicht auf die Geomantie (terrestrische Energieflüsse) des Landes die Ursache dafür ist, daß der geopathische Streß in den westlichen Ländern in den letzten Jahrzehnten so stark angestiegen ist und natürliche Erdstrahlen für menschliches Leben so schädlich geworden sind. Eine andere Möglichkeit wäre, daß das menschliche Immunsystem durch den Lebensstil der modernen Zeit so geschwächt worden ist, daß diese Erdstrahlen nun unsere Gesundheit schädigen. Ich neige zu der Ansicht, daß eine

Kombination dieser beiden Möglichkeiten dafür verantwortlich ist.

In einigen Fällen sorgen Space Clearing und die Korrektur der Energieflüsse mittels Feng Shui für eine gewisse Erleichterung des geopathischen Stresses, was vom Können der Praktizierenden abhängig ist.

Vorsichtsmaßnahmen für Wunschelrutengänger

Alle Strahlen zeigen bei Vollmond, bei Sonnenfleckenaktivität, in den frühen Morgenstunden, bei regnerischem oder stürmischem Wetter und bei erheblicher Umweltverschmutzung verstärkte Wirkung an den Stellen, wo sie sich kreuzen. Obgleich man die Strahlen unter diesen Umständen leichter feststellen kann, ist es nicht anzuraten. Selbst unter allerbesten Bedingungen birgt das Muten eigene Gefahren einfach dadurch, daß man sich auf dieselbe Frequenz wie die der schädlichen Strahlen einstellen muß. Loten Sie niemals, wenn Sie krank oder müde sind, und nehmen Sie danach ein Bad oder eine Dusche (oder waschen Sie wenigstens Ihre Hände unter fließendem Wasser).

Es ist sicherer, nach Plätzen mit guter Wirkung als nach schädlichen Strahlen zu suchen. Meiner Erfahrung nach sind die Ergebnisse dieser Mutungsart genauso exakt und haben zudem noch belebende Wirkung, anstatt Ihre Energien zu erschöpfen.

15. *Elektromagnetischer Streß*

Wir unterliegen nicht nur geopathischem Streß, der sich aus Verzerrungen natürlicher elektromagnetischer Aussendungen der Erde ergibt, sondern auch den künstlichen elektromagnetischen Feldern , die durch elektrische Geräte von Menschenhand erzeugt werden.

Menschen als elektromagnetische Wesen

Menschen sind unglaublich empfindsame elektromagnetische Wesen. Vor vielen Jahren, zu Beginn des zwanzigsten Jahrhunderts und bevor unser Planet von Radiowellen, Mikrowellen, Radar, Fernsehübertragungen, Computersystemen, Mobiltelefonen, Satelliten- und Kabelübertragungen überschwemmt wurde, erbaute ein amerikanischer Arzt namens Albert Abrams eine Maschine, die er einen Oszilloklasten nannte und die Muskelreaktionen in den Bäuchen der Patienten maß. Er verzeichnete Muskelreaktionen auf so schwache elektrische Signale, wie sie beim Einschalten einer Maschine irgendwo im selben Gebäude entstanden. Heutzutage werden wir von so vielen verschiedenen Frequenzen bombardiert, daß wir einen speziell isolierenden Raum aufbauen müßten, um diese Reaktionen zu vermessen. Das bedeutet, daß wir keine Vorstellung mehr davon haben, was es eigentlich heißt, sich »normal« zu fühlen.

Die Weltgesundheitsorganisation (World Health Organization, WHO) hat bestätigt, daß »der menschliche Körper elektromagnetische Felder in Frequenzen bis zu 300 Gigahertz ausstrahlt« (*EHC 137: Electromagnetic Fields*, WHO, Genf, 1993). Das umfaßt die Wellenbereiche sämtlicher Stromkabel, Hausgeräte Bürogeräte, Mobiltelefone, Radiosendungen, Mikrowellen, Radar und sogar Satellitenübertragungen. Einige Menschen können Radarpulse hören, und es hat Berichte über Radiosendungen gegeben, die deutlich über die Zahnfüllungen von Personen vernehmlich waren, welche in der Nähe von Sendemasten wohnten. Ein Teil des modernen Lebensdrucks besteht tatsächlich darin, mit all den elektromagnetischen Signalen fertig zu werden, die uns durchdringen und auf das Zweihundertmillionenfache dessen geschätzt werden, dem unsere Vorfahren ausgesetzt waren.

Künstlich erzeugte elektromagnetische Felder

In der Schule haben wir gelernt, daß ein Wechselstrom, der durch einen Draht fließt, ein magnetisches Feld um den Draht erzeugt. Elektromagnetischer Streß wird dadurch erzeugt, daß wir unsere Körper künstlichen oder auch verzerrten natürlichen elektromagnetischen Feldern aussetzen, die unsere zellularen Abläufe durchdringen und verändern. Die Ergebnisse meiner Arbeit veranlassen mich zu der Schlußfolgerung, daß dies die Lebensqualität eines Menschen verringern und schwerer oder langfristiger Strahleneinfluß das Immunsystem schwächen und so zu einem gesundheitlichen Zusammenbruch führen kann.

Sie können mit Ihren Händen von Menschen erzeugte elektromagnetische Felder auf die gleiche Weise spüren wie die Energie in Häusern (probieren Sie es einmal aus). Ich habe immer wieder festgestellt, daß bei einem unnatürlich vergrößerten elektromagnetischen Feld um die elektrischen Apparate eines Haushalts herum einige oder alle dort lebenden Personen ein beeinträchtigtes Immunsystem aufweisen. Das Ausmaß des vergrößerten Feldes ermöglicht mir die Bestimmung des Ausmaßes der Beeinträchtigung des Immunsystems, und durch das Erspüren der Energie in den einzelnen Schlafräumen ist es für gewöhnlich möglich, die betreffende Person auch aufzuspüren.

Ich glaube, die Felder sind deshalb vergrößert, weil – während ein Mensch mit einem normalen Immunsystem den elektromagnetischen Streß der Gerätschaften um sich verarbeiten und beherrschen kann, was das elektromagnetische Feld im erträglichen Rahmen hält – eine Person mit einem beeinträchtigten Immunsystem das Feld nicht handhaben kann und das Feld somit anwächst. Dadurch hat dann der elektrische Apparat eine größere Wirkung auf sie, was wiederum das Immunsystem weiter schwächt, und so weiter und so fort.

Ohne daß sie es wissen, werden westliche Teenager oft mit elektromagnetischem Streß bombardiert, weil sie sich mit zahlreichen Geräten umgeben, die von ihrem Bett aus bedient werden können. In vielen Häusern ist es nichts Ungewöhnliches, Fernseher, Videogeräte, Computer, Stereoanlagen, Radiowecker und andere Gerätschaften, die 24 Stunden am Tag in Betriebsbereitschaft sind, in den Schlafzimmern aufzustellen. Wahrscheinlich verwenden die Jugendlichen auch in der Schule Computer und setzen sich anderen elektromagnetischen Streßarten aus; ich glaube, daß einige von ihnen danach süchtig werden. Liebevolle Eltern machen sich ihretwegen Sorgen, weil sie für nichts Energie oder Begeisterung aufbringen. Sie werden zu halbwüchsigen Stubenhockern.

Zu ihnen scheint keinerlei elterliche Ermahnung durchdringen zu können, aber eines, was sie aufhorchen läßt, ist ein Gerät, das ich während der letzten zwei Jahre angewendet habe, um elektrische und magnetische Felder auszumessen. Ich zeige ihnen, wo eine unschädliche Feldstärke liegt, und sehe, wie ihnen dann die Kinnlade herunterklappt, weil die Nadel einen viel höheren Wert anzeigt, während ich mit dem Gerät durch ihr Schlafzimmer marschiere.

Space Clearing ist bei der Reduzierung übermäßiger elektromagnetischer Felder hilfreich; doch diese bauen sich wieder auf, wenn nicht etwas getan wird, um das Immunsystem der betroffenen Menschen wiederherzustellen, und wenn sie sich weiterhin mit den Emissionen der elektrischen Geräte bombardieren.

Gesundheitliche Risiken

Jedermann weiß, daß Elektrizität gefährlich ist und daß ein schwerer elektrischer Schlag tödlich sein kann. Die Regierungen haben sehr lange gebraucht, um die Beweislage zur Kenntnis zu nehmen, aber mittlerweile geben einige zu, daß der ständige Umgang mit elektrischen Kabeln und Geräten gesundheitsgefährdend sein kann. Das kann vielerlei Formen annehmen, die von unerklärlichen Depressionen bis zu schwächenden körperlichen Nebenwirkungen reichen. Bisher haben elf großangelegte Studien Beweise dafür erbracht, daß die langanhaltende Aufnahme von besonders niedrigen Frequenzen (*extremely low frequencies*, Abk. ELF) wie zum Beispiel jene, die von Hochspannungsleitungen ausgesendet werden, mit lebensbedrohlichen Krankheiten, etwa Leukämie bei Kindern, in Zusammenhang steht. Die wichtigste Studie wurde von den Schweden Feychting und Albohm vorgenommen; sie kam zu dem Ergebnis, daß Kinder, die in der Nähe von Überlandleitungen leben, einem zwei- bis fünffach höheren Leukämierisiko als üblich ausgesetzt sind.

Dabei muß man sich vor Augen halten, daß elektromagnetische Felder mit wachsender Entfernung von der Quelle nachlassen; daß also die größte Gefahr in den Geräten liegt, in deren Nähe wir uns aufhalten müssen, um sie zu bedienen, bzw. in elektromagnetischen Feldern, denen wir über einen längeren Zeitraum ausgesetzt sind. Wie bei geopathischem Streß müssen wir auf elektromagnetischen Streß besonders in jenen Bereichen achten, in denen wir uns mehrere Stunden pro Tag aufhalten, und besonders an unseren Schlafplätzen, wo wir bis zu 3 000 Stunden jährlich verbringen.

Jean Philips von Powerwatch, einer britischen Bürgerbewegung, die vor den Auswirkungen elektromagnetischer Strahlung warnt, führt aus, daß die Schlafenszeit »jene Zeit ist, in der unser Körper sich zellularen Reparaturen unterzieht, in der jede abnormale Zellenaktivität vom Immunsystem beseitigt wird. Wir sind der Überzeugung, daß die Strahlung von bestimmten Haushaltsgeräten diese Aktivität während der Schlafenszeit stören kann, und es ist bewiesen, daß abnormales Zellwachstum zu Krebs führen kann« (*Daily Mail*, 10. Oktober 1995).

Elektromagnetische Felder am Arbeitsplatz geben ebenfalls Anlaß zur Sorge. Jedenfalls nimmt die Weltbank sie sehr ernst. Ihr Hauptquartier, das einen ganzen Häuserblock in Washington, D. C., einnimmt, wurde gemäß einem Programm »vorausschauende Vermeidung« entworfen. Der Hauptstrombetriebsraum liegt im fünften Kellergeschoß, also so weit von den Mitarbeitern entfernt wie nur möglich, und die Bank hat Mittel und Wege gefunden, den Umgang mit Verkabelungen und stromerzeugenden Geräten einzuschränken. Eine weitere Bank, die Marine Midland, verklagte ihren Vermieter wegen Bodenkabeln, die in ihren Büros in der Park Avenue in New York City Magnetfelder bis zu einer Stärke von 300 Milligauß erzeugten. Es kostete den Vermieter 1 000 000 Dollar, die Kabel abzuschirmen und die elektromagnetischen Felder auf eine akzeptable Stärke zu senken.

Physikalische Grundlagen

Unsere Häuser werden für gewöhnlich von einer Wechselstromquelle gespeist, deren Frequenz zwischen 50 und 60 Pulsen pro Sekunde (Hertz) liegt, was als elektromagnetisches ELF-Feld einzuordnen ist. Im Vergleich zu Industrieanschlüssen sind diese Felder schwach und wurden daher bislang als sicher angesehen, aber neuere Studien geben Anlaß zur Besorgnis.

Roger Coghill, eine Kapazität auf diesem Gebiet, hat sich der Aufgabe verschrieben, die Öffentlichkeit auf diese Gefahren aufmerksam zu machen. Die Stärke des Hintergrundmagnetfeldes in westlichen Häusern geht für gewöhnlich nicht über 1 oder 2 Milligauß hinaus, und das elektrische Feld bewegt sich gewöhnlich im Bereich von 2 bis 5 Volt pro Meter (V/m). Allerdings kann die Nähe von Oberlandleitungen diese Werte drastisch erhöhen, und bei einigen ganz gewöhnlichen Haushaltsapparaten sind die elektromagnetischen Felder um vieles höher. Roger Coghills umfassende Forschungsarbeiten führten ihn zu dem Schluß, daß »in Magnetfeldern von mehr als 2 Milligauß und elektrischen Feldern über 20 V/m ein um das Vier- bis Sechsfache erhöhtes Risiko von Krebs bei Kleinkindern und von unspezifischen Krankheitssymptomen bei Erwachsenen« entstehe. Forscher staatlicher Behörden in Skandinavien und den USA sind zu ähnlichen Schlußfolgerungen gelangt.

Ein Artikel im *New Scientist* (7. Oktober 1995) listete die Ausstrahlungen einiger Haushaltsgeräte bei einem Abstand von 30 Zentimetern auf: Staubsauger bewegen sich demnach für gewöhnlich im Bereich zwischen 20 und 200 Milligauß, Waschmaschinen zwischen 1,5 und 30 Milligauß, und Haartrockner liegen zwischen 0,1 und 70 Milligauß. Die stärksten Magnetfelder werden von Transformatoren erzeugt (und viele Haushaltsgeräte sind damit ausgestattet).

Allerdings ist Roger Coghill der Ansicht, daß anstatt des Magnetfeldes eher das elektrische Feld das schädlichere ist, aber zur Untersuchung dieses Aspektes sind von seiten der Behörden oder der Industrie bislang nur wenig Forschungsmittel zur Verfügung gestellt worden. Coghill hat herausgefunden, daß bei einer Feldstärke von mehr als 10 V/m die Gesundheit beeinträchtigt wird und daß es bei langfristiger Aufnahme von 20 V/m und darüber zu degenerativen Krankheiten kommen kann. Wenn man zum Beispiel neben einer Nachtspeicherheizung schläft, setzt man sich einem Feld von 50 V/m aus. Ein kleines, preiswertes Gerät ermöglicht die Überprüfung beider Feldarten auf sichere Stärken, für Vermesser und Architekten sind auch kompliziertere Instrumente verfügbar.

Überlandleitungen

Eine beratende Körperschaft der amerikanischen Bundesregierung, der Nationalrat für Strahlenschutz, empfiehlt mittlerweile, daß Schulen wegen des erhöhten Leukämierisikos in gehörigem Abstand von Überlandleitungen angesiedelt werden. Stellen Sie sicher, daß in Ihrem Haus niemand in der Nähe von Hochspannungsleitungen oder -masten schläft oder sich dort längere Zeit aufhält; einige Masten strahlen elektromagnetische Felder bis zu einem Radius von einer Viertelmeile aus. Die stärksten Felder liegen zwischen zwei Masten anstatt um einen Mast selbst, und Räume im oberen Teil eines Hauses sind stärker betroffen als die tiefergelegenen Zimmer. Wenn Ihnen aus Platzgründen nur eingeschränkte Alternativen zur Verfügung stehen, richten Sie die Schlafzimmer der Kinder so weit entfernt wie möglich von den

Überlandleitungen ein, denn Kinder sind dafür empfänglicher als Erwachsene. Mauern, Bäume und hohe Hecken zwischen Ihrem Haus und den Kabeln sind zum Abfangen eines Teils der Wirkung elektrischer Felder hilfreich, indem sie in die Erde ableiten, schirmen aber keine Magnetfelder ab, die feste Körper einfach durchdringen. Auch das Schlafen in der Nähe von unterirdischen Stromverteilern und Endtransformatoren bedeutet eine erhöhte Gefahr.

Haushaltsgeräte

Viele elektrische Geräte senden elektromagnetische Felder auch in abgeschaltetem Zustand aus, weil die Elektronen immer noch durch die Stromkreise fließen, an die sie angeschlossen sind. Gewöhnen Sie sich daran, Stecker aus der Wand zu ziehen, wenn Sie die Geräte nicht mehr benutzen. Oder besser noch: Installieren Sie ein Gerät, das den Strom an der Hauptquelle abschaltet, wenn das Gerät nicht benutzt wird. Für Ihr Schlafzimmer ist ein solches Gerät besonders gut geeignet, denn es reduziert Ihre Aufnahme von elektromagnetischen Feldern während des Schlafes.

Weil in Ihrem Zuhause fast immer irgendein Elektrogerät in Betrieb ist (zumindest ja wohl der Kühlschrank), fließt daher auch ständig Strom durch Ihren Hauptverteiler. Stellen Sie sicher, daß er sich nicht in der Nähe jener Orte befindet, an denen Sie sich längere Zeit aufhalten, zum Beispiel in der Nähe Ihres Bettes, Ihres Schreibtischs oder Ihres Lieblingssessels. Das elektromagnetische Feld wirkt auch von der anderen Seite einer Wand oder Mauer auf Sie.

Jedes Gerät, das zum Erhitzen oder Abkühlen benutzt wird, strahlt stark. Schlafen Sie nicht neben einer Klimaanlage, einem Kühlschrank oder einer Elektroheizung oder auch an der entsprechenden Stelle auf der anderen Seite der Mauer. Elektrische Heizkissen und Oberdecken sind sehr bequem, aber lassen Sie sie niemals die ganze Nacht lang eingeschaltet. Es ist viel besser, sich mit einer ganz gewöhnlichen Wärmflasche ins Bett zu legen oder sich an seinen Partner zu kuscheln. Metall konzentriert die Wirkung von Magnetfeldern und leitet elektrische Ströme, also stellen Sie Ihr Bett mindestens eineinviertel Meter von wassergefüllten Metallheizkörpern entfernt auf und noch weiter weg von Nachtspeicherheizungen, wenn diese nachts eingeschaltet sind.

Die meisten Menschen, die mit einem Radiowecker neben ihrem Bett schlafen, haben morgens Schwierigkeiten beim Aufwachen; das Problem erledigt sich für gewöhnlich, wenn dieses Gerät umgestellt wird. Radiowecker strahlen für ihre Größe überraschend starke elektromagnetische Felder aus. Sowohl das Kabel als auch der Wecker selbst müssen sich mindestens zweieinhalb Meter von Ihrem Körper entfernt befinden, besonders von Ihrem Kopf, weil er die spezialisiertesten Empfänger Ihres Körpers enthält, nämlich die Augennetzhäute und die Zirbeldrüse. Ihrer Gesundheit ist weit mehr gedient, wenn Sie einen batteriebetriebenen Radiowecker oder eine aufziehbare Uhr benutzen.

Fernsehgeräte

In einer Fernsehshow der BBC wurde einmal ein erstaunliches Experiment vorgenommen: Ein großer Klumpen Gold wurde mit Klebebändern am Bildschirm eines Fernsehers befestigt, und der Fernseher wurde zwei Jahre lang nicht abgeschaltet. Als das Gold bei einer Liveübertragung abgenommen wurde, nahm man eine Analyse vor, und man stellte fest, daß es zu Blei umgewandelt worden war! Die Elektronen, die vom Fernsehschirm ausgesandt wurden, hatten offenbar einen radioaktiven Zerfall bewirkt.

Vor kurzem erfuhr ich, daß seit neuestem bettlägerige Patienten in englischen Krankenhäusern die Möglichkeit haben, sich für die Dauer ihres Aufenthaltes Fernsehgeräte anzumieten. Ganz offensichtlich hat man dabei nicht die Nebenwirkungen der elektromagnetischen Strahlung auf die Patienten in Betracht gezogen: Farbfernsehgeräte strahlen starke elektromagnetische Felder aus und bewahren ihre Ladung auch nach dem Ausschalten noch für mehrere Tage.

Wenn Sie unbedingt fernsehen müssen, rate ich Ihnen, es nur etwa zwei Stunden pro Tag zu tun; ganz bestimmt aber sollten Sie das Gerät nicht den ganzen Tag »zur Gesellschaft« eingeschaltet lassen. Setzen Sie sich niemals ganz dicht vor einen Fernseher: Bei einem durchschnittlich großen Bildschirm sollte der Mindestabstand zum Gerät zwei bis drei Meter betragen (was von der Bildschirmgröße abhängig ist, denn größere Bildschirme senden größere Felder aus), also stellen Sie Ihren Sessel entsprechend auf. Kinder sitzen besonders gern direkt vor dem Fernseher, und eine Möglichkeit, um sicherzustellen, daß dies nicht geschieht, besteht darin, den Apparat auf einem zwei Meter hohen Podest aufzustellen. Wenn Sie für gewöhnlich im Bett liegend fernsehen, ist vielleicht Ihr Kopf weit genug vom Bildschirm entfernt, aber Ihr restlicher Körper ist es nicht!

Lernen Sie außerdem das aktive Zuschauen. Vor einem Fernseher einzuschlafen ist meiner Ansicht nach eine gefährliche Angelegenheit, weil Sie nicht mehr bestimmen können, was Ihr Unterbewußtsein aufnimmt.

Computer

Wenn Sie vor einem Monitor sitzen, sind Sie von vielen verschiedenen Ausstrahlungen betroffen, darunter sichtbares Licht, ultraviolettes Licht sowie elektromagnetische Strahlung im sehr niedrigen und extrem niedrigen Frequenzbereich. In einigen Fällen sind Sie sogar schwachen Röntgenstrahlen ausgesetzt. Die Schirme sollen eigentlich diese schädlichen Strahlen herausfiltern, aber mit zunehmenden Alter lassen sie nach, und es besteht zudem das Problem, daß schwache Röntgenstrahlung über die Seiten und die Rückfront des Gerätes entweicht. Monitore senden auch positiv geladene Ionen aus, die zu brennenden Augen und Muskelschmerzen in Armen und Händen führen können.

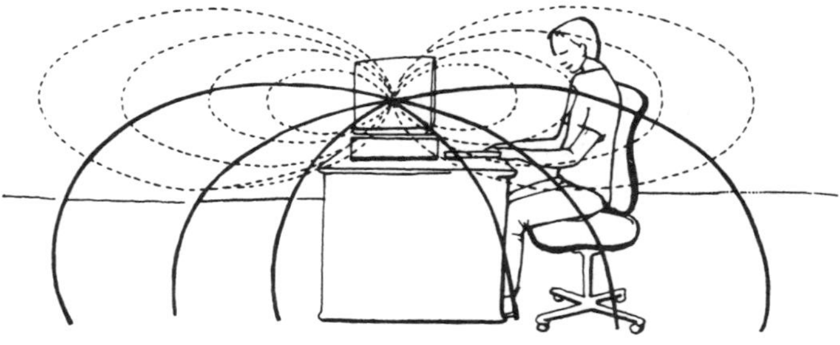

Die magnetischen (–) und elektrischen (–) Felder eines Computers

Sie können beim Fernsehen einen gewissen Abstand zum Gerät halten, aber notwendigerweise müssen Sie direkt neben einem Computerschirm sitzen, wenn Sie mit dem Gerät arbeiten wollen. In Schweden ist es mittlerweile Bildschirmarbeitern verboten, Kathodenstrahlröhrenschirme zu verwenden, deren ELF-Felder, gemessen in einem Abstand von 50 Zentimetern in drei verschiedenen Ebenen, 2,5 Milligauß und 25 V/m überschreiten. Die australische Regierung empfiehlt fünf Stunden täglich als sicheres Maximum für Bildschirmarbeit. In einigen Staaten der USA ist es schwangeren Frauen wegen des hohen Risikos von Fehl- und Mißgeburten nicht gestattet, am Bildschirm zu arbeiten, und einige Arbeitgeber wie die Nationale Journalistengewerkschaft und der BBC World Service erkennen diese Gefahren an und bieten Frauen während ihrer Schwangerschaft auf Anfrage alternative Beschäftigungen an. Andere mögliche Krankheitserscheinungen sind Menstruationsbeschwerden, Abnahme der Libido, Unfruchtbarkeit, Brustkrebs, Augenprobleme, Hautreizungen und andere.

Es gibt einige sehr praktische Dinge, die Sie tun können, um die schädlichen Wirkungen von Bildschirmen zu lindern: Lassen Sie sie ausgeschaltet, wenn Sie nicht daran arbeiten, verwenden Sie Strahlenschirme, tragen Sie natürliches Gewebe wie Baumwolle anstelle von Synthetik, und stellen Sie immer Pflanzen in der Nähe Ihres Computers auf. Kakteen sind zwar nach den allgemeinen Prinzipien des Feng Shui nicht unbedingt ideal, weil ihre spitzen Nadeln nervöses Unbehagen hervorrufen, aber der Cerus-Peruvianus-Kaktus hat sich zur Aufhebung schädlicher Bildschirmstrahlung als sehr wirksam erwiesen und ist aus eben diesem Grund in der New Yorker Börse aufgestellt worden.

Eine andere Lösung besteht darin, zu einem Laptop mit einem LCD-Schirm (*liquid crystal display*, Flüssigkristallanzeige) zu wechseln, der eine deutliche Verbesserung gegenüber der Kathodenstrahlröhre der konventionellen Monitore darstellt. Dieser Schirm sendet weit geringere elektromagnetische Felder aus, und nach dem Wechsel berichteten die damit Arbeitenden von erhöhter Produktivität und Vitalität. Auch dieses Buch wurde auf einem Laptop geschrieben: Ich empfinde die Arbeit mit einem Kathodenstrahlröhrenbildschirm als beeinträchtigend.

Dennoch ein Wort der Warnung zu Laptops: Arbeiten Sie nicht damit, während Sie ihn auf dem Schoß haben. Wenn er Ihren Körper unmittelbar berührt, nehmen Sie tatsächlich mehr Strahlung auf als durch einen konventionellen Bildschirm.

Mobiltelephone

In Amerika sind Schadensersatzklagen von Führungskräften angestrengt worden, die sich häufig ihrer Mobiltelephone bedienen und Tumore am Ohr oder im Gehirn entwickelt haben. Die US-Behörde für Nahrungs- und Genußmittel rät nunmehr dazu, Mobiltelephone nur in dringenden Fällen zu benutzen und die Gespräche so kurz wie möglich zu halten. Mittlerweile wird die Technologie für ein globales Mobiltelephonnetz entwickelt, das statt zu nahegelegenen Bodenstationen direkt zu Satelliten in erdnahen Umlaufbahnen sendet. So können Sie mit einem Mobiltelephon weltweit anrufen, aber passen Sie auf, denn die Ausstrahlungen sind entsprechend stärker.

Wenn Sie ein Mobiltelephon benutzen müssen, verwenden sie es sowenig wie möglich, und benutzen Sie eine Freisprechanlage anstelle eines Handmodells. Achten Sie darauf, daß die Antenne möglichst weit von Ihrem Kopf entfernt ist (verwenden Sie zum Beispiel eine Dachantenne für Ihr Autotelephon).

Piepser

Ein die elektromagnetische »Umweltverschmutzung« erforschender Wissenschaftler, Dr. Glen Swartwout, berichtet von einem Arzt im US-Bundesstaat Oregon, der eine chronische Entzündung am linken Fuß hatte; keine Behandlung half. Schließlich erkannte man, daß er seinen Piepser links auf genau dem gleichen Meridian trug, an dem sich auch die Problemzone an seinem Fuß befand. Als er den Piepser nicht mehr bei sich hatte, genas er. Wenn Sie einen Piepser oder ein anderes Meldegerät benutzen, tragen Sie den Apparat in der Tasche statt direkt am Körper; und wenn Sie meinen, daß Sie ihn unbedingt am Körper tragen müssen, wechseln Sie wenigstens die entsprechenden Stellen.

Mikrowellen

Immer mehr Privatheime und Gaststätten verwenden mittlerweile Mikrowellen. Wenn Sie Ihr Essen in der Mikrowelle zubereiten, werden die Stickstoffketten in den Proteinen aufgebrochen. Einige Gesundheitsexperten sind der Ansicht, daß das Essen dadurch denaturiert und von unserem Verdauungssystem nicht mehr verwertet wird, aber die gesundheitlichen Risiken sind noch nicht zur Zufriedenheit der Behörden nachgewiesen worden. Sie stimmen jedoch darin zu, daß alte Mikrowellenöfen ihre Strahlung unkontrolliert abgeben können, und empfehlen eine regelmäßige Überprüfung.

Man sollte am besten über offenem Feuer oder – als beste Alternative – mit Gas kochen. Falls Sie je die Gelegenheit dazu haben, versuchen Sie doch einmal, die gleiche Mahlzeit über offenem Feuer, einem Elektroherd, einem Gasherd und in einer Mikrowelle zu kochen. Es wird Sie erstaunen, wie unterschiedlich das gleiche Essen schmeckt, wenn es auf verschiedene Arten gekocht wird.

Geräte zur Körperpflege

Es ist weitaus besser, wiederaufladbare Batterierasierer oder gute altmodische Handrasierklingen zu verwenden, anstatt sich den starken elektromagnetischen Feldern auszusetzen, die von elektrischen Rasierern erzeugt werden. Haartrockner haben ebenfalls sehr starke Felder. Ich habe festgestellt, daß Haartrockner meine Energiesysteme ernsthaft durcheinanderbringen, und lasse daher meine Haare lieber auf natürliche Weise lufttrocknen. Das ist auch für die Haare besser.

Kleidung und Bettwäsche aus synthetischen Stoffen

Das Tragen von Kleidung aus synthetischen Stoffen erzeugt statische Elektrizität, die das empfindliche elektromagnetische Gleichgewicht des Energiesystems im Körper beeinträchtigen können.

Schmuck

Schmuck nimmt bestimmte Frequenzen aus der Atmosphäre auf und leitet sie direkt durch die Haut in den Körper weiter. Akupunkte wie Ohrläppchen und Finger (Stellen, an denen häufig Schmuck getragen wird) sind besonders leitfähig, und die Wirkung der elektromagnetischen Felder wird dadurch verstärkt. Viele Arten von Halsschmuck blockieren die normale Übertragung des elektrischen Herzrhythmus zum Kopf und können die Funktionen des Thymus und der Meridiane, die durch den Hals verlaufen, beeinträchtigen. Aus Legierungen hergestellter Schmuck kann ebenfalls aufgrund seiner Toxizität allergische

Reaktionen hervorrufen. Schmuck, der aus reinen Metallen wie Silber, Gold und Platin besteht, kann von Fall zu Fall für die Verstärkung Ihrer Energie zu bestimmten Weiterentwicklungszwekken verwendet werden (siehe Kapitel 6).

Beleuchtung

Die Qualität des Lichtes, dem wir unsere Körper aussetzen, ist ebenso wichtig wie die Qualität der Luft, die wir atmen, oder des Wassers, das wir trinken. Unsere Körper nehmen ihre Lichtnahrung durch die Haut auf (Sonnenlicht ist beispielsweise die einzige Möglichkeit, wie wir uns Vitamin D beschaffen können).

Die meisten Menschen spüren instinktiv, daß fluoreszierende Beleuchtung ihnen nicht guttut, ohne daß sie wissen, wieso. Leuchtstoffröhren senden tatsächlich die gleiche Strahlungsart aus wie Kathodenstrahlröhrenmonitore. Andere Gefahren sind flackerndes und grelles Licht und geringe Mengen Mikrowellenstrahlung. Diese können Augen- und Hautreizungen bewirken sowie Nebenhöhlenprobleme, Schwindel, übermäßige Spannung und heftige Verhaltensänderungen, die besonders bei Kindern festzustellen sind. Gifte wie Phosphor (das für die Beschichtung der Innenseite der Glasröhre verwendet wird) und Quecksilberdämpfe sind ebenfalls in Leuchtstoffröhren zu finden. Wenn man diese Liste liest, fragt man sich, warum sie überhaupt noch jemand benutzt. Die Antwort lautet natürlich, daß Leuchtstoffröhren um vieles billiger zu installieren und zu betreiben sind als gewöhnliche Glühbirnen, so daß die Arbeitgeber sich eher von wirtschaftlichen Gesichtspunkten als dem Wohlergehen ihrer Angestellten leiten lassen.

Natürliches Tageslicht ist zweifellos die beste Beleuchtung überhaupt. Die beste Alternative besteht in Spektralbeleuchtung, die bemerkenswerte Ergebnisse erbracht hat, als sie anstelle von fluoreszierender Beleuchtung in Schulen installiert wurde. Studien in Kanada und den USA haben gezeigt, daß gewalttätiges Verhalten innerhalb von Wochen nicht mehr auftrat, frühere »Problemkinder« zu Musterschülern wurden und die Schulleistungen und -beteiligungen anstiegen. Leider sind vielen Erziehungsbehörden diese Studien nicht bekannt, und sie lassen auch weiterhin routinemäßig Leuchtstofflampen in den Schulen installieren.

Negative Ionisierung

Verschmutzung durch Autoabgase, Klimaanlagen, Zigarettenrauch, Leuchtstoffröhren, elektrische, elektronische und Mikrowellengeräte, statikerzeugende künstliche Fasern in Teppichen, Vorhängen, Kleidung und so weiter reduzieren samt und sonders den Anteil an negativen Ionen in der Atmosphäre und lassen den Anteil an positiven Ionen anwachsen. Falls Sie sich fragen, warum Sie in der Stadt reizbarer und aggressiver sind als auf dem Lande, liegt es sehr wahrscheinlich am höheren Anteil der positiven Ionen in der städtischen Atmosphäre.

In der Natur ist der Anteil negativer Ionen höher auf Berggipfeln, in Parks und weiten Flächen, an Wasserfällen, schnellfließenden Gewässern und am Meer. Aus diesem Grund fühlen wir uns an diesen Orten auch um so vieles wohler. Negative Ionen werden vom ultravioletten Sonnenlicht erzeugt, von Wassertröpfchen und von Pflanzen.

In einem seiner Bücher führt Roger Coghill aus, daß »man in einer ländlichen Gegend mindestens 1 000 negative Ionen pro Kubikzentimeter antrifft, in einer Stadt sind es vielleicht nur 300 pro Kubikzentimeter, und in einem Büro können es sogar nur

50 pro Kubikzentimeter sein«. Ein Negativ-Ionisierer kann Ihnen beim Wiederfinden des Gleichgewichtes in Ihrem Haus hilfreich sein, vorausgesetzt, Sie nehmen einen, der auch anständig isoliert ist. Bei den meisten Ionisierern ist das nicht der Fall, und sie erzeugen starke elektromagnetische Felder, was sich ungünstig auswirkt.

Luftreinigung

Die meisten von uns verbringen einen Großteil ihres häuslichen Lebens in einer Atemluft, die chemische Kombinationen von verwirrender Komplexität enthält. Plastik, synthetische Fasern, Lösungsmittel, Klebstoffe, Haushaltsreiniger, Haarsprays, Kosmetika und Streichmaterialien vermischen sich und schaffen in schlecht belüfteten Räumen Gesundheitsgefahren.

Das chemische Konservierungsmittel Formaldehyd gehört zu den Hauptverschmutzern unserer häuslichen Umgebung und verursacht bekanntermaßen Reizungen von Augen, Nase und Hals sowie Kopfschmerzen, Übelkeit, Schlafstörungen und eine ganze Schar weiterer Symptome.

Wir können auf Forschungsarbeiten der NASA zurückgreifen, die der Luftreinhaltung in Raumkapseln gewidmet waren. Im Zuge der Forschungen entdeckte man, daß verschiedene ganz gewöhnliche Hauspflanzen die Fähigkeit besitzen, viele der häufigsten Schadstoffe, darunter auch Formaldehyd, aus der Luft zu entfernen. Dies sind:

Friedenslilien (*Spathiphyllum Wallisii*)

Peperomien

Gänsefußpflanzen
(*Syngonium podophyllum*)

Zwergbananenpflanzen

Goldener Pothos (*Scindapsus Aureus*)

Friedenslilie

Drei weitere Pflanzenarten wurden entdeckt, die die gleichen Funktionen erfüllen, aber in geschlossenen Räumen nicht so gut zu ziehen sind, weil ihre Blätter länger und stacheliger sind (siehe Kapitel 19 zu Feng Shui-Informationen über stachelige Pflanzen):

Chinesisches Immergrün (*Agleonema*)

Spinnenpflanzen (*Chlorophytum Elatum*)

Schwiegermutters Zunge (*Sansevieria Trifasciata Laurentii*)

Pflanzen filtern nicht nur die Luft, sie erhöhen auch den Sauerstoffgehalt, sorgen für verbesserte Luftfeuchtigkeit und heben ganz allgemein die Energie eines Raumes an. Ich empfehle für gewöhnlich, eine Pflanze pro Computer oder Fernsehapparat so nahe wie möglich an den Geräten aufzustellen, und andere Pflanzen, die je nach Bedarf andere elektrische Geräte ausgleichen.

TEIL V
IHR ZUHAUSE ALS MAGISCHER ORT

16. *Die alte Kunst des Feng Shui*

Nachdem Sie nun Ihren Wohnraum einem Space Clearing unterzogen und ihn geweiht sowie auf geopathischen und elektromagnetischen Streß hin untersucht haben, sind Sie nunmehr hervorragend dafür gerüstet, die Arbeit mit jenem Feng-Shui-Aspekt zu beginnen, der hier im Westen am bekanntesten ist. Dieser Teil des Buches soll ein »Fenster« in die alte chinesische Feng Shui-Kunst sein, ein komplexes und faszinierendes Thema, das uns Gebäude in einem ganz anderen Licht erkennen läßt. Ich wähle die Bezeichnung »Fenster«, weil diese Kapitel einen knappen ersten Blick auf die Bandbreite dieser Kunst liefern. Viele weitere Bücher befassen sich mit dem klassischen Feng Shui, und im Literaturverzeichnis sind einige für diejenigen unter Ihnen aufgeführt, die ihre Studien fortsetzen möchten.

Space Clearing kann unabhängig von Feng Shui angewendet werden, und Feng Shui kann unabhängig von Space Clearing angewendet werden, jedoch habe ich immer wieder festgestellt, daß eine Mischung der beiden Verfahren die besten Ergebnisse erzielt.

Wie man Feng Shui anwendet

Jedesmal, wenn ich ein neues Zuhause beziehe, besteht meine erste Tat nach Vollzug des Space Clearing darin, daß ich alle Feng-

Shui-Handlungen vornehme, die für den Ausgleich eines schlechten Designs nötig sind, und dann arrangiere ich meine Möbel und andere Feng-Shui-Verstärkungen, die dem gegenwärtigen Fokus in meinem Leben entsprechen. Ich sehe mein Zuhause als Ort magischer Manifestationen, als Schnittstelle zwischen mir und dem Universum. Im Laufe meines Lebens wird mein Zuhause ständig erneuert und verändert. Ich höre auf mein höheres Selbst, richte mein Zuhause entsprechend ein, und die Frequenzen strahlen in den Kosmos und wieder zurück und bringen die Informationen über die nächste Stufe meiner Reise mit sich.

Die Kunst des Feng Shui ist ein wundersames Werkzeug, das Ihnen dabei behilflich sein kann, das Leben zu manifestieren, das Sie sich für sich wünschen. Indem Sie bewußt Ihre Wünsche und Absichten in Ihr Umfeld plazieren, kann dies Sie auf bemerkenswerte Art und Weise bestärken. Dieses Buch handelt nicht davon, Ihnen klarzumachen, was Sie wollen, aber dies ist ein sehr, sehr wichtiger Teil des Vorgangs. Verdeutlichen Sie sich Ihre Absichten, und stellen Sie sie symbolisch in Ihrem Umfeld dar. Feng-Shui-Verstärkungen wie die Positionierung Ihrer Möbel, Spiegel und Kristalle können dann zur Verbesserung des Energieflusses wirken.

Einige Menschen fühlen sich von Feng Shui angezogen, weil sie darin eine Technik zur Erlangung raschen Wohlstands sehen. Sie haben gehört, daß man einen Kristall aufhängen kann, dann lehnt man sich zurück und sieht, wie das Geld in Schubkarren angefahren wird. So einfach ist es natürlich nicht. Wenn Sie bereits viel eigene Arbeit geleistet haben und Ihre heimische Umgebung energetisch sauber ist, kann es so sein, doch für die meisten Menschen ist damit ein langwieriger Prozeß der Einstellung auf den Fluß der universellen Fülle verbunden, der stufenweise durchlaufen werden muß. Das Schöne an Feng Shui besteht darin, daß, wenn Sie Veränderungen an Ihrem äußeren Umfeld vornehmen, diese faßbar und sichtbar sind. Sie können anhand der Veränderungen, die Sie im Äußeren vornehmen, sehen, was in Ihrem Inneren geschieht. Viele Menschen erachten diese Art der Veränderung als viel einfacher, als sich in tiefschürfenden Therapien mit ihren inneren Prozessen auseinanderzusetzen.

Feng Shui erstreckt sich auf viele Bereiche des Wohnraums. Die Gesamtgestalt eines Gebäudes und die Anordnung der Innenräume sind dabei sehr wichtig; Feng Shui liefert außerdem Richtlinien für die Positionierung von Türen, Fenstern, Betten, Schreibtischen, Öfen, Badezimmern, Toiletten, Kaminen und anderen Schlüsselstellen, damit der Energiefluß verstärkt und Harmonie in Ihrem Leben geschaffen werden kann.

Vorbeugendes oder heilendes Feng Shui?
Feng Shui wird im Osten im allgemeinen in der vorbeugenden Variante ausgeübt, während der Großteil meiner Arbeit im Westen in heilendem Feng Shui besteht. Man wendet sich an mich, um Ausstattungsfehler aufzuspüren und zu korrigieren, die widrige Wirkungen verursachen. Ein kleiner Prozentsatz des Wohnraums (häufig Häuser, die in Eigentumswohnungen aufgeteilt worden sind) ist so scheußlich, daß er nicht behandelt werden kann, aber in den meisten Fällen lassen sich einfache Lösungen finden und durchführen.

Feng Shui: Die Sprache der Symbole

Alles hat eine Symbolsprache und eine Wirkung. Nehmen Sie zum Beispiel das rote Dreieck, das bei Warnschildern im Straßenverkehr weltweit angewandt wird: Die Form und Farbe eines roten Dreiecks ist ein Symbol, das vom Unterbewußtsein allgemein als Gefahrenzeichen erkannt wird. Einige Arten von Symbolen im Zuhause eines Menschen haben ähnliche universelle Bedeutung, während einige vielleicht nur für die Bewohner eine Bedeutung haben, weil sie sich auf ein bestimmtes Ereignis in ihrer Vergangenheit beziehen.

Sehen Sie sich Ihre Bilder und Einrichtungsgegenstände ganz unbefangen an. Sagen sie symbolisch das aus, was Sie möchten? Fangen Sie jetzt damit an, sich bewußt Ihr Umfeld zu erschaffen. Wenn Ihr Leben spiritueller sein soll, dann umgeben Sie sich mit Gegenständen, die Ihre Spiritualität anregen. Wenn Sie mehr Freunde haben wollen, plazieren Sie ganze Gruppen von Objekten und viele Photos in Ihrem Heim anstelle von einzelnen Gegenständen oder Bildern. Zur Erlangung höheren Wohlstandes erschaffen Sie den Symbolismus der Fülle in Ihrem Raum. Wenn Ihr Leben öde und stumpfsinnig wirkt, bringen Sie bunten Dekor an, um den Dingen mehr Farbe zu verleihen. Für mehr Bewegung in Ihrem Leben ersetzen Sie die Stilleben an den Wänden durch belebte Szenen. Für mehr Leichtigkeit und Fluß ersetzen Sie geometrische Muster und harte Linien durch sanfte, fließende Formen.

Achten Sie immer darauf, welche Botschaft Ihre Bilder und Gegenstände aussenden. Zum Beispiel stelle ich häufig fest, daß unglückliche, alleinstehende Menschen ein Bild eines tragisch dreinblickenden Menschen an einem zentralen Punkt ihres Heimes angebracht haben. Für gewöhnlich sind sie von diesem Bild sehr angezogen, und ganz gleich, wie sehr sie ihr Leben auch ändern wollen, sie wollen das Bild doch nicht aufgeben. Falls dies der Fall ist, besteht meine Taktik für gewöhnlich darin, daß sie das Bild eine Zeitlang abnehmen und durch eines ersetzen, das ihre Stimmung hebt, wenn sie es ansehen. Sie tun es und begreifen dann selbst, welche Wirkung das alte Bild auf sie ausgeübt hat.

Wenn Ihr Leben schon seit einiger Zeit nicht mehr allzu gut verläuft, wird sich das in der Bildersprache Ihres Heims niederschlagen, und etwas, das mir immer wieder in den Häusern von Menschen aufgefallen ist, die sich verloren oder deprimiert fühlen, ist die Tatsache, daß bei ihnen vieles »hängt«.

Ich will Ihnen einmal das Haus einer solchen Frau beschreiben, die ich besuchte. In ihrer Küche hingen Becher und Pfannen von Haken herunter, ebenso Schlüssel und verschiedene andere Gegenstände. In ihrem Schlafzimmer hingen Kleider und Beutel von Haken und Türknäufen herunter, und sie hatte sogar ihre Ohrringe an einem Faden zwischen zwei Stäben auf ihrer Frisierkommode aufgehängt (natürlich handelte es sich bei ihrem Ohrschmuck samt und sonders um Ohrhänger!). Sie ließ im ganzen Haus Grünlilien und andere Hängepflanzen aus Körben herunterhängen. Sämtliche Lampenschirme richteten das Licht eher nach unten statt nach oben, und sämtliche Decken waren sehr niedrig, was die Energie noch weiter hinunterzog. In ihrem kleinen Wohnraum befanden sich gut und gerne mehr als hundert hängende Gegenstände. Die Gesamtwirkung war ausgesprochen niederschmetternd, und mir war klar, daß sie sehr deprimiert sein mußte, um solche Symbolismen um sich zu schaffen.

Ich gab ihr die Empfehlung, daß sie ihr Haus einfach abschreiten und jeden hängenden Gegenstand umkehren sollte, damit die Energie eher natürlich nach oben statt nach unten fließen konnte. Ich schlug ihr vor, daß sie ihre Pfannen, anstatt sie aufzuhängen, lieber stapeln, ihre Hängepflanzen zu Kletterern »umerziehen«, ihre nach unten gerichteten Lichtquellen nach oben umstellen sollte, und so weiter. Die Ergebnisse waren bemerkenswert. Um es in ihren eigenen Worten zu sagen: »Ich hatte es nicht bemerkt. Aber sogar beim Gehen ließ ich den Kopf hängen. Jetzt gehe ich aufrecht und freue mich des Lebens!«

Übrigens sind Grünlilien bei Menschen, die sich niedergeschlagen fühlen, besonders beliebt. Sie hängen herunter und breiten sich aus und bringen überall kleine Ableger hervor, die symbolisch die Probleme noch vermehren! Ihre Blätter weisen auch noch Stacheln auf, was Ängste und Aufregung hervorrufen kann. Einige Menschen halten sich Grünlilien, weil sie gehört haben, daß sie die Luft reinigen, aber sie funktionieren auf nur sehr geringen Energieebenen, und zu viele von ihnen in einem Raum drücken die Atmosphäre. Es gibt andere Pflanzen, die die Luft ebenso gut und ohne diese Nebenwirkungen säubern (siehe auch Kapitel 15). Eine oder zwei Grünlilien im Haus zu haben ist nichts Schlechtes, aber lassen Sie sie nicht überhandnehmen!

Schneidendes Chi

Das gesamte Feng Shui beruht auf dem Prinzip der Erschaffung von Leichtigkeit und Harmonie in Ihrem Zuhause, um dadurch Leichtigkeit und Harmonie in Ihr Leben zu bringen; die Symbolik von fließenden Kurven und Mustern ist also besser als geometrische Winkel (schließlich gibt es ja auch in der Natur keine geraden Linien). Scharfe Kanten und spitze Gegenstände erzeugen Brüche und Disharmonie, weil sie unsichtbare Strahlen aussenden.

Das schneidende Chi von Möbeln

Stellen Sie sich in einem Wohnhaus oder Büro einen Empfangsraum vor, in dem die scharfe Kante eines Regals, eines Podestes oder eines Regals bei Ihrem Eintreten auf Ihren Bauch zeigt. Bewußt nehmen Sie sie vielleicht nicht wahr, aber Ihr Körper ist sich dessen sehr wohl bewußt und wird dieser Spitze oder Kante ausweichen wollen, falls es der vorhandene Platz zuläßt. Besucher werden sich wenig willkommen fühlen, und jemand, der dieses Areal mehrere Male pro Tag durchläuft, kann sogar Magenprobleme bekommen.

Wenn Sie so etwas aus erster Hand erfahren wollen, krempeln Sie die Ärmel hoch, nehmen Ihre Armbanduhr und allen Hand- und Armschmuck ab, waschen sich die Hände und sensitivieren sie gemäß der Übung in Kapitel 6. Suchen Sie sich ein Möbelstück mit scharfen Kanten oder zwei Wände, die eine nach außen gerichtete Kante bilden, und nähern Sie sich aus ein paar Metern Entfernung, wobei Sie die Kante mit Ihren Händen erspüren. Beim Näherkommen werden Sie feststellen, daß die Empfindungen stärker werden. Die meisten Menschen sind bei ihrer ersten derartigen Übung davon sehr überrascht. Auch wenn Sie Ihre Hand wegnehmen, spüren Sie immer noch einen dumpfen Schmerz in Ihrer Handfläche. Im nächsten Kapitel erläutere ich die möglichen Gefahren des schneidenden Chi bezogen auf Schlafzimmermöbel und Lampenschirme.

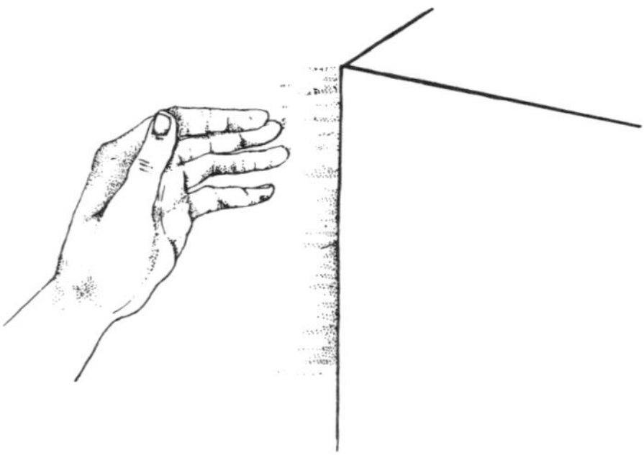

Schneidendes Chi mit der Hand spüren

Um schneidendes Chi zu entschärfen, stellen Sie die Möbel in einer weniger geometrischen Ordnung auf, oder lassen Sie die Kanten abrunden. Eine weitere Lösung wäre, ein Tuch oder eine Hängepflanze mit runden Blättern über die scharfen Kanten zu drapieren bzw. vor der Kante eine hoch aufragende Topfpflanze mit runden Blättern aufzustellen. Sie sollten besser von vornherein Möbel mit abgerundeten Kanten aufstellen, damit sich dieses Problem gar nicht erst ergibt.

Schneidendes Chi außerhalb Ihres Heims

Ein ähnliches Problem kann sich in größerem Maßstab ergeben, wenn die Ecke eines benachbarten Hauses genau auf Ihre Haustür oder eines Ihrer Fenster weist. Ein Baum, eine Hecke oder ein größerer Busch zwischen Ihrem Haus und der Ecke des aufdringlichen Gebäudes kann die Wirkungen lindern; ein aus Ihrem Fenster gerichteter Spiegel im Haus kann die Wirkung zurückwerfen, was eine häufig angewendete Feng-Shui-Kur ist.

Eine weitere Form des schneidenden Chi, die eine durchschlagende Wirkung auf Ihr Leben haben kann, ist gegeben, wenn Ihr Haus im zustrebenden Mittelpunkt einer T-förmigen Kreuzung

Schneidendes Chi an einer T-förmigen Kreuzung

liegt; dies gilt ganz besonders, wenn Ihre Vordertür direkt vor der darauf zulaufenden Straße liegt.

In dieser Position strebt pfeilförmige Energie auf Sie zu, wenn Autos diese Straße entlangfahren. Die widrige Wirkung steht in Beziehung zu der Größe Ihres Hauses, der Größe/Breite der Straße und der Geschwindigkeit der Wagen (wenn Sie ein großes Haus besitzen und die darauf zulaufende Straße ein kleiner »Geheimweg« ist, den kaum jemand benutzt, ist die Wirkung vernachlässigbar). Eine Messingscheibe, ein kugelförmiger Türknauf oder ein anderer reflektierender Gegenstand können an der Vordertür angebracht werden, um diese Art von scharfem Chi abzuwenden. Eine andere Lösung wäre die, den Weg zu Ihrem Vordereingang um ein bis zwei Meter auf die andere Seite zu verlegen, so daß der Weg in einer Kurve und somit in einem anderen Winkel als die Zufahrtsstraße zur Eingangstür führt. Pflanzen Sie dann eine Hecke zwischen Ihrer Tür und der Straße.

Nach der Erklärung dieser Prinzipien wollen wir uns einmal einige grundlegende Aspekte der inneren Aufteilung Ihres Zuhauses ansehen.

17. Verrücken Sie Ihr Sofa, und Sie verändern Ihr Leben!

Wenn Sie von wundersamen Veränderungen im Leben anderer hören, weil ein Feng-Shui-Berater ihnen gesagt hat, daß sie ihr Sofa verrücken sollen, liegt es wahrscheinlich wirklich daran, daß das Sofa den Hauptdurchgang in ihrem Zuhause und somit die Energie blockierte, die in ihr Leben fließen wollte. In diesem Kapitel geht es um die Maximierung des Energieflusses in und um Ihr Heim, damit Sie Ihrem idealen Leben ein Stück näher kommen.

Türen

Ihr Vordereingang

Ich achte immer besonders auf den Vordereingang eines Hauses. Menschen kommen und gehen durch den Vordereingang, also ist er das Portal, durch das Energie in das Leben und aus dem Leben eines Menschen strömt. Wenn Sie Ihr Haus betreten, reflektiert das, was Sie sehen und erfahren, Ihre Beziehung zu sich selbst, und wenn Sie Ihr Zuhause verlassen, stellt es gleichermaßen Ihre Beziehung zur Außenwelt dar.

Wenn Sie demnächst vor dem Vordereingang Ihres Hauses stehen, betrachten Sie es doch einmal mit neuen Augen. Wenn Sie nicht genau wüßten, wer dort lebte, was würden Sie von einem

Blick auf den Vordereingang schließen? Blättert die Farbe ab? Ist die Türklingel kaputt? Ist der Gehweg zugewachsen?

Wenn Sie sich durch überhängende Zweige, herunterhängende Pflanzen, stacheliges Gebüsch oder andere Hindernisse kämpfen müssen, um Ihr Haus zu betreten oder zu verlassen, werden Sie das Gefühl haben, daß Sie einen Kampf austragen, um irgend etwas im Leben zu erreichen. Halten Sie Ihren Gehweg so frei wie möglich. Es ist ebenso wichtig, daß Ihr Vordereingang einladend aussieht, damit Sie bei der Ankunft in Ihrem Zuhause ein positives Gefühl haben. Ein frischer Anstrich, in Kästen eingesetzte Topfpflanzen zu beiden Seiten des Eingangs, Blumenkörbe und Fensterblumen sind Möglichkeiten, um den vorderen Bereich zu beleben.

Wenn Sie eine Hausnummer über Ihrem Eingang stehen haben, bringen Sie sie in einiger Höhe an, anstatt sie weiter unten zu befestigen (Blicke nach unten lassen Ihre Energie absacken); wenn Sie in einem Haus wohnen, dessen Hausnummer zwei oder mehr Ziffern aufweist, habe ich hier einen fabelhaften Feng-Shui-Tip für Sie: Bringen Sie die zweite und alle folgenden Ziffern so an, daß sie etwas höher stehen als die erste Ziffer. Dadurch erhalten Sie jedes Mal, wenn Sie durch diese Tür gehen, einen Energieschub. Sie können das gleiche Prinzip auch bei Buchstaben anwenden, wenn Ihr Haus statt einer Nummer einen Namen trägt.

Ihr Leben verläuft am leichtesten, wenn Ihre Vordertür sich direkt zu einer Wand hin öffnet und keine Unordnung im Wege steht. Eine klemmende Vordertür bedeutet, daß die Dinge für Sie nicht so glatt verlaufen, wie sie es eigentlich sollten, und wenn Sie jedesmal am Schlüssel ruckeln müssen, um das Schloß zu öffnen, wird Ihr Leben voller widriger Kleinigkeiten sein. Wenn Sie Ihren Vordereingang in gutem Zustand halten, stellen Sie dadurch sicher, daß in Ihr Leben leichter Energie fließen kann.

Wenn Sie beim Eintreten sofort vor einer Mauer stehen, begreifen Sie, was die alte Redensart »gegen eine Mauer rennen« bedeutet. Im Laufe der Zeit kann das Gefühle der Niederlage und Hoffnungslosigkeit erzeugen und schließlich sogar Ihre Haltung beeinträchtigen: Sie lassen Ihre Schultern hängen und gehen gebeugt. Hängen Sie einen Spiegel an die Wand, um dem Raum Tiefe zu verleihen, oder zumindest ein Bild, das Sie inspiriert. Wenn der Raum unmittelbar hinter dem Vordereingang eher düster ist, installieren Sie dort eine Lampe.

Innentüren

Mir ist an Menschen, die sich im Leben mit allerlei abmühen müssen und sich wie in einer Sackgasse fühlen, aufgefallen, daß ihr Zuhause umständliche Strukturen aufweist, um die sie herummanövrieren müssen. Ein typisches Beispiel sind mehrere Innentüren, die sich ungünstigerweise frontal auf eine Wand hin öffnen anstatt flach an eine Wand. Mit anderen Worten, bei dieser Türenanordnung treten Sie auf eine Wand zu anstatt in den Raum hinein, und wenn die Tür nicht vollständig geöffnet ist, können Sie nicht ins Zimmer sehen. Dadurch hat die Energie große Schwierigkeiten, in diesem Zuhause leicht zu fließen.

Zuzüglich zu dem Gefühl einer Sackgasse auf geistiger und emotionaler Ebene kann es Ihnen auch passieren, daß, wenn Sie lange Zeit in einem Haus mit dieser Art von Türen wohnen, Sie auch körperlich zu Verstopfung neigen; in England wurden zu viktorianischen Zeiten sämtliche Häuser mit solchen Türen entworfen, um die Privatsphäre zu gewährleisten.

Eine Lösung dieses Designproblems besteht im Umhängen

Ihrer Türen, und wenn Sie das tun, werden Sie sich wie erlöst fühlen: Alles in Ihrem Leben läßt sich um so vieles leichter angehen. Eine weitere Lösung wäre das Aufhängen eines kleinen Spiegels gleich hinter der Tür, um Energie in den Raum umzuleiten. Lesen Sie zunächst die Richtlinien für das Aufhängen von Spiegeln in Kapitel 19; achten Sie auch darauf, daß Sie, wenn Sie einen Spiegel in der Nähe von Lichtschaltern aufhängen, nicht unabsichtlich einen Nagel durch eine Leitung schlagen, oder Sie erhalten auf einmal mehr Energie, als Ihnen lieb ist! Im Zweifelsfall ziehen Sie einen qualifizierten Elektriker zu Rate.

Eine weitere Möglichkeit, den Energiefluß in Ihrem Leben zu verbessern, besteht darin, sicherzustellen, daß all Ihre Innentüren voll geöffnet werden können und nicht von Möbelstücken verstellt sind. Kleidungsstücke, die auf der anderen Türseite an Haken hängen, verhindern das Öffnen der Tür in ihrer vollen Weite und erhöhen zudem das Türgewicht, was Ihren »Lebenskampf« weiter erschwert.

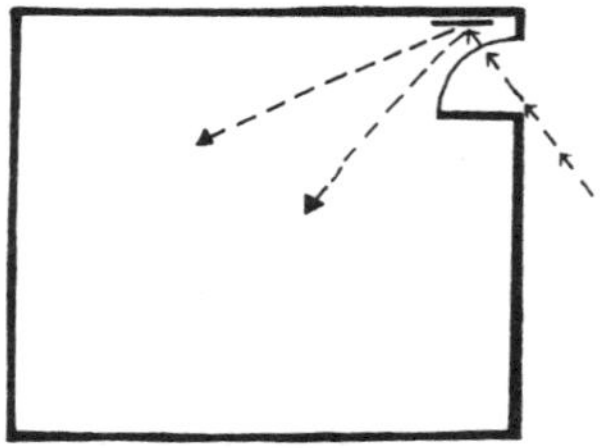

Ein Spiegel als Gegenmaßnahme für eine ungünstig angebrachte Tür

Fenster

Fenster sind die »Augen« Ihres Heims. Scheiben mit einem Sprung beeinflussen im wahrsten Sinne des Wortes die Art und

Weise, wie Sie das Leben sehen, und können sogar Augenbeschwerden verursachen. Wenn Ihre Fenster schmutzig sind, werden Ihre Lebenseinstellung und Ihre Einsichten in die Ereignisse in Ihrem Leben dadurch eingeschränkt. Es ist, als ob Sie nicht über Ihre eigene kleine Welt, Ihre eigenen erstarrten Ansichten hinaussehen könnten.

Putzen Sie Ihre Fenster, und bringen Sie mehr Klarheit und Weitsicht in Ihr Leben. Fenster, die sich nur teilweise öffnen lassen (wie zum Beispiel Schiebefenster), können sich auf Sie einschränkend auswirken. Die besten Fenster sind Scharnierfenster, die sich voll nach außen öffnen lassen und so die größtmögliche Energie in Ihr Leben einlassen.

Schlafzimmer und Bett

Die Lage und Anordnung des Schlafzimmers und der Betten ist in der Feng-Shui-Tradition einer jeden Kultur stets als äußerst wichtig erachtet worden.

Die Lage des Schlafzimmers

Überprüfen Sie Ihre Räumlichkeiten auf geopathischen und elektromagnetischen Streß hin, bevor Sie entscheiden, welche Räume als Schlafzimmer benutzt und wo in diesen Zimmern die Betten aufgestellt werden (siehe auch Kapitel 14 und 15). Im allgemeinen ist es am besten, Schlafzimmer so weit vom Vordereingang entfernt wie möglich einzurichten. Wenn Sie an dieser Stelle schlafen, haben Sie das Gefühl, daß Sie Dinge, die auf Sie zukommen, sehen können, und haben Zeit, Ihre Optionen zu durchdenken und sich für die beste Möglichkeit zu entscheiden. Wenn Sie zu dicht an der Eingangstür schlafen, geschehen die Dinge plötzlich, und Sie werden von ihnen überrascht, so daß

Ihnen vielleicht Möglichkeiten entgehen und Sie falsche Entscheidungen treffen. Wenn Sie also abgeschieden schlafen, können Sie ein größeres Gefühl inneren Friedens im Schlaf erwarten. Wenn Sie sich beim Schlafen sicherer fühlen, fühlen Sie sich natürlich auch im Leben insgesamt sicherer. Sie können daher viel einfacher das Wirklichkeit werden lassen, was in Ihrem Leben geschehen soll.

Das Bett aufstellen

Es ist ebenfalls wichtig, wo Sie Ihr Bett in Ihrem Schlafzimmer aufstellen. Wenn Ihr Bett zu nahe an der Schlafzimmertür steht, werden Sie sich beim Schlafen nie völlig entspannen können. Ein Teil von Ihnen ist immer auf der Hut, ob jemand das Zimmer betritt, selbst wenn Sie allein leben. Wenn Sie Ihr Bett so aufstellen, daß sich hinter Ihrem Kopf ein Fenster befindet, dann werden Sie in ähnlicher Weise immer auf Eindringlinge lauschen, die Sie von hinten beschleichen, was Streß und ein Gefühl der Verwundbarkeit erzeugen kann.

Am besten stellen Sie Ihr Bett so weit wie möglich von der Tür entfernt auf, idealerweise gerade an der Wand und schräg gegenüber der Tür (nahe an der Mauer, aber nicht unmittelbar daran) mit freiem Blick auf Tür und Fenster. Falls das nicht möglich ist, können Sie einige schlaue Dinge mit Spiegeln anstellen, damit Sie trotzdem einen Blick auf die Tür haben. Sehen Sie sich einmal die Abbildungen auf Seite 237 an.

Stellen Sie Ihr Bett nie so auf, daß Ihre Füße zur Tür zeigen. Das nennt man die »Sargstellung«, weil man einen Toten der Tradition gemäß mit den Füßen voran hinausträgt. In einigen englischen Krankenhäusern herrscht die Vorschrift, daß die Betten der Patienten niemals mit den Füßen zuerst durch eine Tür gerollt werden dürfen, weil man davon ausgeht, daß sich dies negativ auf die Gesundheit und das Wohlbefinden der Patienten auswirkt.

Der Zusammenhang zwischen »mit den Füßen voran« und dem Tod ist in unserer Psyche tief verankert.

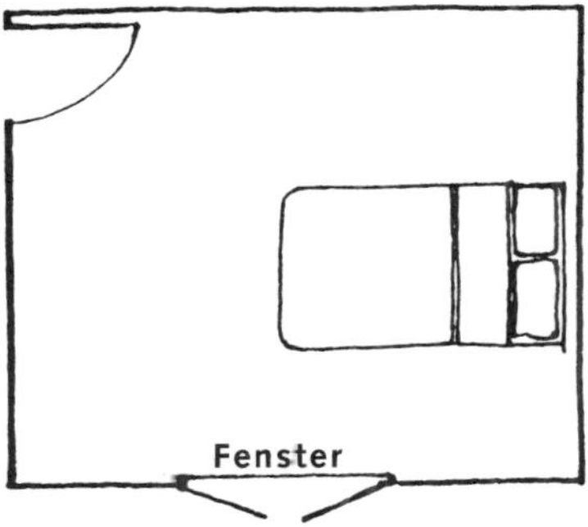

Ideal aufgestelltes Bett

Falls es absolut keine Alternative zu dieser Schlafstellung gibt, befestigen Sie ein Fußbrett als Schild zwischen sich und der Tür. Eine improvisierte Alternative wäre das Aufstellen einer kleinen Kommode zwischen dem Bett und der Tür.

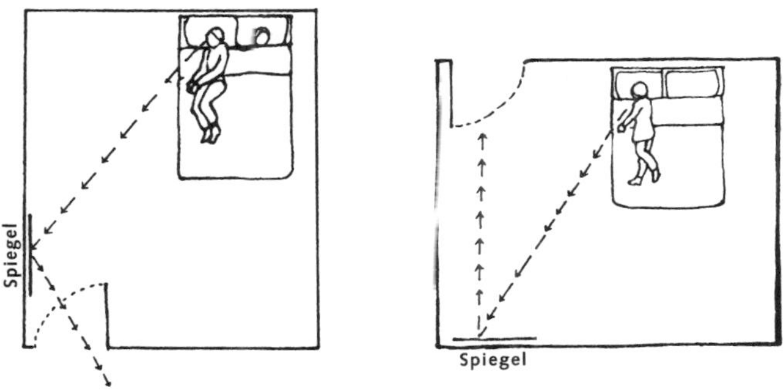

Spiegelstellungen, die Ihnen vom Bett aus einen Blick auf die Tür gewähren

Schlafzimmermöbel

Schneidendes Chi (pfeilähnliche Energie, die von scharfen Kanten ausgeht) muß beim Aufstellen von Möbeln in der Nähe Ihres Bettes berücksichtigt werden. Rechteckige Nachttische oder Schränke sind ein weit verbreitetes Problem. In der Abbildung (Seite 239) schläft die Person auf einem Bett, das von schneidendem Chi in zwei Richtungen kreuzförmig durchzogen wird; das wirkt sich so aus, daß sie sich in ihrem Leben gehemmt fühlt: Auf unerklärliche Weise fühlt sie sich eingeschränkt zurückgehalten, unfähig weiterzukommen.

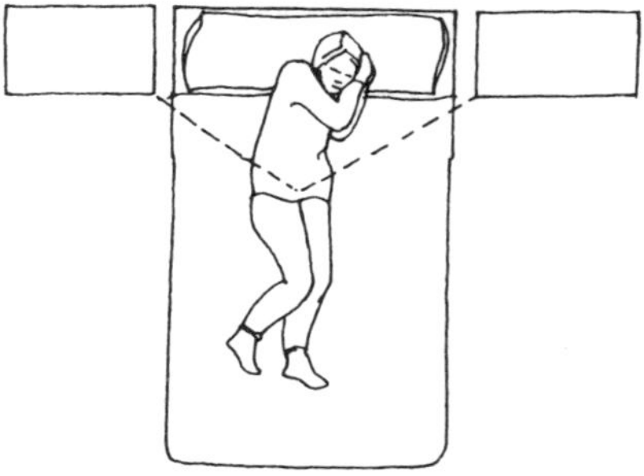

Schneidendes Chi von Nachttischen

Wenn größere Möbelstücke schneidendes Chi auf den Schlafplatz aussenden, wird die Person das Gefühl haben, als ob unsichtbare Kräfte sich zum Losschlagen bereit machten.

Die Wirkung von schneidendem Chi läßt mit wachsender Entfernung nach, also besteht eine Lösung darin, die Möbel in größerer Entfernung vom Bett aufzustellen, falls der Platz dafür ausreicht. Nachttische können durch das Auflegen weicher Tücher entschärft werden, oder, besser noch, die Tische werden durch gerundete Tische ersetzt.

Betten

Am besten schläft man auf Holzbetten auf einer Matratze aus Naturfasern, wie in Kapitel 14 beschrieben. Nehmen Sie ein etwas hochgestelltes Bett, damit die Luft darunter zirkulieren kann.

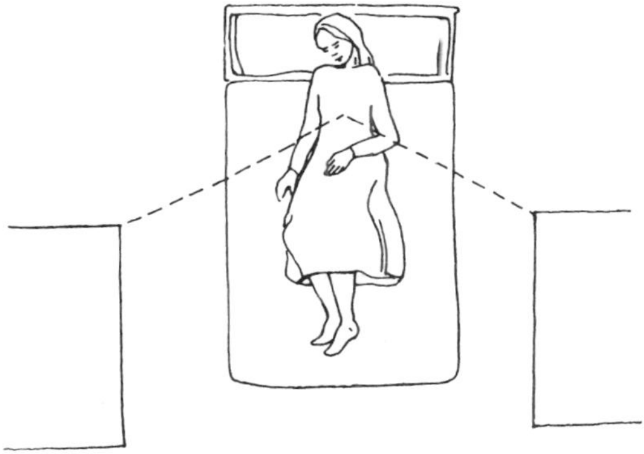

Schneidendes Chi von Schlafzimmermöbeln

Im Laufe der Zeit werden Betten energetisch gesättigt, weil die Menschen im Schlaf Energie abgeben. Ich empfehle, daß Sie Ihre Betten immer dann wechseln, wenn Sie in Ihrem Leben eine wesentliche Veränderung vornehmen, oder zumindest alle zehn Jahre. Wenn Sie eine neue Beziehung anfangen oder ein neues Zuhause beziehen, ist das ebenfalls ein ausgezeichneter Zeitpunkt, sich ein neues Bett zu gönnen. Falls das nicht machbar ist, gönnen Sie sich wenigstens neue Laken und Decken. Es ist nicht gerade das schlaueste, mit einem neuen Partner in dem Bett zu schlafen, das Sie lange Zeit mit einem Liebhaber aus einer fehlgeschlagenen Beziehung geteilt haben!

Wenn Sie mit Ihrem Partner Intimität wünschen, suchen Sie sich kein Bett aus, das in der Mitte unterteilt ist, und wenn Sie in einem Hotel eine romantische Pause einlegen wollen, lehnen Sie jedes Zimmer ab, in dem Sie in zusammengeschobenen Einzelbetten schlafen sollen. Auf einer tiefen, unbewußten Ebene führt das Schlafen in einem aufgeteilten Bett zu dem Gefühl, daß zwischen Ihnen und Ihrem Partner eine unüberbrückbare Kluft besteht.

Achten Sie ebenfalls darauf, daß Ihr Bett nicht unter einem freiliegenden Balken steht. Ein Balken, der längs über der Mitte eines Bettes verläuft, kann eine gute Ehe ruinieren, und ein Querbalken kann medizinische Probleme in jenen Körperteilen verursachen, über denen er verläuft. Sich kreuzende Balken in einem Schlafzimmer sind ein Feng-Shui-Alptraum. Meistens hilft es, die scharfen Kanten der Balken rundzuschleifen und sie in der gleichen Farbe wie die Decke anzustreichen, so daß sie sich nach oben zurückzuziehen scheinen, anstatt herabzuragen. Die beste Lösung wäre das Anbringen einer falschen Decke zur Abschirmung oder aber das Aufstellen des Bettes in einem anderen Zimmer. Falls keine dieser Möglichkeiten in Frage kommt, halte ich die Probleme mit Balken für so schädlich, daß ich für gewöhnlich den Umzug in ein anderes Zimmer empfehle, ganz besonders, wenn sich bereits Ehe- oder Gesundheitsprobleme eingestellt haben. Von den Balken ganz abgesehen, ist es sowieso nicht angebracht, etwas von der Decke über dem Bett herabhängen zu lassen. Ich habe bei Konsultationen schon häufig eine Lampe über einem Bett hängen sehen, die den Menschen medizinische Probleme bereitet hatte. Aus der Position der Lampen zur Lage der Personen im Bett konnte ich diesen sagen, in welchen Körpergegenden sie Malaisen entwickelt hatten.

Die schlimmsten Arten von Lampenschirmen oder -fassungen sind solche mit nach unten zeigenden scharfen Spitzen. Im Schlafzimmer einer Kundin hing eine große, häßliche Lampe, deren Fassung sieben nach unten weisende Spitzen aufwies, die direkt über der Zone hingen, wo sich beim Schlafen ihr Unterleib befand. Als sie mir dann sagte, daß sie bereits seit drei Jahren dort schliefe, wußte ich, daß sie mit großer Wahrscheinlichkeit Probleme mit ihrer Gebärmutter bekommen würde, wenn sie nicht schon welche hatte. Es stellte sich heraus, daß es vor zwei Jahren schon einmal soweit gewesen war und der besagte Körperbereich immer noch Schwierigkeiten machte. Ich riet ihr zur Umstellung ihres Bettes, und sie rief mich zwei Wochen später an, um mir Bescheid zu geben, daß sie nachts keine Schmerzen mehr litt. Ein Jahr später hatte sich ihr Zustand normalisiert.

Das ist nur eines von vielen, vielen Beispielen, die ich während meiner Arbeit erlebte. Wenn Sie Ihr Bett unter einer Lampe stehen haben müssen, weil es dafür keinen anderen Platz gibt, suchen Sie sich einen abgerundeten oder kugelförmigen Lampenschirm aus, der viel freundlicher auf Ihren Körper wirkt.

Büro und Schreibtisch

Wenn ich meinen balinesischen Freunden erzähle, daß im Abendland die Menschen in Büros arbeiten, deren Schreibtische zur Wand gerichtet sind, und daß sie mit den Rücken zueinander dort sitzen, ernte ich regelmäßig Lachsalven! Sie sagen, daß dies erkläre, warum so viele Menschen aus dem Westen einen so glasigen Blick hätten!

Die Feng-Shui-Regeln für das Aufstellen eines Schreibtisches stimmen weitgehend mit denen für das Aufstellen eines Bettes überein. Überprüfen Sie die in Frage kommenden Stellen zuerst auf geopathischen und elektromagnetischen Streß. Die ideale Position für einen Schreibtisch ist schräg gegenüber einer Tür mit dem Rücken gerade zur Wand und freiem Blick auf Tür und eventuelle Fenster. Dadurch befinden Sie sich an der Machtstelle des Zimmers und besitzen die größte kreative Freiheit sowie das ausgeprägteste Gefühl von Sicherheit und Kontrolle. Falls die Aufteilung des Zimmers es erlaubt, ist eine wundervolle Möglichkeit, Ihren Schreibtisch in dieser Zone der Glückbringenden Segnungen aufzustellen.

Vermeiden Sie es, Ihren Schreibtisch direkt in einer Linie mit der Tür oder mit dem Rücken zu einem Fenster aufzustellen, denn diese Faktoren schwächen Ihre Position. Sitzen Sie während der Arbeit niemals mit dem Rücken zur Tür. Ein Teil Ihres Bewußtseins wird immer damit beschäftigt sein, zu spüren, ob jemand hinter Ihnen auftaucht, und dadurch leiden Ihre Nerven, Ihre Produktivität und Ihre Effektivität. Wenn Sie unbedingt in dieser Stellung sitzen müssen, besteht die Feng-Shui-Maßnahme im Aufhängen eines Spiegels über Ihrem Schreibtisch, in dem sich die Menschen widerspiegeln, die sich Ihnen zwangsläufig von hinten nähern.

Falls Sie zu Hause arbeiten, stellen Sie Ihren Schreibtisch so auf, daß Sie eher in den Rest Ihres Zuhauses hineinsehen, anstatt ihm abgewandt arbeiten. Dadurch haben Sie und Ihre Familie das Gefühl, daß Sie auch während Ihrer Arbeitszeit immer noch Teil der Familie sind, und dadurch erhalten Sie den Energiefluß untereinander aufrecht. Wenn Sie während Ihrer Arbeit Ihrer Familie den Rücken zukehren, senden Sie dadurch die Botschaft aus, daß Sie während dieser Zeit für sie verschlossen sind, was bedeutet, daß Sie sich selbst und ihnen etwas vorenthalten.

Schreibtische in Büros werden am besten einander gegenübergestellt. Wenn ich Büros untersuche, ziehe ich stets eine Zeit vor, zu der die Büros leer sind. Indem ich nur einen Rundgang mache und mir die Positionen der Schreibtische und einige andere aussagekräftige Merkmale ansehe, kann ich den Eigentümern ein komplettes Profil eines jeden Beschäftigten liefern, wie sie zu ihren Arbeitgebern und zueinander stehen, was ihre persönlichen Stärken und Schwächen, Begabungen und Schwierigkeiten sind und wer von ihnen daran denkt, die Firma zu verlassen. Die potentiellen »Aussteiger« haben im allgemeinen ihre Schreibtische mit dem Rücken zur Tür oder in anderen unbequemen Positionen aufgestellt.

Zu meinen Kunden gehörte auch der Eigentümer einer Reiseagentur, der jahrelang im hinteren Bereich seines Großraumbüros mit dem Gesicht zur Wand und dem Rücken zu seinem Personal und zum Vordereingang saß. Nach einer Feng-Shui-Beratung drehte er den Tisch herum und versetzte die Aktenschränke, die bislang den Zugang zu ihm verbaut hatten. Einen Monat später tauchte wie aus dem Nichts ein Vertrag auf, und seine Firma ist mittlerweile das führende Reiseunternehmen für Kuba. Das Unternehmen nahm einen derartigen Aufschwung, daß er selbst sechs Monate später noch nicht dazu gekommen war, die Reiseprospekte drucken zu lassen, aber die Reisen verkauften sich trotzdem sensationell gut.

18. *Das Bagua*

Aus einem chinesischen Feng-Shui-System ist ein wunderbares Werkzeug hervorgegangen, ein Raster, das Bagua (»der Körper des Drachen«) genannt wird und als Feng-Shui-Kompaß dient. Es leitet sich aus dem *I Ging* (dem chinesischen Buch der Wandlungen) her und kann über die Pläne Ihres Zuhauses oder Ihres Arbeitsplatzes gelegt werden, damit Sie sehen, welche Teile des Hauses zu Ihren Lebensaspekten gehören. Durch dieses Wissen erhält alles in Ihrem Zuhause eine noch tiefere Bedeutung, denn nun kann sein Symbolismus direkt in Bezug zu verschiedenen Aspekten Ihres Lebens gesetzt werden. Wie ich so oft zu Kunden sage, die sich eine herunterhängende Hängepflanze mit stacheligen Blättern in ihrem Beziehungsabschnitt aufstellen wollen – wollen Sie etwa, daß Ihre Beziehung so aussieht?

So wie das Leben eine Serie von Mikrokosmen innerhalb von Makrokosmen darstellt, gibt es auch Baguas innerhalb von Baguas. Es gibt ein Bagua für das Grundstück, auf dem Ihr Haus steht. Es gibt ein weiteres Bagua für das Haus selbst. Darin befinden sich wiederum weitere Baguas für jeden Raum im Haus. Sie können diese Baguas sogar für einzelne Schreibtische, Betten und dergleichen anlegen.

Wie man das Bagua anwendet

Zeichnen Sie eine grobe Grundrißskizze Ihres Hauses auf ein Blatt Papier. Sie sollte möglichst maßstabgetreu sein und die verschiedenen Zimmer ausweisen. Falls Sie in einem Haus mit mehreren Stockwerken wohnen, zeichnen Sie erst einmal das Stockwerk, auf dem Sie für gewöhnlich Ihr Zuhause betreten. Übertragen Sie dann das achteckige Baguaraster auf Zeichenpapier oder anderes durchscheinendes Material. Falls Ihr Haus ein exaktes Viereck oder Rechteck ist bzw. einen anderen symmetrischen Außenumriß darstellt, zeichnen Sie zwei diagonale Linien schwach mit Bleistift wie in den Beispieldiagrammen unten:

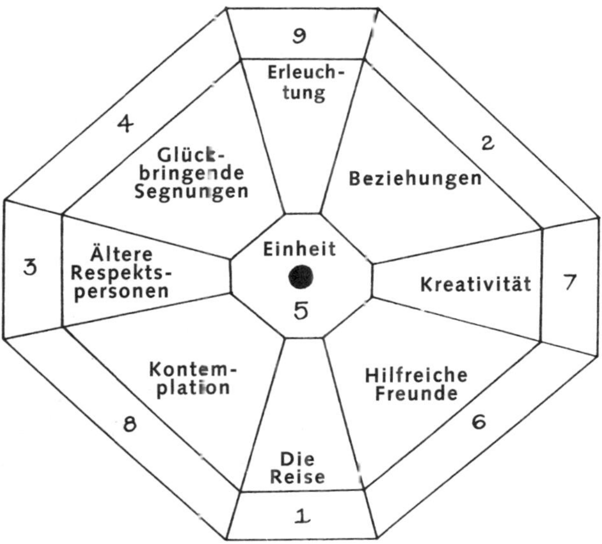

Das Bagua und seine Zonen

Falls Ihr Haus eine unregelmäßige Form aufweist, müssen Sie es symmetrisch »machen«, bevor Sie die Linien eintragen können. Sehen Sie sich die folgenden Beispiele an:

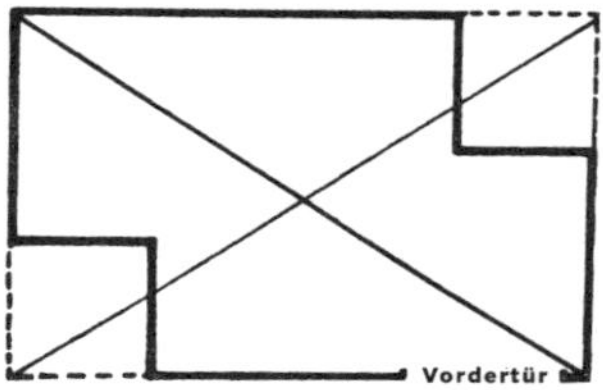

Asymmetrische Umrisse

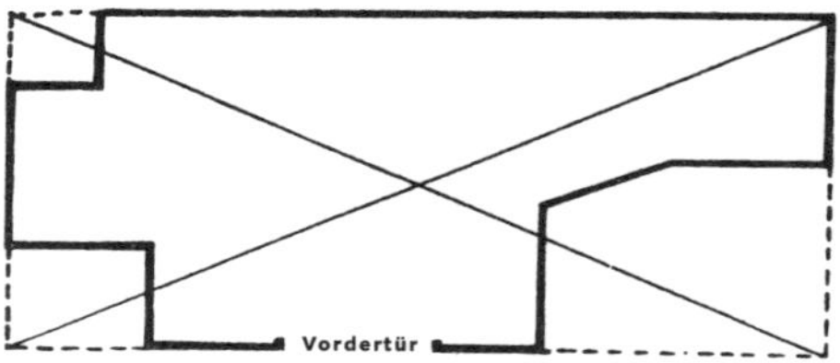

Legen Sie jetzt den Mittelpunkt des Bagua genau über die Stelle, an der sich die beiden diagonalen Linien kreuzen. Das Bagua ist elastisch, man kann also die Linien dehnen oder zusammenschieben, um ihn der Form Ihres Hauses anzupassen.

Zum Schluß drehen Sie das Bagua so, daß sein unterer Rand auf einer Linie mit der Tür liegt, durch die Menschen (und Energien) in Ihr Haus kommen. Für die meisten Menschen wäre das der Vordereingang, aber es kann auch eine Seiten- oder eine Hintertür sein, wenn diese für gewöhnlich von allen benutzt wird. Wenn Sie in einer Eigentumswohnung oder einer Mietwohnung in einem Haus wohnen, nehmen Sie einfach die Eingangstür Ihrer Wohnung als den Eingang, an den Sie Ihren Kompaß anlegen. Hier folgen nun einige Beispiele für

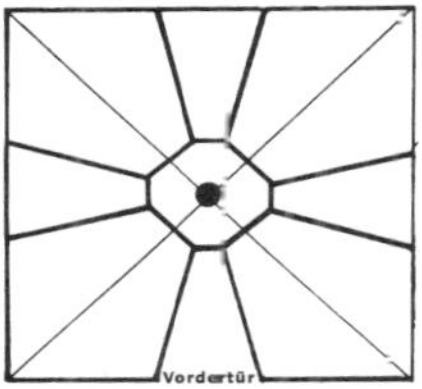

Anlegen des Bagua bei einer symmetrischen Grundform / Vordertür

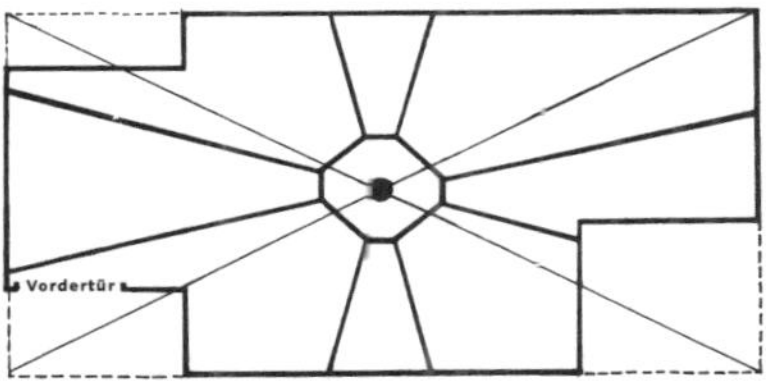

Anlegen des Bagua bei einer asymmetrischen Grundform / Vordertür

verschiedenartig geformte Häuser und die Anlage des Kompasses.

Falls Ihr Haus mehrere Stockwerke aufweist, erhält jeder Stock sein eigenes Bagua; in den meisten Häusern wird das Bagua auf verschiedenen Stockwerken in verschiedenen Richtungen angelegt. Richten Sie einfach den unteren Rand des Bagua auf die Richtung aus, in die der Blick geht, wenn Sie über die Treppe das betreffende Stockwerk betreten.

Fehlende Zonen (Negativer Raum)

Falls Ihr Zuhause eine viereckige, rechteckige oder sonstige symmetrische Gestalt aufweist, ist das gesamte Bagua vertreten. Falls Ihr Heim allerdings unregelmäßig geformt ist, fehlen vielleicht ein oder mehrere Bereiche des Bagua, und das kann die entsprechenden Lebensbereiche ungünstig beeinflussen. Viele Menschen stellen fest, daß ihr Leben eine negative Wendung nimmt, nachdem sie einen Anbau über einen Teil der Rückseite ihres Hauses errichtet und dadurch einen fehlenden Bereich geschaffen haben, oder daß sich ihre Lebenslage verbessert, nachdem sie ein neues Zimmer angebaut haben, um die fehlende Zone auszugleichen.

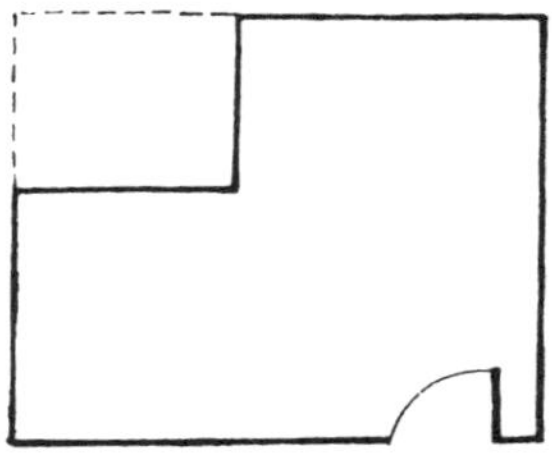

Fehlende Zone der Glückbringenden Segnungen

Nach der Erläuterung der neun Baguazonen werde ich nacheinander die jeweiligen Feng-Shui-Anwendungen erläutern, die fehlende Zonen wieder einbringen, und dazu ausführen, wie Feng Shui-Ausrichtungen genutzt werden können, um verschiedene Bereiche Ihres Lebens zu verbessern.

Die neun Zonen des Bagua

Lesen Sie sich die folgenden Beschreibungen durch, und suchen Sie sich dann aus, auf welche Zonen Sie sich konzentrieren wollen. Es funktioniert am besten, wenn man sich zuerst nur eine oder höchstens zwei Zonen vornimmt.

Die in Klammern genannten Namen sind die für die jeweiligen Zonen traditionell benutzten Bezeichnungen; sie wurden von William Spear, dem Autor von *Die Kunst des Feng Shui*, modernisiert, um das Wesen der einzelnen Aspekte intensiver zu vermitteln, und in Anlehnung an ihn verwende ich hier aktuellere Begriffe.

1. Die Reise (auch: Karriere)

Diese Zone repräsentiert nicht nur das, was Sie tun, um auf einer materiellen Ebene Geld zu verdienen, sondern auch Ihren Lebensweg auf einer eher spirituellen Ebene sowie die Art und Weise, in der Sie die Dinge im allgemeinen angehen. Sie hat mit Neuanfängen und Gelegenheiten zu tun. Verwenden Sie die Feng-Shui-Verstärkungen in dieser Zone, um Karriereaussichten zu verbessern, um Ihr Lebensziel zu finden und um Leichtigkeit und Fluß zu erschaffen.

2. Beziehungen (auch: Ehe)

Die Beziehungszone betrifft Ihre Beziehung mit Ihrem Partner sowie Ihre Beziehung zu sich selbst, Ihrer Familie, Ihren Freunden, Kollegen, anderen Menschen und dem Leben im allgemeinen. Wenn Sie alleinstehend sind und einen Partner suchen, ist das die Zone Ihres Hauses, die verstärkt werden sollte. Falls Sie bereits verheiratet sind, werden Feng-Shui-Verstärkungen in dieser Zone dabei behilflich sein, Ihre Beziehung auch weiterhin kraftvoll und lebhaft zu gestalten. Ebenso können Sie Harmonie und Positivität in die Art und Weise Ihres Umgangs mit Ihren Bekannten bringen.

3. Ältere Respektspersonen (auch: Familie)

Diese Zone bezieht sich auf Ihre Familiengeschichte, auf Vorfahren, Eltern, Vorgesetzte und Einflüsse aus früheren Zeiten. Sie stellt die Grundlage Ihrer Handlungen dar, sei es bewußt oder unbewußt. Wenn Sie in dieser Zone Ordnung halten und sie verstärken, tragen Sie dazu bei, daß sich Ihre Beziehung zu Ihren Eltern und allen Autoritätspersonen verbessert.

4. Glückbringende Segnungen (auch: Reichtum oder Wohlstand)

Die Zone der Glückbringenden Segnungen hat mit dem Fluß der universellen Fülle in Ihrem Leben zu tun. Er kann die Gestalt materiellen Besitzes und des Geldes annehmen, aber auch Segnungen und Wohlstand in all seiner anderen mannigfachen Gestalt. Viele Menschen verstärken diese Feng-Shui-Zone, um ihren Besitz zu mehren, und sie ist natürlich von entscheidender Bedeutung im Geschäftsleben. Falls Ihre Toilette, Ihr Abstellraum oder Ihre Putzkammer sich im Bereich der Glückbringenden Segnungen befinden, könnte Ihr Wohlstand allerdings leiden.

5. Einheit (auch: Tai Chi oder Gesundheit)

Ebenso wie gute Gesundheit für unser Glück und unsere Lebensfreude eine zentrale Bedeutung hat, ist auch die Zone, die mit Gesundheit und Vitalität verbunden ist, in der Mitte eines Hauses anzutreffen. Falls sich diese Zone Ihres Zuhauses in Unordnung befindet, werden Sie wahrscheinlich Müdigkeit und Erschöpfung empfinden; daher sollten Sie sie so ordentlich wie möglich halten. Die Chinesen erbauten traditionell ihre Häuser mit einem Hof in der Mitte, so daß diese Zone frei blieb. Falls Sie chronische Gesundheitsprobleme haben, überprüfen Sie ebenso, ob das Zentrum jedes Ihrer Zimmer aufgeräumt ist.

6. Hilfreiche Freunde (auch: Helfer)

Es ist erstaunlich, wie viele Hilfsangebote über Sie hereinprasseln, wenn Sie das Feng Shui in der Zone der Hilfreichen Freunde Ihres Zuhauses verstärken. Dabei kann es sich um Hilfe durch die Familie, durch Freunde, Kollegen, Beamte oder auch Menschen, denen Sie nie zuvor begegnet sind, handeln, oder aber Sie schlagen ein Buch an der richtigen Stelle auf und finden dort eine Antwort, nach der Sie gesucht haben. Diese Zone ist ein wunderbarer

Ort, um einen Altar aufzustellen, wo Sie Bitten an Gott, das Universum, Engel, Führer, unsichtbare Helfer und dergleichen richten können. Da Sie entsprechend dem, was Sie vergeben, auch empfangen, steht diese Zone auch mit Ihren eigenen menschenfreundlichen Handlungen in Verbindung.

7. Kreativität (auch: Nachkommen)
Diese Baguazone befaßt sich mit allem, was Sie erschaffen oder in diese Welt bringen. Verstärken Sie diese Zone, um Ihre Kinder und Ihre Projekte reifen zu lassen. Dieser Platz ist auch hervorragend geeignet für eine »Schatzkarte«, eine bildhafte Darstellung von etwas, das Sie in Ihr Leben bringen wollen, zum Beispiel ein neues Auto, eine bessere Stelle oder eine Reise an einen Ort, an den Sie schon immer einmal reisen wollten. Ich kenne viele wundervolle Geschichten über die Ergebnisse, die sich auf diesem Wege in meinem Leben und im Leben anderer eingestellt haben. In das Bild sollten Sie unbedingt ein fröhliches lächelndes Bild von sich einfügen.

8. Kontemplation (auch: Inneres Wissen)
Diese Zone ist mit neuen Erkenntnissen, innerer Betrachtung, Meditation und innerer Führung verbunden. In einem Zuhause ist sie ein idealer Ort, um eine Bibliothek, einen Arbeits- oder Meditationsraum einzurichten. Wenn Sie Ihre Studien, Ihre Intuition, Ihren spirituellen Fokus oder Ihre Führung durch Ihr höheres Selbst verbessern wollen, verstärken Sie diese Zone.

9. Erleuchtung (auch: Ruhm)
Jeder Mensch ist einzigartig. Diese Zone befaßt sich mit dem Ausdruck Ihrer Individualität, dessen, was Ihr Leben erleuchtet und wofür Sie bekannt sind. Auf einer höheren Ebene betrifft Sie spirituelle Erleuchtung und Selbsterkenntnis. Sie sollten diese Zone

verstärken, falls Sie Ihr Charisma entwickeln, größere Klarheit in Ihrem Leben haben, Ihren Ruf verbessern und/oder Ihr spirituelles Potential entfalten wollen. Diese Zone befindet sich bei der der Tür gegenüberliegenden Wand und ist daher oft der Konzentrationspunkt eines Zimmers.

Was ist zu tun, wenn die Lage Ihrer Toilette wenig Gutes verheißt?

Für die meisten Menschen des Abendlandes ist die glückverheißende Lage ihrer Toilette etwas, an das sie noch nie gedacht haben. Aber für alle, die sich mit dem Bagua auskennen, ist dies eine äußerst wichtige Überlegung. Im Laufe der Jahrhunderte haben die Feng-Shui-Praktizierenden festgestellt, daß, falls eine Toilette sich in der Zone der Glückbringenden Segnungen einer Wohnung befindet, sich daraus Probleme mit dem Wohlstand ergeben können. Es ist fast so, als ob Sie Ihr Geld hinunterspülten! Es mag vielleicht Geld bei Ihnen ankommen, aber wenn Ihre Toilette sich in dieser Zone befindet, geht Ihnen genausoviel wieder verloren. Als 1993 das Interesse an Feng Shui in Großbritannien noch in den Anfängen steckte, hatte ich einen Auftritt im Fernsehen und erläuterte die Probleme, die dadurch verursacht werden, daß sich eine Toilette in jener Zone des Hauses befindet. Die Publikumsreaktion erwischte die Telefonzentrale des Senders vollkommen unvorbereitet – ganze Scharen riefen an und sagten: »Das erklärt, warum wir seit dem Einzug in dieses Haus immer nur Geld verloren haben!«

Glücklicherweise gibt es einige Feng-Shui-Lösungen zu diesem Problem, und sie funktionieren am besten, wenn sie alle zur gleichen Zeit angewendet werden.

1. Falls der betreffende Raum ein Fenster hat, hängen Sie dort einen kugelförmigen Regenbogenkristall auf, damit er soviel Regenbogenlicht wie nur möglich in diesen Raum bringt.
2. Wenn die Toilette nicht benutzt wird, lassen Sie den Deckel unten.
3. Halten Sie die Toilettentür geschlossen, und hängen Sie außen an die Tür einen Spiegel, um Energie abzuleiten. Die Form des Spiegels ist egal; er muß nur eingerahmt sein und flach an der Türfläche anliegen.
4. Stellen Sie eine gesunde, aufwärts wachsende Pflanze mit runden Blättern in den betreffenden Raum, um ihm Energie zu verleihen, oder – falls das nicht geht – das Bild einer üppig aussehenden Pflanze oder eines Baumes oder einiger blühender Blumen.

Meistens lösen diese Maßnahmen das Problem; aber ebenso, wie Sie immer darauf achten müssen, daß die Tür geschlossen und der Toilettendeckel heruntergelassen ist, während Sie mit einer Toilette in dieser Hauszone leben, müssen Sie auch immer auf Ihr Geld achtgeben, solange Sie dort wohnen. Wenn Sie nach einem neuen Zuhause suchen, können Sie sich vielleicht einiges an Lauferei ersparen, wenn Sie die Makler fragen, ob vielleicht ein Grundriß zur Verfügung steht, damit Sie die Lage der Toilette überprüfen können.

19. Noch mehr Feng Shui

Bevor ich weitere Arten erläutere, auf die Feng Shui Ihrem Leben eine wundersame Wandlung verleiht, habe ich noch einen sehr wichtigen Ratschlag für Sie:

Nehmen Sie Feng-Shui-Maßnahmen *allmählich* vor, *nachdem* Sie aufgeräumt haben.

Versuchen Sie nicht, Ihr ganzes Haus auf einmal dem Feng Shui zu unterziehen. Tun Sie das nach und nach, und räumen Sie zuerst gründlich auf. Falls Sie Feng-Shui-Maßnahmen ergreifen, ohne zuvor aufgeräumt zu haben, können Sie Ihre Probleme sogar noch verschlimmern, anstatt sie zu lindern. Falls Sie Ihr Haus noch keinem Space Clearing unterzogen haben, tun Sie es jetzt: Dann suchen Sie sich einen oder höchstens zwei Lebensbereiche aus, auf die Sie sich zunächst konzentrieren möchten. Integrieren Sie jede Veränderung, die Sie in Ihr Haus einbringen, und lassen Sie die Energie zur Ruhe kommen, bevor Sie die nächste Veränderung in Angriff nehmen.

Eine selbständige und äußerst erfolgreiche Kosmetikerin, die einen meiner Workshops besuchte, beachtete diesen Rat nicht. Sie ging nach Hause und stellte überall in ihrem Haus Spiegel und Kristalle auf sowie sämtliche Möbel um. Am Tag darauf riefen sechs Kunden an und sagten ihre Termine ab. Eine weitere Frau tat das gleiche nach einer privaten Beratung, bis ihre Familie einschritt und ihr sagte, daß sie alle gehen würden, wenn sie den Dingen nicht mehr Zeit ließ.

Nachdem Sie das vorangegangene und dieses Kapitel gelesen haben, werden Sie sich gestärkt, voller Tatendrang und begierig fühlen, sofort loszulegen. Bitte halten Sie sich zurück!

Feng-Shui-Heilungen und -Verstärkungen

Feng-Shui-Heilungen sollen den Energiefluß in Ihrem Zuhause in die richtigen Bahnen lenken, während Verstärkungen die Energie eines bestimmten Aspekts erhöhen. Zum Beispiel würde ein Haus mit einer fehlenden Zone der Glückbringenden Segnungen eine dauerhafte Kur zur Behebung dieses Zustandes benötigen. In einem anderen Zuhause, wo der Bereich zwar vorhanden ist, der Wohlstand der Bewohner jedoch nachgelassen hat, könnte eine Feng-Shui-Verstärkung eine Zeitlang diese Zone wiederbeleben. Denken Sie daran, daß das Leben ständige Wandlungen und Veränderungen mit sich bringt. Während Sie sich verändern und wachsen, wird sich auch Ihr Fokus verändern.

Denken Sie beim Lesen des nächsten Abschnitts auch daran, daß jedes Zimmer in Ihrem Haus ein eigenes Bagua hat (legen Sie das Zentrum des Rasters auf die Mitte des Zimmers, und drehen Sie es so, daß der untere Rand entlang auf der Linie des Zimmereingangs liegt). Wenn Sie also einen bestimmten Aspekt Ihres Lebens verändern möchten, verstärken Sie die dazugehörige Zone im Gesamtbagua Ihres Hauses und verstärken Sie sie in den entsprechenden Zonen aller Zimmer, besonders jener Zimmer, in denen Sie die meiste Zeit verbringen.

Ähnlich wie beim Space Clearing sind auch die Feng-Shui-Heilungen und -Verstärkungen um so wirksamer, je mehr Sie sich darüber im klaren sind, was in Ihrem Leben geschehen soll. Sie sind sogar noch tiefgreifender, wenn sie bewußt mit dem innigen Wunsch plaziert werden, daß allen Beteiligten nur das Beste widerfahren soll. Vielleicht wollen Sie bei jeder Feng-Shui-Maßnahme sogar eine kleine Zeremonie vornehmen, um Ihre Absichten zu bündeln und die Wirkung zu maximieren.

Spiegel

Jeder Mensch im Westen kennt die Geschichte von Schneewittchen und den sieben Zwergen. Ihre böse Stiefmutter, die schöne, jedoch eitle Königin, fragt jeden Tag ihren Spiegel: »Spieglein, Spieglein an der Wand, wer ist die Schönste im ganzen Land?« Jedes Mal, ganz gleich wie wütend die Königin auch wird, antwortet ihr der Spiegel wahrheitsgemäß, daß Schneewittchen schöner ist als sie.

Spiegel kommen auch in großen Werken der Literatur wie *Alice hinter den Spiegeln* sowie in dem uralten Aberglauben vor, daß ein zerbrochener Spiegel sieben Jahre Pech nach sich zieht. Häufig werden also Spiegeln magische Eigenschaften zugeschrieben, und sie sind tatsächlich unglaublich kraftvolle Energieumwandler. Im Kontext des Feng Shui sind sie derart vielseitig verwendbar, daß man sie oft auch als »Feng-Shui-Aspirin«, als Allheilmittel, bezeichnet.

Spiegel als Feng-Shui-Heilmittel

Spiegel sind eine ausgezeichnete Möglichkeit, einen fehlenden Bereich in Ihrem Haus auszugleichen. In der Abbildung auf der folgenden Seite wird die fehlende Zone der Glückbringenden Segnungen symbolisch ersetzt, indem an einer der Innenwände ein Spiegel angebracht wird, dessen reflektierende Fläche in das Zimmer hineinzeigt. Es ist nicht nötig, an beiden Wänden Spiegel anzubringen (falls sich in einer dieser Wände ein Fenster befindet, wollen Sie vielleicht lieber einen Kristall anstelle eines Spiegels verwenden; siehe dazu Seite 262).

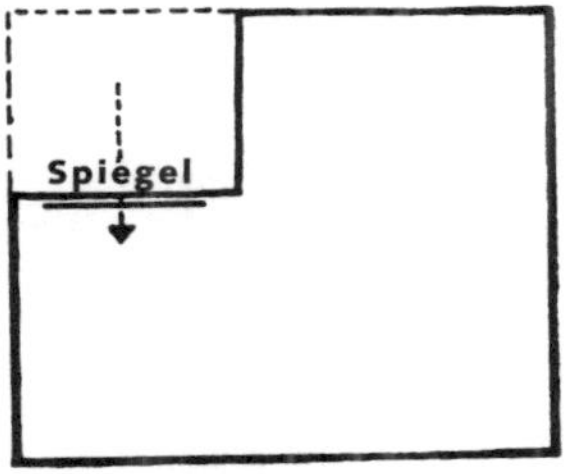

Spiegel, der eine fehlende Zone ausgleicht

Die Verwendung von Spiegeln in Verbindung mit dem Bagua

Wenn Sie einen Spiegel in jener Baguazone aufhängen, die Sie verstärken wollen, werden Sie wirklich zu schätzen lernen, wie mächtig Spiegel sind. Es ist so, als drehe man die Lautstärke in den Energiewelten auf, um noch mehr Vibrationen in den Raum zu bringen. Das kann man natürlich übertreiben: Zu viele Spiegel können Sie überbeanspruchen und Schwindel und Übelkeit verursachen. Ein Spiegel pro Zimmer reicht aus, und andere kleinere Spiegel können nach Bedarf hinzugefügt werden.

Spiegel als Erweiterung eines Raume.

Spiegel können verwendet werden, um mehr Licht (und symbolisch mehr positive Energie) in düstere Bereiche wie zum Beispiel einen dunklen Flur zu bringen. Man kann sie auch verwenden, um einem kleinen Zimmer den Anschein eines viel größeren Raumes zu vermitteln. Ein perfektes Beispiel dafür sind die Toiletten in Passagierflugzeugen, wo der kleine Raum ohne einen

Spiegel einen sehr beengenden Eindruck machen würde. Spiegel werden häufig in Restaurants und Geschäften verwendet, um Weiträumigkeit anzudeuten und um Zimmer und enge Durchgänge in Häusern zu vergrößern.

Symbolische Verdoppelung durch Spiegel

Sie können Spiegel zur symbolischen Verdoppelung von Energie verwenden. Ein beliebter Feng-Shui-Tip für Geschäfte ist das Anbringen eines Spiegels, der die Kasse reflektiert, um die Gewinne zu verdoppeln, oder das Aufstellen von Spiegeln hinter den Waren auf den Regalen, um die Verkäufe zu verdoppeln. Ein Spiegel, der den Arbeitsplatz reflektiert, ist allerdings keine so gute Idee, weil dies symbolisch die Arbeitslast verdoppelt, ohne daß sich notwendigerweise die Gewinne erhöhen! Achten Sie vor dem Aufhängen der Spiegel auch darauf, daß alles aufgeräumt ist, sonst werden Sie nur Ihre Probleme verdoppeln!

Spiegel im Schlafzimmer

Viele Spiegel im Schlafzimmer können Ihnen eine gute Nachtruhe erschweren. In Schlafzimmern sind runde Spiegel besser als eckige, doch sie sollten nie so aufgehängt sein, daß Sie vom Bett aus Ihr eigenes Spiegelbild sehen können. Spiegel am Kopf- oder Fußende des Bettes sind ebenfalls nicht ratsam. In den Schlafzimmern der Kinder sollten überhaupt keine Spiegel hängen, falls die Kinder nicht selbst einen haben wollen.

Das Lagern von Spiegeln

Aufgrund ihrer Kraft ist es nicht ratsam, Spiegel einfach an eine Wand zu stellen, wo sie Energien kreuz und quer durch die Gegend schießen lassen. Das kann in Ihrem Leben Chaos und Verwirrung verursachen. Falls ein Spiegel nicht verwendet wird, reaktivieren Sie ihn durch Abdeckung, oder legen Sie ihn mit der

Spiegelfläche nach unten auf den Boden, damit kein Licht reflektiert wird.

Wie man Spiegel aufhängt

Hängen Sie die Spiegel so auf, daß sie bei Menschen, die sich in dem jeweiligen Spiegel sehen, auch den unteren bzw. oberen Teil des Kopfes zeigen. Falls Sie Kinder haben, plazieren Sie die Spiegel am besten so, daß sie sich bequem sehen können, oder aber so, daß sie sich gar nicht sehen können. Wenn ein Kind im Spiegel nur seine Augen sehen kann, ruft das bei ihm möglicherweise Gefühle der Unzulänglichkeit hervor.

Wenn ein Spiegel so angebracht wird, daß er nur Teile des Körpers unterhalb des Kopfes wiedergibt, kann das ein körperliches Unwohlsein an der »Schnittstelle« im Körper hervorbringen. Wenn Sie zum Beispiel einen Spiegel im Haus haben, in dem Sie häufig Ihr Bild sehen, jedoch nur von der Hüfte abwärts, wird sich Ihr Körper auf Hüfthöhe durchtrennt fühlen und kann in diesem Bereich Probleme entwickeln. Hauptübeltäter bei solchen Wirkungen sind lange Spiegel, die an Wänden lehnen, anstatt zu hängen, sowie Schminktischspiegel im Schlafzimmern.

Eine Frau besaß einen so tief hängenden Spiegel, daß sie den oberen Teil ihres Kopfes darin nicht sehen konnte, und sie hatte jahrelang stechende Kopfschmerzen. Der Spiegel befand sich in der Zentralzone ihrer Wohnung, was bedeutete, daß sie sich viele Male am Tag mit »gekapptem Kopf« sah. Als sie endlich den Spiegel hoch genug hängte, so daß sie ihren gesamten Kopf sehen konnte, verschwanden ihre Kopfschmerzen.

Hängen Sie die Spiegel, in denen Sie sich am häufigsten erblikken, so auf, daß Ihr Spiegelbild viel Platz über dem Kopf hat, was Ihnen Raum zur Erweiterung Ihrer Möglichkeiten gibt.

Achten Sie besonders darauf, daß Sie die Spiegel nicht so aufhängen, daß sie einander reflektieren: Die Energie springt dabei hin und her und geht am Ende nirgendwohin. Ein Mann hatte zwei einander gegenüberhängende Spiegel in einem Flur in der Karrierezone seiner Wohnung; er arbeitete zwar hart, aber er machte keinerlei Karrierefortschritte. Sobald er einen Spiegel abgenommen hatte, ging es mit seiner Arbeit aufwärts.

Denken Sie auch daran, daß es wenig nützt, einen Spiegel in der allerbesten Bagua-Position aufzuhängen, nur damit er dann etwas Unansehnliches wiederspiegelt. Hängen Sie die Spiegel stets so auf, daß sie erfreuliche Anblicke reflektieren.

Lehnen Sie die Spiegel nicht an die Wand oder lassen sie in einem Winkel hängen. Schiefe Spiegel erzeugen Ergebnisse, die nicht ganz Ihren Wünschen entsprechen. Bringen Sie sie fest an der Wand an.

Welche Spiegel können verwendet werden?

Innerhalb einer Wohnung gilt generell: »Je größer der Spiegel, desto besser«, sofern die Größe des Spiegels im Verhältnis zum Zimmer steht. Man sollte immer gerahmte Spiegel verwenden, falls das Glas nicht auf die Paßform eines Alkovens oder Mauereinlasses zugeschnitten ist: Schartige Kanten an Spiegeln werden auch schartige Kanten in Ihrem Leben erzeugen. Die Rahmen können kreisförmig, oval oder rechteckig sein.

Verwenden Sie Spiegel, die breit genug sind, damit Sie nicht das Gefühl haben, sich körperlich einschränken zu müssen, um in sie »hineinzupassen«. Das ist besonders bei mannshohen Ankleidespiegeln wichtig. Sie werden mehr Kraft für Ihr Leben fühlen, wenn Sie Ihr Spiegelbild mit genügend Platz drumherum sehen.

Spiegelkacheln sind absolut tabu. Sie zerteilen Ihr Spiegelbild in Dutzende kleiner Stücke und brechen entsprechend auch Ihr Leben auf. Größere unterteilte Spiegel und Spiegelschränke können ebenfalls unerwünschte Wirkungen zeitigen.

Konvexe Spiegel können Ihre Energie im Bedarfsfall durchaus aufpeppen. In gewisser Hinsicht wirken sie wie Antibiotika, denn wenn Sie sie in wirklichem Notfällen anwenden, wirken sie exzellent; doch wenn Sie gegen jede kleine Beschwerde Antibiotika einnehmen, haben diese später im echten Bedarfsfall nur noch sehr geringe Wirkung. Bei fortwährender Verwendung können Spiegel sich auch als kontraproduktiv erweisen. Eine Geschäftskundin hängte, als sie kein Personal bekam, einen konvexen Spiegel in ihrer Zone der Hilfreichen Freunde auf und erhielt Dutzende Anfragen von Menschen, die für sie arbeiten wollten. Sie verlagerte ihn in ihre Zone der Glückbringenden Segnungen, als es mit ihren Finanzen bergab ging, und diese erholten sich rasch. Sie verwendet ihn auch weiterhin je nach passendem Anlaß.

Spiegelpflege

Wenn Sie Ihre Spiegel blitzeblank halten, werden sie Ihnen wundervolle Dienste leisten. Am besten sollten Spiegel mit guter Reflektierfläche verwendet werden. Fleckige Spiegel bringen »fleckige« Ergebnisse hervor, und am schlimmsten sind fleckige antike Spiegel. Eine Kundin wohnte in einem schönen großen Haus mit drei riesigen fleckigen Spiegeln im Foyer, das sich in der Karrierezone ihres Hauses befand. Es stellte sich heraus, daß seit dem Aufhängen der Spiegel vor drei Jahren weder sie noch ihr Mann Arbeit gehabt hatten, und »fleckig« war für ihre Finanzen seither der angemessene Ausdruck. Gesprungene Spiegel müssen sofort instandgesetzt oder ausgetauscht werden.

Kristalle

Wie man Kristalle anwendet

Man kann die aufmunternde Wirkung regelrecht fühlen, wenn man einen Raum betritt, in dem Regenbogenlichter aus einem im Fenster hängenden Kristall funkeln! Der Kristall bricht die Lichtenergie der Sonne und verteilt sie im Raum; dadurch bringt er symbolisch weitere positive Lebenskraft in Ihr Heim. Kristalle konzentrieren, aktivieren und verstärken Energie, und sie funktionieren am besten, wenn sie in Fenstern hängen, die viel Sonnenlicht empfangen.

Kristalle können zur Verstärkung eines bestimmten Baguabereichs Ihres Zuhauses oder als Heilmittel für eine fehlende Zone in Ihrem Heim Verwendung finden.

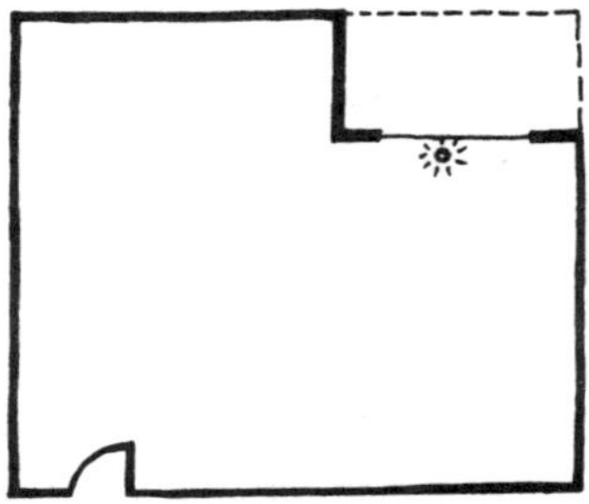

Kristall beim Ausgleich einer fehlenden Zone

Wie man Kristalle aufhängt

Für gewöhnlich ist es am besten, wenn man einen Kristall am oberen Fensterrahmen so befestigt, daß er in die Mitte der Fensterscheibe hängt. Weil Kristalle die Energie der Zone aktivieren, in der sie aufgehängt werden, ist es sehr wichtig, daß das, was sich in der Nähe befindet, symbolisch für das steht, was in Ihrem Leben geschehen soll!

Welche Kristalle verwendet werden

Klare, facettenreiche Bleikristalle sind am besten geeignet. Ihr volles Spektrum der Regenbogenfarben bedeutet, daß Sie alle Möglichkeiten ausschöpfen, um Ihr größtes Potential zu verwirklichen. Kugelförmige Kristalle erzeugen die stärkste holistische Wirkung; sie sind in Größen zwischen 20 Millimetern Durchmesser, die für kleinere Räume und Kinderzimmer gut geeignet sind, und beachtlichen 70 Millimetern lieferbar, die nur für Speisesäle und dergleichen zu empfehlen sind. Suchen Sie sich die Größe aus, die Ihnen für das vorgesehene Fenster am passendsten erscheint.

Die Pflege der Kristalle

Verwenden Sie unter keinen Umständen einen beschädigten Kristall: Dadurch können die Energie verzerrt und unerwünschte Ergebnisse erzielt werden. Halten Sie Ihre Fenster und Kristalle stets blitzsauber. Reinigen Sie Ihre Kristalle als Bestandteil Ihres wöchentlichen Hausputzes, oder veranlassen Sie zumindest, daß sie einmal im Monat gereinigt werden. Eine Gedankenstütze wäre zum Beispiel, sie an jedem Monatsersten zu säubern. Sie müssen sie dazu nicht einmal herunterholen, sondern tunken sie in eine kleine Schale mit klarem Quellwasser und lassen sie dann an der Luft trocknen. Achten Sie immer auf Ihre Kristalle, und sie werden auch auf Sie achten.

Beleuchtung

Kreative Beleuchtung kann einen finsteren Keller zu einer anregenden Behausung und einen langweiligen Laden in eine aufreizende Attraktion verwandeln. Sie kann Aufmerksamkeit lenken und konzentrieren, erheben und anregen, aktivieren und verstärken. Bringen Sie nach oben und nach unten gerichtete Beleuchtung an, um ausgewählte Baguabereiche durch die Erleuchtung von Pflanzen, schöne Wandschirme und Verzierungen zu bereichern. Ein anziehendes Licht vor Ihrem Haus ist wie eine Boje, die Sie willkommen heißt. Verwenden Sie nach oben gerichtete Beleuchtung, um bedrückende Energie von niedrigen oder schrägen Decken und muffigen und engen Räumen oder Fluren anzuheben. Um eine fehlende Zone auszugleichen, stellen Sie einen Strahler in einer entfernteren Ecke auf und richten ihn auf das Haus.

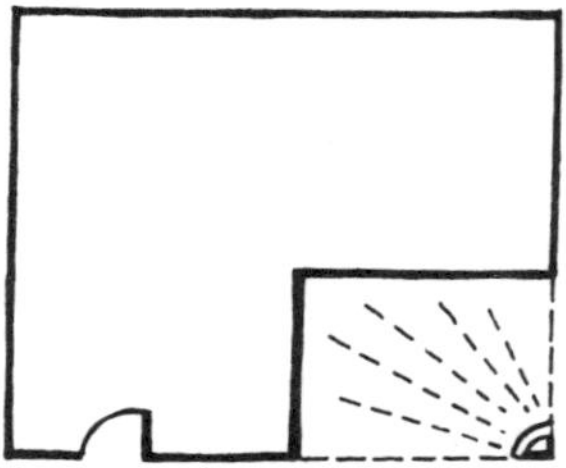

Strahler beim Ausgleich einer fehlenden Zone

Windspiele

Ich bin jedes Mal wieder erstaunt, wenn ich ein Haus betrete und in Eingängen oder Durchgängen Windspiele vorfinde, die so aufgehängt worden sind, daß man sich stets verrenken muß, um an ihnen vorbeizukommen. Tatsächlich hindern sie so den Energiefluß, anstatt ihn, wie vorgesehen, zu verstärken!

Windspiele werden im Feng Shui meistens zur Energiemäßigung verwendet. Denken Sie einmal daran, welches Gefühl Sie empfinden, wenn Sie Ihre Hand in den Wind halten. Wenn Sie

Ihre Finger schließen, kann der Wind nicht hindurch, aber wenn Sie sie spreizen, huscht er durch die Zwischenräume. Windspiele funktionieren auf die gleiche Art und Weise: Sie verlangsamen die Energie, indem sie einen Teil davon aufhalten und den Rest hindurchlassen. Das wunderschöne Klingeln verfeinert die Energie im Vorbeiziehen; dieses Klingeln ist ein herrlicher Klang, aber für die Wirksamkeit der Glocken nicht unbedingt notwendig, einfach weil sie seit so vielen Jahrtausenden für die Zwecke des Feng Shui verwendet worden sind, daß die Energie, durch die sie mit den unsichtbaren Reichen verbunden sind, sie auch ohne Klänge in Gang setzt.

Wann brauchen Sie ein Windspiel? Wenn Ihr Treppenaufgang sich direkt hinter dem Vordereingang befindet, wird ein Windspiel, das an der Decke irgendwo zwischen der niedrigsten und der höchsten Stufe angebracht wird, verhindern, daß ungehindert Energie (und damit symbolisch auch Geld) die Treppe herunterfällt und zur Tür hinaus entweicht. Sie können auch ein Windspiel in einem langen Durchgang aufhängen, um einen zu raschen Energiefluß zu hemmen, oder eine Glocke in einer Baguazone aufhängen, wenn zerstörerische Energie in Ihrem diesbezüglichen Lebensaspekt besänftigt werden soll.

Außerdem werden Windspiele verwendet, um das Energieniveau in einer Wohnung anzuheben. Die Balinesen hängen gern Windspiele an ihre Dachvorsprünge; sie haben melodische *tingkliks*, die sich im Wind drehen und dadurch fröhliche Klänge hervorbringen, welche über die Reisfelder dahinschweben. Das chinesische Feng Shui empfiehlt das Aufhängen von Windspielen in der Nähe eines Ladeneingangs, um die Geschäfte anzukurbeln.

Pflanzen und Blumen

Verwenden Sie Pflanzen, die symbolisch das darstellen, was Sie herbeiwünschen. Im allgemeinen funktionieren rundblättrige, aufragende Pflanzen im Feng Shui am besten. Zu meinen Lieblingen zählt der Geldbaum (*Crassula argentea*, auch Jadepflanze), der zur Steigerung der Glückbringenden Segnungen am besten geeignet ist. Vermeiden Sie stachelige Pflanzen in abgeschlossenen Räumen, weil ihr schneidendes Chi Streit und Gereiztheit erzeugen kann, besonders wenn sie im Beziehungsbereich stehen.

Ein Mann, der meinen Feng-Shui-Workshop für Anfänger besuchte, erkannte, daß er eine ganze Reihe von stacheligen Kaktuspflanzen in der Ecke der Glückbringenden Segnungen seines Hauses stehen hatte, seit er vor 17 Jahren dort eingezogen war. Am Tag nach dem Workshop schaffte er sie aus dem Haus. Seine Frau hielt sich in der Zwischenzeit in Singapur bei seiner Tante auf, und sie rief ihn an, um ihm zu sagen, daß die Tante ihnen spontan einen Scheck über eine fünfstellige Summe ausgestellt hatte! Zum letzten Mal hatten sie vor siebzehn Jahren ein Geldgeschenk erhalten, als das Paar das Haus gekauft hatte.

Tiere

Haustiere können bei der Aktivierung von Energie sehr hilfreich sein, weil sie herumtollen und die Energie dadurch in Bewegung halten. Ein kleines Mädchen erfuhr vom Bagua, machte sich sofort daran, den Käfig ihres Hamsters in der Zone der Glückbringenden Segnungen ihres Schlafzimmers aufzustellen und hielt ihn zum fleißigen Dauerlauf auf seinem Hamsterrad an. Einige Wochen später rief sie mich an und erzählte mir freudig, daß ihr Einkommen aus Taschengeld und anderen Quellen sich verdreifacht hatte! Leider war ihr Hamster mittlerweile recht dünn und erschöpft, und nachdem die Sache besprochen wurde, stimmte sie mir zu, daß es doch besser wäre, sich mit doppeltem Taschengeld zufriedenzugeben, dafür aber auch einen gesünderen Hamster zu haben!

Bewegliche Gegenstände

Jeder bewegliche Gegenstand vor einem reglosen Hintergrund aktiviert Energie und lenkt die Aufmerksamkeit auf sich. Blitzende Neonlichter und andere bewegliche Gegenstände werden in Schaufenstern eingesetzt, um das Geschäft anzukurbeln. Rolltreppen und Rollbänder sind ebenfalls ausgezeichnet, vorausgesetzt, daß die Anzahl der nach unten laufenden Rolltreppen die der nach oben führenden nicht übersteigt! In Ihrem Zuhause können Sie Mobiles verwenden, um die jeweiligen Bereiche des Bagua zu verstärken.

Unbewegliche Gegenstände

Sie können Gegenstände wie zum Beispiel steinerne Statuen im Feng Shui zur Erdung Ihrer Energie verwenden (das ist besonders nützlich, wenn Sie in einem Zimmer mit einem großen unbenutzten Raum darunter schlafen). Andere schwere Gegenstände aus Stein oder Holz oder auch große Möbelstücke können als zeitweilige Verstärkung zur Stabilisierung einer Situation verwendet werden, zum Beispiel beim Stocken der Karriere (in der Reisezone aufzustellen), der Finanzen (in der Zone der Glückbringenden Segnungen), der Beziehungen (in der Beziehungszone) und so weiter. Wenn sie zu lange stehengelassen werden, können diese

Heilmittel eine gegenteilige Wirkung ausüben und die Energie stocken lassen – also behalten Sie die Dinge im Auge.

Symbolische Gegenstände

Verwenden Sie Bilder und Verzierungen in den verschiedenen Baguabereichen, um das zu symbolisieren, was Sie in Ihren verschiedenen Lebensaspekten erreichen wollen. Eine Frau, die auf der Suche nach ihrem idealen Partner war, hatte eine Reihe enttäuschender Partner erlebt. »Sie brauchten Feuer unter dem Hintern, um aktiv zu werden«, wie sie mir anvertraute. Die Überprüfung ihres Hauses ergab eine große sitzende Buddhastatue, die sich in ihrer Beziehungszone breitmachte. Sie ersetzte sie durch eine aktivere männlichere Statuette – und fand ihren Traummann!

Als Feng-Shui-Maßnahme bei drückenden Decken verwenden Sie Bilder von fliegenden Luftballons, Drachen, Engeln, Hubschraubern, Flugzeugen, Vögeln, Schmetterlingen und ähnlichen Motiven. Sogar fliegende Enten können bei steilen Treppen angewendet werden (sie sollten aufwärts fliegen, um Energie die Stufen hinauffließen zu lassen).

Wasser

Ich habe noch nirgends auf der Welt ein chinesisches Restaurant entdeckt, in dem es kein Aquarium oder nicht zumindest ein Bild von Fischen im Wasser gibt. Wasser, das von lebenden Fischen aktiviert worden ist, ist eine wohlbekannte Feng-Shui-Maßnahme, die Wohlstand bringt, und es wird von vielen Geschäftsfirmen als Symbol genutzt.

Als Maßnahme können Springbrunnen zwischen Ihrem Haus und einer Quelle von schneidendem Chi eingerichtet werden, und ein Vogelbad, das in einer fehlenden Zone aufgestellt wird, wird viel Energie anziehen, indem es Vögel in den Raum einbringt.

Farben

Vor vielen Jahren wohnte ich in einem großen Haus aus viktorianischer Zeit und experimentierte damit, daß ich jedes Zimmer in einer anderen Farbe anstrich. Ich hatte ein Braunes Zimmer, ein Rotes Zimmer und so weiter. Ich erfuhr, daß jede Farbe eine spezifische Wirkung ausübt. Rot aktiviert und zieht Aufmerksamkeit auf sich (achten Sie einmal darauf, wie viele bessere Firmen Rot in ihrem Firmenzeichen verwenden), Blau kühlt und entspannt, Grün heilt und belebt, Gelb bereichert die Gefühle. Braun erdet, kann aber zu bedrückend sein, Rosa ist die Farbe der Liebe, während Orange den Hunger anregt (falls Sie abnehmen wollen, streichen Sie Ihre Küche auf keinen Fall orange!).

Weiß und Schwarz sind eigentlich keine Farben, sondern die gleichzeitige Gegenwart aller Farben beziehungsweise die völlige Abwesenheit aller Farben. Sie symbolisieren verschiedene Dinge in verschiedenen Kulturen. Zum Beispiel ist auf Bali Weiß die höchste Farbe und das Symbol der Reinheit im Kreislauf von Leben und Tod; in China wird es mit Tod und Trauer assoziiert. Weißes Dekor in einem Haus kann alle Möglichkeiten eröffnen, aber zuviel Weiß kann auf einen Mangel an Zielstrebigkeit hinweisen. Schwarz symbolisiert den Abgrund des Übergangs, und viele Halbwüchsige durchlaufen eine »schwarze Phase« (sie tragen schwarze Kleidung, streichen ihr Zimmer schwarz an und so weiter), wenn sie mit ihrer Selbstfindung beschäftigt sind.

Die Anwendung von Farben ist ein umfassendes Thema, bei dem viele Faktoren eine Rolle spielen. Ebenso wie Gerüche können Farben tief im Unterbewußtsein und im Körper vergrabene Erinnerungen anregen. Der Wissenschaftler Dr. Max Lüscher, Autor von *Der Vier-Farben-Mensch*, interessierte sich für die Gründe, aus denen bestimmte Farben bevorzugt werden, und führte eine sehr ausführliche Studie zu diesem Thema durch. Er kam zu dem Schluß, daß »ein bestehender Geisteszustand oder ein Gleichgewicht der Drüsen« für die Auswahl verantwortlich sei.

Die Farben, die Sie beim Betreten Ihres Heims zuerst sehen, geben die Art und Weise vor, wie Sie sich dort fühlen, und somit auch, was für Sie dort möglich ist. Suchen Sie sich immer Farben aus, bei denen Sie ein gutes Gefühl haben.

Pastellfarben weisen eine höhere Vibrationsrate auf als Primärfarben und sind ganz sicher für die Zimmer von Kleinkindern am besten geeignet. Im Laufe ihrer Entwicklung fühlen sich die meisten Kinder stärker zu Primärfarben hingezogen; gestatten Sie ihnen also die Wahl der Farben ihres Zimmers, wenn sie in ein Alter kommen, in dem sie Vorlieben entwickeln. Achten Sie auch stärker auf Energieverschiebungen in sich selbst, die die Art Ihrer Beziehung zu den Vibrationsfeldern verschiedener Farben ändern können, und verändern Sie entsprechend die Innenausstattung.

Woher wissen Sie, ob Sie es richtig gemacht haben?

Das Klicken

Eine sehr sensible Kundin sagte mir, daß sie, als sie die von mir nach einer ausführlichen Beratung vorgeschlagenen Veränderungen in ihrem Haus vornahm, bei jeder Veränderung ein deutliches »Klicken« in sich spürte. Das ist auch genau richtig, weil die ganze Kunst des Feng Shui im Umdirigieren und Neueinrichten von Energieflüssen besteht. Was sie nun tatsächlich spürte, war die »Richtigkeit« der Anpassung und die Resonanz in ihr, als die äußerliche Veränderung auf einer inneren Ebene registriert wurde.

Wie sieht es aus?

Sämtliche Feng-Shui-Änderungen, die Sie vornehmen, sollten sich in Ihr Zuhause harmonisch einfügen, um sein Aussehen zu verbessern. Falls Gäste eintreten und sagen: »Was um alles in der Welt macht dieses Ding denn dort?«, sollten Sie Ihre Maßnahmen noch einmal überdenken. Chinesische Spiegel und Windspiele sehen im chinesischen Viertel großartig aus, können aber in einem eleganten westlichen Stadthaus recht deplaziert wirken. Verwenden Sie also stets Materialien, die mit Ihrem eigenen Einrichtungsstil harmonieren. Wenn Sie es richtig gemacht haben, werden Sie sich über das Ergebnis freuen, und andere werden Sie dazu beglückwünschen.

Wie fühlen Sie sich damit?

Ihr Körper weiß genau, was richtig für Sie ist, und kann Ihr bester Führer werden, wenn Sie es lernen, seine Signale richtig zu deuten. Korrekte Feng-Shui-Plazierung erzeugt ein Gefühl der Freude und der Erleichterung im Körper sowie ein Gefühl vollkommener Behaglichkeit.

Deepak Chopra beschreibt dies sehr gut in seinem Buch *The Seven Spiritual Laws of Success* (*Die sieben geistigen Gesetze des Erfolges*):

»Es gibt einen sehr interessanten Mechanismus im Universum, der für das spontane Treffen korrekter Entscheidungen hilfreich

ist. Der Mechanismus hat mit Empfindungen in Ihrem Körper zu tun. Ihr Körper erfährt zwei Arten von Empfindungen: Die eine ist eine Empfindung des Behagens, die andere ist eine Empfindung des Unbehagens. Sobald Sie eine bewußte Entscheidung treffen, achten Sie auf Ihren Körper, und fragen Sie Ihren Körper: ›Wenn ich diese Wahl treffe, was geschieht dann?‹ Falls Ihr Körper eine Botschaft des Behagens aussendet, ist es die richtige Wahl. Wenn Ihr Körper eine Botschaft des Unbehagens aussendet, dann ist es nicht die richtige Wahl.«

Überprüfen Sie Ihre Atmung

Mit jedem Atemzug nehmen wir Energie in unsere Körper auf; ich habe bereits erläutert, wie wichtig es ist, tiefe und volle Atemzüge während eines Space Clearing zu tun, um die Energie in Bewegung zu halten. Wenn Sie Feng-Shui-Veränderungen in Ihrem Haus vornehmen, kann Ihr Atem Ihnen auf ähnliche Weise eine Anleitung geben, ob Sie es richtig machen. Wenn die Energie richtig fließt, geht Ihr Atem leicht und mühelos. Wenn die Energie eingeengt wird, fühlt sich auch Ihre Brust beengt an, und das Atmen wird mühsam. Achten Sie darauf, Ihre Atmung zu überprüfen, um Hinweise auf Ihr Wohlbefinden zu erhalten.

Sind Ergebnisse erkennbar?

Die wirkliche Probe für den Erfolg des Feng Shui ist die folgende: Verläuft Ihr Leben im Ergebnis besser? Manchmal ereignen sich die Veränderungen auf drastische und offensichtliche Weise; in diesem Buch habe ich viele derartige Beispiele aufgezeichnet. Andere Ergebnisse stellen sich langsamer oder weniger offensichtlich ein.

Sehr häufig höre ich: »Ach ja, aber das wäre auch ohne das Feng Shui eingetreten.« Ja, vielleicht – vielleicht aber auch nicht. Dabei fällt mir immer wieder eine Kundin ein, die eine außerordentliche Glückssträhne erlebte, nachdem ich ihr riet, einen

Kristall in einem bestimmten Fenster ihres Heims aufzuhängen. Einige Zeit später besuchte ich sie, und sie war immer noch nicht überzeugt, daß das Feng Shui mit ihrem Glück etwas zu tun gehabt hätte. Ich bot ihr an, den Kristall wieder abzunehmen und ihr die Kosten dafür zu erstatten, aber sie sprang aus ihrem Sessel auf und verstellte mir den Weg zum Fenster. Ihr Verstand wollte es nicht zugeben, aber ihr Körper wußte, daß sie den Kristall an Ort und Stelle hängen lassen mußte!

Diese Energieverlagerungen können sich manchmal in physischen Manifestationen in Ihrem Zuhause auswirken. Es kann manchmal nach Feng-Shui-Korrekturen geschehen, daß Ihnen ein paar Glühbirnen zerplatzen oder daß die eine oder andere Apparatur seltsam reagiert. Maschinen, die zuvor unzuverlässig waren, können sich zudem selbst »heilen« und funktionieren dann besser als zuvor.

Denken Sie immer daran, daß – wie auch in vielen anderen Formen der Heilkunst – die Dinge sich manchmal erst einmal verschlechtern müssen, damit sie besser werden können; in dem Fall sollten Sie am Ball bleiben und es durchstehen. Wenn allerdings immer wieder etwas kaputtgeht oder Ihr Leben einen schlechten Verlauf nimmt, ist es durchaus möglich, daß die Feng-Shui-Maßnahmen falsch waren und wieder aufgehoben werden müssen. Vielleicht hängen Sie mit den allerbesten Absichten einen Spiegel auf, haben dann aber nicht erkannt, daß dadurch etwas ganz anderes aus dem Gleichgewicht geraten ist.

Wenn alles gut läuft, soll man nichts verändern

Ein Mann traf in seinem Haus vielerlei Feng-Shui-Maßnahmen und mußte katastrophale Folgen erdulden. Auf Befragen stellte sich heraus, daß sein Leben bis dahin ausgezeichnet verlaufen war, aber indem er seine Möbel umstellte und Kristalle, Windspiele, Spiegel und dergleichen aufhängte, um alles noch besser zu machen, hatte er die Harmonie zerstört, die er bereits besaß.

Ich habe solche Geschichten schon unzählige Male gehört. Werden Sie nicht habgierig! Wenn Ihr Leben bereits gut verläuft, sehen Sie sich in Ihrem Haus um, und lernen Sie von sich selbst. Sie werden dann bereits einen harmonischen Energiefluß in Ihrem Lebensraum geschaffen haben, der Ihnen gute Dienste leistet. Ein gelegentlicher Feng-Shui-Schub hier und da wird alles sein, was Sie dann noch brauchen.

20. *Feng Shui als Bestandteil Ihres Lebens*

Bei der Schaffung heiligen Raumes geht es um viel mehr, als »nur« Ihr ideales Zuhause oder Ihren idealen Arbeitsplatz zu erschaffen. Es geht dabei um das bewußte Leben im Fluß der universellen Energie, aus der alles entsteht. Es geht um die Erweiterung Ihrer Fähigkeit, Liebe zu geben und zu empfangen, Ihrer Befähigung zur Intimität mit Menschen und Dingen, Ihre Leidenschaft für das Leben selbst. Die bringt eine neue Wahrnehmung, neue Werte, eine völlig neue Art des Seins und des Tuns mit sich.

Damit das Material in diesem Buch erfolgreich angewendet werden kann, müssen die grundlegenden Ebenen des Space Clearing, des elektromagnetischen Bewußtseins und des Feng Shui eine Zeitlang im Mittelpunkt Ihrer Aufmerksamkeit stehen, während Sie Ihre Begabungen entwickeln und Ihre äußere Welt in Übereinstimmung mit Ihren inneren Bestrebungen bringen. Einige Menschen erreichen das vielleicht sehr rasch, andere brauchen dafür länger. Haben Sie mit sich Geduld. Geben Sie sich die Zeit, die Sie brauchen.

Nachdem Sie Ihre äußere Umgebung nach Ihren Wünschen gestaltet haben, verlagern Sie Ihren Fokus. Lassen Sie das Space Clearing und das Feng Shui Teil der Versorgungsquelle Ihres Lebens werden, anstatt sie zu Ihrem Hauptanliegen zu erklären. Einige Menschen versuchen, daraus eine Religion zu machen. Andere sind davon so besessen, daß sie in ihren Häusern keine

Veränderungen vornehmen können, wenn sie nicht vorher mit ihren Feng Shui-Beratern gesprochen haben. Begreifen Sie, daß diese Werkzeuge Mittel zum Zweck sind und nicht das Ziel an sich. Integrieren Sie sie in Ihre Lebensweise. Verwenden Sie sie, um sich selbst zu stärken und Ihr Leben in die Hand zu nehmen.

Wir alle haben eine Verantwortung vor unserem höheren Selbst, auf der physischen Ebene die notwendigen Gegebenheiten zu schaffen, um den Lebenszweck zu erfüllen, für den wir hierhergekommen sind. Wenn wir das nicht tun, lassen wir uns selbst in diesem wichtigen Teil unserer spirituellen Reise im Stich. Indem wir Feng Shui anwenden, um unsere Wünsche in der für uns bedeutsamen Form Gestalt werden zu lassen, beschreiten wir einen heiligen Pfad.

Denken Sie ebenfalls immer daran, diese Fähigkeiten stets für das Allgemeinwohl einzusetzen, niemals nur zu selbstsüchtigen Zwecken. Auf Bali gibt es den Ausdruck *gotong-royong*, der mit »der Geist der beiderseitigen Zusammenarbeit« übersetzt wird. Jeder hilft jedem, und allen wird von allen geholfen. Wenn Sie Feng Shui auf diese Weise anwenden, wird sich Ihr Leben mit Liebe und Überfluß füllen.

Ich hatte die Absicht, ein Buch zu schreiben, das eine positive transformierende Wirkung auf das Leben aller hat, die es lesen und es in die Tat umsetzen. Ich glaube daran, daß das Erschaffen heiligen Raums für uns alle ungemein wohltuend ist. Ich glaube auch, daß seine Wirkungen weiter ausstrahlen, als irgend jemand von uns es je ahnen könnte – wie ein Dominoeffekt ins Universum hinein. Indem wir die Verantwortung für die Reinigung und die Verfeinerung unserer eigenen Atmosphären auf uns nehmen, die Qualität unserer elektromagnetischen Umgebung verbessern und den Energiefluß unserer Räume in Einklang bringen, leisten wir einen bedeutenden Beitrag zum höheren Wohl aller.

Literatur

Bachler, Käthe: *Direktsuche des guten Platzes. Beweise und Belege.* Linz: Veritas ^{3}1997

Bachler, Käthe: *Erfahrungen einer Rutengängerin. Geobiologische Einflüsse auf den Menschen.* München: Droemer Knaur 1994

Deepak Chopra: *Die sieben geistigen Gesetze des Erfolges.* München: Heyne

Edwards, Gill: *Living Magically and Stepping into the Magic.* London: Piatkus ^{2}1993

Eiseman, Fred B.: *Bali – Sekala & Niskala.* Singapur: Periplus 1990

Hay, Louise L.: *Gesundheit für Körper und Seele. Wie Sie durch mentales Training Ihre Gesundheit erhalten und Krankheiten heilen.* München: Heyne ^{35}1999

Linn, Denise: *Die Magie des Wohnens. Ihr Zuhause als Ort der Kraft, der Kreativität und der Zuflucht.* München: Goldmann 1996

Linn, Denise: *Quellen der Inspiration. Orte der Kraft für Geist und Seele im eigenen Zuhause.* München: Droemer Knaur 1999

Lüscher, Max: *Der Vier-Farben-Mensch. Der Weg zum inneren Gleichgewicht.* München: Goldmann 1991

Spear, William: *Die Kunst des Feng Shui. Optimale Energie durch Gestaltung des Lebensraums.* München: Droemer Knaur 1996

Wilde, Stuart: *Secrets of Life.* Hay Hause 1995

Workshops, Übungsveranstaltungen und Beratungen

Workshops

Dieses Buch ist ein Begleitband zu Karens Workshop zur »Erschaffung heiliger Räume«. Karen veranstaltet zudem Fortgeschrittenen-Seminare zu diesen Workshops und anderen verwandten Themen. Zwecks weiterer Informationen wenden Sie sich bitte an eine der folgenden Adressen:

United Kingdom
Feng Shui Network International
P.O. Box 2133
London W1A 1RL
England
Tel.: +44(0) 17 19 35 89 35
Fax: +44(0) 17 19 35 92 95

Australien
New Life Promotions
Locked Bag 19
Pyrmont, NSW 2009
Australia
Tel.: +61(0) 25 52 68 33
Fax: +61(0) 25 66 23 54

Weltweit
Wenden Sie sich an Karen Kingstons Adresse (siehe Seite 279 unten).

Professionelle Übungskurse
Gegenwärtig bietet Karen einen Ausbildungskurs zur Anwendung von Space Clearing an, der teilweise in Bali und teilweise im United Kingdom abgehalten wird. Denise Linn veranstaltet in den USA ebenfalls ein Trainingsprogramm. Informationen zu Karens Kursen erhalten Sie unter ihrer untenstehenden Adresse. Informationen über Denise Linns Professionelle Bescheinigungskurse über Innere Ausrichtung erhalten Sie bei:

Denise Linn Seminars
P. O. Box 75657
Seattle
Washington 98125
USA

Space Clearing und Feng Shui-Beratungen
Karen führt Beratungen für Privatpersonen und Firmen durch und verweist auch auf Personen, die sie selbst im Space Clearing ausgebildet hat. Zwecks weiterer Informationen wenden Sie sich bitte an:

Karen Kingston
c/o 24 Creswick Walk
London NW11 6AN
England
Tel.: +44(0) 17 15 86 39 32
e-mail: Karen-Kingston@ CompuServe.com
oder 101372.1424@ CompuServe.com

Hilfsmittel

Ausrüstung für Space Clearing

Balinesische Glocken und **Klangkugeln aus Messing** (beide speziell für Space Clearing entworfen) sind per schriftlicher Bestellung bei ausgewiesenen Händlern erhältlich. **Balinesische Priesterglocken** können nach Maß für Menschen hergestellt werden, die wissen, wie man mit ihnen umgeht und auf sie achtet (für gewöhnlich sind das Menschen, die an meinen Workshops teilgenommen haben). Andere Hilfsmittel wie **Original Nitiraj-Weihrauch, Basilica-Weihrauch** und **Kohlebriketts** können über die untenstehende Adresse angeschafft werden. Bestellkataloge, Informationen über ausgewiesene Händler oder weitere Informationen über Priesterglocken können per E-mail oder über einen frankierten Rückumschlag bei folgender Adresse angefordert werden:

Karen Kingston Promotions
The Coach House
Woodside, Staples Hill, Freshford
Bath BA2 7WY England
Tel./Fax: +44(0) 1225 723409

e-mail: UKoffice@spaceclearing.com

Allgemeine Fragen.
info@spaceclearing.com

Website: www.spaceclearing.com

Elektromagnetische Felddetektoren, Eliminatoren und sonstige Ausrüstung

Einige der im freien Handel erhältlichen elektromagnetischen Felddetektoren sind unzuverlässig und/oder messen nicht die angegebenen Felder an. Die meisten liefern keine separaten Meßdaten für elektrische und magnetische Felder (und diese Unterscheidung ist unerläßlich). Ich empfehle sämtliche Geräte der Coghill-Forschungslaboratorien.

Coghill Research Laboratories
Lower Race, Pontypool
Gwent NP4 5UF
United Kingdom
Tel.: +44(0) 14 95 76 33 89

Raditech-Eliminatoren für geopathischen Streß

Viele Menschen, die sich dieser Geräte bedienten, haben das Gefühl, daß es ihnen dadurch besser geht. Sie sind über die Dulwich Health Society erhältlich.

Dulwich Health Society
130 Gipsy Hill
London E19 1PL
England
Tel.: +44(0) 18 16 70 58 83
Fax: +44(0) 18 17 66 88 16

Andere nützliche Produkte und Bücher

Im Laufe der Jahre habe ich viele verschiedene Sachen über die Wholistic Research Company bestellt und bin stets beeindruckt von der Qualität ihrer Forschungsarbeiten und ihrer Produkte. Kataloge können bestellt werden bei:

The Wholistic Research Company
Bright Haven, Robin's Lane, Lolworth
Cambridge CB3 8HH
England
Tel.: +44(0) 19 54 78 10 74

Kräuter mit darmreinigender Wirkung
Dr. Christophers Kräuterrezepte können bei der folgenden Adresse bestellt werden. Lassen Sie sich das Informationsblatt über Darmreinigung und die Liste mit den gutbeleumdeten Pflanzenkundigen in Ihrer Umgebung zuschicken:

Malcolm Simmonds Herbal Products
3 Burton Villas, Hove
Sussex BN3 6FN
England
Tel.: +44(0) 12 73 20 24 01

Blumenessenzen
Sie sind fast überall in alternativen Gesundheitsläden erhältlich. Wegen Informationen zu den Händlern, die sie auf Lager haben, schreiben Sie an:

The Dr. Edward Bach Healing Centre
Mount Vernon, Sotwell, Wallingford
Oxfordshire OX10 0PZ
England
(für Bachblüten-therapeutische Anwendungen)

Essential Energies
54 Clifton Street,
Richmond, Melbourne
Australia 3121
(für australische Buschblütenessenzen)

Register